Regina T. Riphahn
Friedrich Breyer
Klaus M. Schmidt
Achim Wambach
Georg Weizsäcker (Hg.)

Wirtschaft verstehen, Zukunft gestalten

Regina T. Riphahn
Friedrich Breyer
Klaus M. Schmidt
Achim Wambach
Georg Weizsäcker (Hg.)

Wirtschaft verstehen, Zukunft gestalten

150 Jahre Verein für Socialpolitik

Frankfurter Allgemeine Buch

Bibliografische Information der Deutschen Nationalbibliothek
Die Deutsche Nationalbibliothek verzeichnet diese Publikation in der Deutschen Nationalbibliografie; detaillierte bibliografische Daten sind im Internet über http://dnb.d-nb.de abrufbar.

Frankfurter Allgemeine Buch

Frankfurter Allgemeine Buch
Pariser Straße 1
60486 Frankfurt am Main

Umschlag: Nina Hegemann
Umschlagfoto: © Verein für Socialpolitik
Satz: schreiberVIS, Seeheim
Printed in Germany

1. Auflage
Frankfurt am Main 2024
ISBN: 978-3-96251-203-3

Frankfurter Allgemeine Buch hat sich zu einer nachhaltigen Buchproduktion verpflichtet und erwirbt gemeinsam mit den Lieferanten Emissionsminderungszertifikate zur Kompensation des CO_2-Ausstoßes.

Klimaschutz-Beitrag mit First Climate.com 2024 CO_2-Zertifikate

Inhaltsverzeichnis

Vorwort

Wenn eine wissenschaftliche Gesellschaft 150. Geburtstag feiert, hat sie etwas zu erzählen. Der *Verein für Socialpolitik* hat es sich seit seiner Gründung 1873 zur Aufgabe gemacht, wirtschaftliche und gesellschaftliche Probleme in Wort und Schrift zu erörtern und damit einen Beitrag zur Wirtschafts- und Sozialpolitik zu leisten.

Dieser Band versammelt aktuelle Texte, die sich an die breite Öffentlichkeit richten – insbesondere an junge Leserinnen und Leser – und anhand aktueller Fragestellungen die Relevanz der Wirtschaftswissenschaften für die Lösung gesellschaftlicher Probleme vermitteln. So vielschichtig die aktuellen gesellschaftlichen Probleme sind, so breit ist auch das Spektrum der ökonomischen Forschung, die zu ihrer Lösung beiträgt. In diesem Band geben 21 Professorinnen und Professoren der Wirtschaftswissenschaften auf zugängliche und verständliche Weise Antworten auf drängende Fragen unserer Zeit.

Der erste Teil des Bandes ordnet den Status Quo in Deutschland in eine zeitlich-historische und geographisch-weltwirtschaftliche Perspektive ein. Aus wirtschaftshistorischer Sicht wird deutlich, dass „gute Institutionen" entscheidend für den Wohlstand sind (Kap. 1). Dieser Wohlstand wurde in den letzten Jahrzehnten in Deutschland vor allem durch die erfolgreiche Integration in den Welthandel erreicht. Der Blick nach außen ist daher für Deutschland besonders wichtig und Handelsbeschränkungen können zu empfindlichen Einbußen unseres Wohlstands führen (Kap. 2). Der Blick nach außen beinhaltet aber auch unser Interesse am Wohlergehen anderer Teile der Welt. In den letzten Jahren wurde zunehmend untersucht, wie Unterstützung zielgenau dahin gelenkt werden kann, wo sie am Meisten bewirkt (Kap. 3). Grundlage des Wirtschaftens in allen Ländern und zu fast allen Zeiten war die Verfügbarkeit von Geld. Da sich die Formen der Zahlungsmittel ständig weiterentwickeln, ist es spannend zu sehen, was Geld eigentlich ausmacht und welche Bedeutung dem Vertrauen dabei zukommt (Kap. 4).

Der zweite Teil des Bandes geht auf Möglichkeiten ein, wie wir aus ökonomischer Sicht den Risiken des Klimawandels entgegentreten können. Oft wird argumentiert, dass wir unser Wirtschaftsmodell ändern und künftig auf Wachstum verzichten müssen, um die Lage in den Griff zu bekommen. Viele Ökonominnen und Ökonomen sehen dies mit guten Gründen anders (Kap. 5). Jedenfalls ist es sinnvoll und wichtig, die Gesetze des Marktes zu nutzen, um auch mit Hilfe der „unsichtbaren Hand" die Konsum- und Produktionsgewohnheiten im Hinblick auf mehr Klimafreundlichkeit zu beeinflussen. Eine Möglichkeit dafür sind CO_2-Preise, die Anreize schaffen, den Klimaschutz bei Konsum- und Produktionsentscheidungen stärker zu berücksichtigen (Kap. 6). CO_2-Preise werden auf deutscher und europäischer Ebene erfolgreich eingesetzt. Das reicht allerdings nicht aus, wenn große Verschmutzer etwa in den USA oder China keiner CO_2-Bepreisung unterliegen. Es stellt sich damit die Frage nach der globalen Wirksamkeit im Zusammenspiel regional sehr unterschiedlicher Klimaschutzmaßnahmen. Inzwischen wissen wir, wie internationale Klimaabkommen aussehen müssen, damit sie besser funktionieren können (Kap. 7). Auch die nationalen und internationalen Finanzmärkte spielen eine wichtige Rolle. Allerdings können sie nur Teil einer umfassenderen politischen Rahmensetzung sein (Kap. 8).

Der dritte Teil wendet sich dem deutschen Arbeitsmarkt zu. Von dessen Funktionsfähigkeit sind nahezu alle Haushalte in Deutschland unmittelbar betroffen, da die Aufnahme einer Erwerbstätigkeit die persönlichen Finanzen wesentlich berührt. Der Arbeitsmarkterfolg wird wiederum unmittelbar vom Bildungserfolg beeinflusst, so dass Bildungsinvestitionen eine enorme volkswirtschaftliche Bedeutung haben. Sie wirken individuell, aber sie bestimmen auch die Zukunftsfähigkeit der Volkswirtschaft insgesamt. Die moderne ökonomische Forschung schaut daher genau hin, wo unser Bildungssystem funktioniert und wo es Mängel aufweist (Kap. 9). Mängel des Bildungssystems schlagen sich wiederum unmittelbar auf den Arbeitsmarkt nieder. Insbesondere viele Lohn- und Einkommensunterschiede werden durch Bildungsunterschiede zwischen den Haushalten verursacht (Kap. 10). Ein weiterer nach wie vor relevanter Faktor für Karrierechancen ist das Geschlecht. Es ist wichtig, die Mechanismen zu verstehen, die in Deutschland hinter den immer noch ungleichen Löhnen von Männern und Frauen stehen. Dazu gehören staatliche Regelungen etwa bei Steueranreizen und Kinderbetreuungsmöglichkeiten (Kap. 11). Zu den Themen, die in Deutschland lange und hart umkämpft waren und die sicher auch in Zukunft kontrovers bleiben werden, gehört der gesetzliche Mindestlohn. Einige treibt die Sorge um, dass ein zu hoher Mindestlohn zum Abbau von Arbeitsplätzen führen könnte. Andere sehen darin eine Chance, die Schere zwischen Arm und Reich etwas zu schließen. Inzwischen kennen wir die tatsächlichen Wirkungen des Mindestlohns in Deutschland besser (Kap. 12). Angesichts des Fachkräftemangels – bzw. sogar eines allgemeinen Arbeitskräftemangels – ranken sich die Sorgen vieler Beschäftigten nicht mehr so sehr um das Thema Arbeitslosigkeit. Stattdessen beherrschen Automatisierung und Digitalisierung die Schlagzeilen. Hier lässt sich aus der Vergangenheit viel lernen (Kap. 13). Die neueren technischen Möglichkeiten, die „Work from home“ und hybride Arbeitsplätze ermöglichen, verändern für viele Haushalte auch die Optionen in ihrer Suche nach dem optimalen Wohnort (Kap. 14).

Für das Wohlergehen der großen Mehrheit der Menschen in Deutschland sind die Sozialpolitik und weitere staatliche Eingriffe in das Wirtschaftsleben wichtig, mit denen sich der vierte Teil des Bandes befasst. Für die Rentenversicherung wird der demografische Wandel schon jetzt zu einer großen Herausforderung, bei der es auf ein gutes Zusammenspiel zwischen Alt und Jung ankommt (Kap. 15). Hier ist die Politik gefragt. Eine individuelle Möglichkeit, sich gegen Unwägbarkeiten abzusichern, besteht darin, privat Vermögen anzusparen. Hierzu sind die Anreize in Deutschland allerdings sehr ungleich und könnten durch staatliche Vermögensfonds beeinflusst werden (Kap. 16). Ob jemand einen langen Ruhestand erleben darf, hängt natürlich von der eigenen Gesundheit ab, und diese wird sowohl vom individuellen Verhalten als auch vom System der Gesundheitsversorgung geprägt. Es stellt sich daher die Frage, wieviel eine alternde Gesellschaft bereit ist, für die Gesundheitsversorgung auszugeben (Kap. 17). Zu den Herausforderungen des Sozialstaats zählt außerdem die Versorgung mit ausreichendem Wohnraum. Vor dem Hintergrund der Zuwanderung, des Zinsanstiegs der vergangenen Jahre sowie der umfassenden Regulierung des Baus sind die deutschen Wohnungsmärkte unter starkem Druck. An manchen Orten führt dies zu verstärkten staatlichen Eingriffen in Mietpreise. Eine wichtige Frage dabei ist, ob der Staat Mieten deckeln oder anderweitig beeinflussen sollte (Kap. 18).

Abschließend sei erwähnt, dass die Autorinnen und Autoren aller Texte in der Forschung tätig sind, was den Blickwinkel des Bandes bestimmt. Die Texte kommen aus der Wissenschaft, spiegeln den Stand der Wissenschaft, sind in ihren normativen Empfehlungen aber auch von den Ansichten der Autorinnen und Autoren beeinflusst. Die hier betrachteten Phänomene sind alle von aktuellem wissenschaftlichem Interesse. Sie wirken aber auch direkt in das Leben der Menschen. Wir hoffen, dass wir mit den Beiträgen zum Stand der Forschung auch das wichtige Versprechen der Wirtschaftswissenschaften illustrieren, einen nützlichen Beitrag zur aktuellen Wirtschafts- und Gesellschaftspolitik zu leisten. Wir wünschen anregende Lektüre.

Regina T. Riphahn
Friedrich Breyer
Klaus M. Schmidt
Achim Wambach
Georg Weizsäcker

Teil I:

Deutschland und die Weltwirtschaft

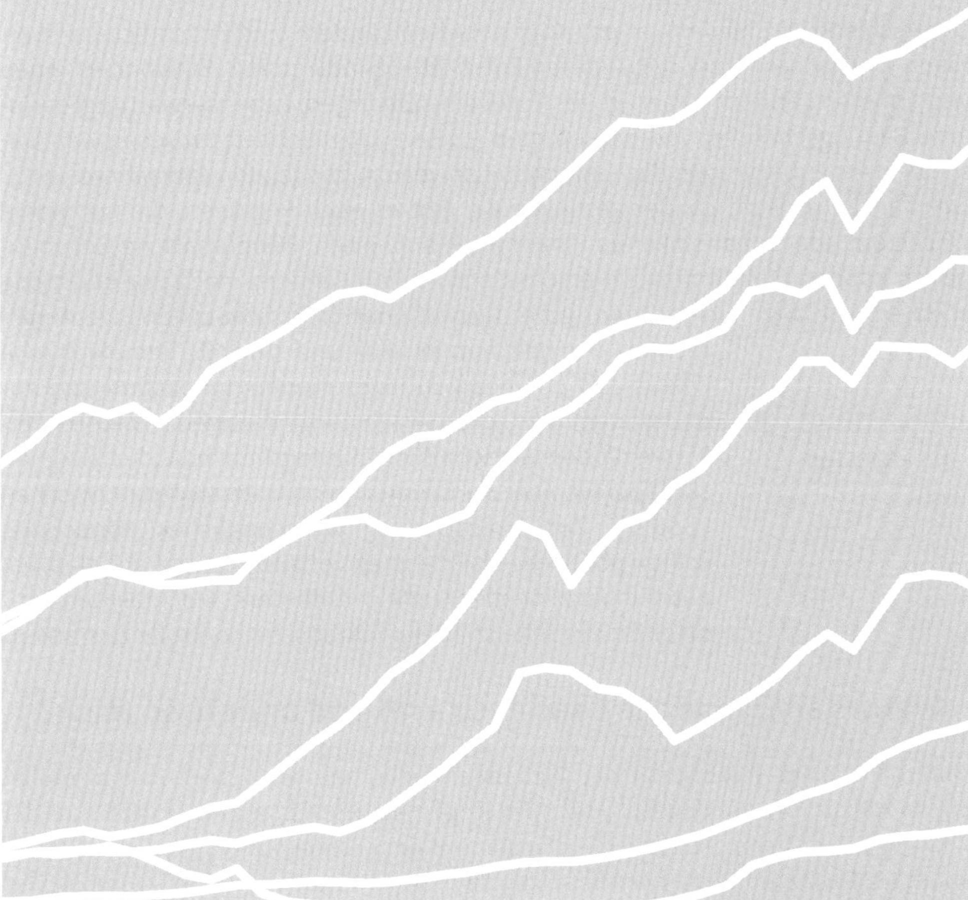

Davide Cantoni

„Warum sind manche Länder arm und andere reich?“

Zusammenfassung

Unterschiede im Einkommen pro Kopf zwischen Ländern sind beachtlich und korrelieren meist sehr stark mit anderen Entwicklungsindikatoren: Einwohner/-innen von ärmeren Ländern haben in der Regel eine niedrigere Lebenserwartung, geringere Bildungschancen und weisen eine größere Ungleichheit zwischen den Geschlechtern auf. Während das Einkommensniveau in den letzten Jahrzehnten weltweit für die meisten Länder gestiegen ist, gibt es auch Regionen, die nur wenig Wachstum oder sogar sinkende Einkommen aufweisen. Geographische Gegebenheiten können Einkommensunterschiede zwischen Ländern meist nur kurzfristig erklären. Auf lange Sicht führen „gute“ Institutionen (d. h. Schutz von Eigentumsrechten, Freiheit von Willkür und Gewalt, demokratische *checks and balances*) zu Investitionen, Innovation und andauerndem Wirtschaftswachstum. Kulturelle Faktoren erklären oft den wirtschaftlichen Erfolg von Individuen, eignen sich aber weniger zur Erklärung von Unterschieden zwischen Ländern. Zur Ermöglichung wirtschaftlichen Fortschritts sollten politische Maßnahmen vor allem darauf abzielen, ein gutes institutionelles Umfeld zu fördern, Machtakkumulation einzuschränken und demokratische Kontrolle zu stärken.

Schlüsselbegriffe
- Wirtschaftswachstum
- Einkommen
- Wirtschaftsgeschichte
- Institutionen
- Kultur

Warum sind manche Länder so arm und andere so reich?

Unterschiede im „Wohlstand der Nationen“ – oder, wie man das heute formulieren würde, im Bruttoinlandsprodukt pro Kopf – stehen schon immer im Fokus der Volkswirtschaftslehre, seit ihren Anfängen mit dem schottischen Ökonomen Adam Smith im 18. Jahrhundert. Die Unterschiede im Einkommen pro Kopf zwischen verschiedenen Ländern der Erde sind enorm, und das zufällige Los eines Neugeborenen, in einem gegebenen Land geboren zu sein, bestimmt zu einem sehr großen Teil dessen Wahrscheinlichkeit auf ein erfülltes Leben ohne Krankheiten und Hunger, ebenso wie seine Bildungs- und Aufstiegschancen. So beträgt das durchschnittliche Einkommen pro Kopf in den USA 70.430 $ im Jahr, während ein Mensch aus Tansania in diesem Zeitraum nur 6.440 $ verdient. Gewisse Unterschiede gibt es auch innerhalb Europas. In Deutschland liegt das durchschnittliche Pro-Kopf-Einkommen bei 51.040 $, in Estland jedoch nur ca. halb so hoch, bei 25.970 $.

Unterschiede im Einkommen pro Kopf bedeuten aber mehr als nur variierende Verfügbarkeit materieller Güter. Länder mit höheren Einkommen können in den allermeisten Fällen auch bessere Ergebnisse in anderen wohlfahrtsrelevanten Dimensionen aufweisen. In Deutschland beträgt beispielsweise die durchschnittliche Lebenserwartung 81,3 Jahre, die Müttersterblichkeit liegt bei 3,6 pro 100.000 Schwangerschaften und weniger als 0,01 % der Menschen haben keine grundlegende Bildung erhalten. Auf der anderen Seite stehen Länder wie Tansania und Äthiopien, die nicht nur ein deutlich niedrigeres Pro-Kopf-Einkommen aufweisen, sondern auch eine Lebenserwartung von 64 – 66 Jahren und eine Müttersterblichkeit von bis zu 524 pro 100.000 Schwangerschaften. Diese Länder können auch nur einem kleinen Teil ihrer Bevölkerung Zugang zu grundlegender Bildung ermöglichen (36 % in Äthiopien). So ist es nicht verwunderlich, dass die Frage nach den Ursachen von Einkommensunterschieden zwischen Ländern bis heute eine Kernfrage der Volkswirtschaftslehre dar-

Reales BIP pro Kopf, 1950 bis 2019
Die Daten sind inflationsbereinigt und berücksichtigen Unterschiede in den Lebenshaltungskosten zwischen Ländern

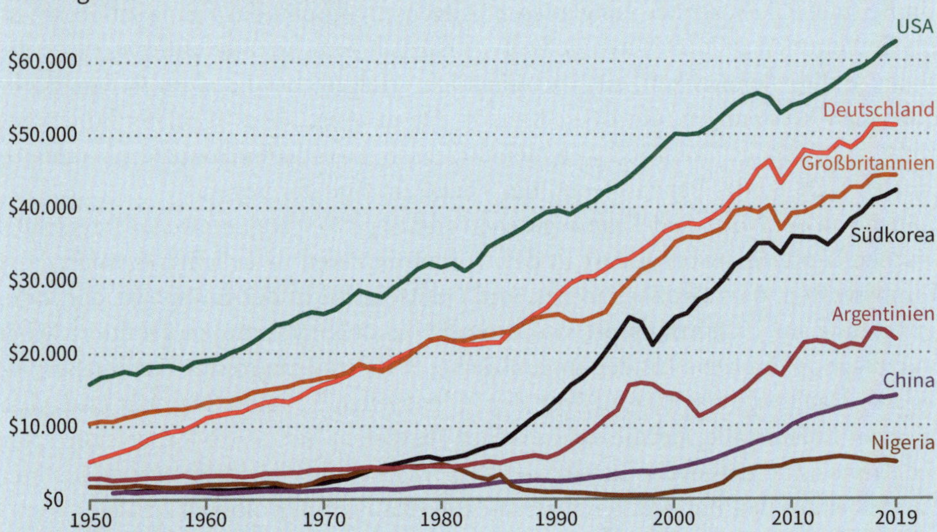

Bemerkung: Internationale Dollarpreise von 2017

Quelle: Feenstra et al. (2015), Penn World Table 10.0

stellt. In den Worten des Nobelpreisträgers (1995) Robert E. Lucas, „Once you start thinking about it, it's hard to think about anything else".

In der Volkswirtschaftslehre beschäftigen sich vor allem drei Fachgebiete mit der Frage nach Ursachen der Einkommensunterschiede: die Makroökonomik, die politische Ökonomie/Institutionenökonomik sowie die Wirtschaftsgeschichte. Die Makroökonomik (und hier insbesondere die Wachstumstheorie) formuliert Modelle und Theorien, die die Ursachen des Wirtschaftswachstums betrachten und Wirkungsmechanismen herausstellen. Die politische Ökonomie, bzw. die Institutionenökonomik, zeigt auf, wie politische Prozesse dazu beitragen, dass wachstums- und wohlstandsfördernde Maßnahmen ergriffen werden (oder nicht). Die Wirtschaftsgeschichte wiederum liefert vielfältiges Anschauungsmaterial und Fallstudien, um Theorien des Wirtschaftswachstums (oder Hypothesen über dessen Scheitern) zu überprüfen. Vor dem Hintergrund dieser Forschungen können wir fragen: Was sind die Gründe für Unterschiede im Einkommen pro Kopf zwischen armen und reichen Ländern?

Geographie

Augenscheinlich sind geographische Gegebenheiten ein wichtiger Faktor für Einkommensunterschiede zwischen Ländern. Manche Länder haben offensichtlich mehr Glück als andere in der „Lotterie" der geographischen Eigenschaften: In der Sahara beispielsweise sind die Bedingungen für eine erfolgreiche Landwirtschaft ungünstiger als in den fruchtbaren Ebenen Europas oder Nord- und Südamerikas. Andere Länder werden regelmäßig von Naturkatastrophen wie Fluten oder Erdbeben ereilt, zum Beispiel Pakistan oder Bangladesch. Allgemein scheint das Klima sehr stark mit dem Einkommen zu korrelieren: Je weiter man sich vom Äquator entfernt, desto größer die Wahrscheinlichkeit, ein wirtschaftlich erfolgreiches Land zu finden. So befinden sich Westeuropa, die USA, Kanada, Japan, Australien in relativ hohen geographischen Breiten, während viele der chronisch wirtschaftsschwachen Länder – ob Somalia, Tschad oder Papua-Neuguinea – nahe am Äquator liegen.

Auch von der Nord-Süd-Lage abgesehen gibt es große geographische Unterschiede zwischen Ländern, insbesondere in den Vorkommnissen natürlicher Ressourcen. So ist unbestritten, dass Großbritannien und Deutschland in der Frühphase der Industrialisierung im 19. Jahrhundert von ihren Steinkohlevorkommen profitiert haben. Heutzutage gehören die Länder am arabischen Golf zu den größten Nutznießern der globalen Nachfrage nach Erdöl. Vor der industriellen Revolution waren es dagegen vor allem Edelmetalle, auf die es Herrscher abgesehen hatten: So förderte die spanische Krone unter massivem Einsatz von Zwangsarbeit eine bis dato beispiellose Menge an Silber aus den Bergwerken ihrer südamerikanischen Kolonien zu Tage.

Dennoch darf die einfache Korrelation zwischen wirtschaftlichem Erfolg und geographischen Bedingungen nicht zu einem Trugschluss führen. Bei der Beurteilung solcher Verknüpfungen nimmt man oft an (ob explizit oder nicht), dass die Landwirtschaft den wichtigsten Produktionsfaktor darstellt. Dies ist aber schon seit Langem nicht mehr der Fall, insbesondere nicht in wohlhabenderen Ländern. Industrieproduktion und Dienstleistungen sind relativ wenig von geographischen Bedingungen abhängig und können in klimatisch sehr unterschiedlichen Regionen gleichermaßen erwirtschaftet werden. Welche klimatischen Bedingungen für die Landwirtschaft als günstig angesehen werden, hat sich zudem ebenfalls über die Zeit geändert: z. B. versprach in zurückliegenden Jahrhunderten die tropische Lage vieler Plantagen eine besonders hohe Profitabilität.

Auch führt das Vorhandensein von natürlichen Ressourcen nicht immer zuverlässig zu wirtschaftlichem Erfolg, im Gegenteil: Trotz der massiven Silberausbeute aus den südamerikanischen Kolonien war Spanien um 1800 weit abgeschlagen eines der ärmsten Länder Europas. Enorme Gas- und Erdölvorkommen führen heutzutage meist nur zum Wohlstand einiger weniger Großfamilien, wie am arabischen Golf, oder zu regelrechten Kleptokratien, wie in Russland oder Venezuela, die im Gegenzug nicht in der Lage sind, ihren Bürgerinnen und Bürgern ein Mindestmaß an öffentlichen Gütern bereitzustellen. Ressourcenreiche Länder wie Norwegen, die ihren Reichtum zum Wohle aller einsetzen, sind eher die Ausnahme als die Norm.

Weshalb aber führen Ressourcen, oder allgemein günstige geographische Bedingungen, oft nicht zu mehr Wohlstand? Schließlich war die Annahme, dass sie dies tun, über Jahrhunderte weit verbreitet und sie bestimmt auch bis zum heutigen Tag die geopolitischen Ambitionen etlicher Machthaber. Hierzu sind zwei Argumente wichtig. Erstens ist ein Problem an dieser Sichtweise, dass sie die statischen, und in der Regel

Landwirtschaft in den Kolonien

Der englische Agrarwissenschaftler Arthur Young (1741 – 1820) hat im Laufe seines Lebens viele Schriften zur Landwirtschaft in verschiedenen Teilen der Welt verfasst. Unter anderem verglich er die damaligen Pro-Kopf-Erträge (ohne Mitzählen der Sklaven/Sklavinnen) in der Landwirtschaft in verschiedenen englischen Kolonien:

- Westindische Inseln (Karibik): 8,60 £
- Südliche Kolonien (heutige Südstaaten der USA): 5,50 £
- Mittlere Atlantische Kolonien (z. B. Maryland): 0,48 £
- Neuengland (z. B. Massachusetts): 0,12 £

Diese Daten zeigen, wie wandelbar die Bedeutung von Geographie über die Zeit ist: Heute liegen die Erträge der Beschäftigten in der Landwirtschaft in Jamaika bei ca. 4.800 $, in den USA bei über 100.000 $. Institutionen spielen hier eine Schlüsselrolle. Die hohen Erträge in der Karibik und in den Südstaaten in der Vergangenheit wurden maßgeblich durch die Ausbeutung von Sklavenarbeit erzielt.

nicht vermehrbaren, Produktionsfaktoren überbewertet und die Bedeutung der dynamischen Akkumulation von Produktionsfaktoren (also z. B. Kapital, Wissen, technologischer Fortschritt) übersieht. Eine stetige Verbesserung der Produktivität ist langfristig immer vorteilhafter als eine kurzfristige, einmalige Vergrößerung der zur Verfügung stehenden Ressourcen. Der Blick auf den Umgang mit natürlichen Ressourcen offenbart zudem das zweite Problem mit dieser Sichtweise: Die ökonomische Analyse darf die Frage nach der Verteilung der Ressourcen, und damit von Macht, nicht ignorieren. Ressourcenreichtum kann sich, je nach Verteilung der Eigentums- und Nutzungsrechte, positiv oder negativ auf das allgemeine Wirtschaftswachstum auswirken.

Institutionen

Diese beiden zuletzt genannten Einsichten erklären auch, warum die moderne Volkswirtschaftslehre die länderspezifischen Institutionen als den zentralen Erklärungsfaktor für Unterschiede zwischen armen und reichen Ländern sieht. Institutionen – das sind die „Spielregeln", die die Zusammenarbeit zwischen Menschen regeln. Dazu gehören in erster Linie die Verfassungen und Gesetze von Ländern: Ist es eine Demokratie oder eine Diktatur? Gibt es freie Märkte und wachsame Wettbewerbsbehörden? Werden Gesetze und Verfassungen in der Praxis auch respektiert? Auf dem Papier sind Länder wie Iran und Russland voll demokratisch und die Gleichstellung der Frau wird derzeit in 84 % der Verfassungen weltweit proklamiert – die gelebte Praxis sieht freilich anders aus: Eigentumsrechte werden vielerorts verletzt und Macht wird missbraucht, was nicht ohne wirtschaftliche Konsequenzen bleibt. Dementsprechend zählen viele Ökonominnen und Ökonomen auch viele andere, nicht verschriftlichte Regeln, Normen und Verhaltensweisen zu „Institutionen": zum Beispiel das Vorhandensein von Korruption, die Effektivität der Rechtsprechung, die Sicherheit vor Gewalt usw.

Pointiert lässt sich die Wirksamkeit von Institutionen am Beispiel geteilter Länder zeigen: Nord- und Südkorea, Westdeutschland und DDR. Auf beiden Seiten der Grenze leben Menschen mit der gleichen Sprache, gleichen Kultur, gleichen historischen Vergangenheit, gleichen Traditionen. Aber Jahrzehnte unter unterschiedlichen Institutionen haben zu massiven ökonomischen und sozialen Gefällen geführt. Auf der einen Seite der Grenze Demokratie, Wahrung der Rechte des Individuums, freie Märkte, auf der anderen Totalitarismus und Planwirtschaft; auf der einen Seite Wohlstand, auf der anderen Armut und Mangelwirtschaft. Aber nicht nur Einzelfallbetrachtungen, sondern zahlreiche Studien und Datenanalysen, sowohl von historischen Fällen als auch aus der Gegenwart, zeigen, dass gute Institutionen meist zu Wirtschaftswachstum und Wohlstand führen.

Wieso wirken sich gute Institutionen so positiv aus? Der Vergleich mit geographischen Erklärungsansätzen ist hilfreich. Geographie gibt einer Nation bestenfalls eine „statische" Dividende, einen kurzzeitigen Schub. Institutionen sorgen dagegen dafür,

Kolonialreiche und Institutionen

Das Zeitalter des Kolonialismus liefert mehrere empirische Belege für die Bedeutung von Institutionen für Wirtschaftswachstum. Verschiedene europäische Länder bauten ab 1500 riesige Kolonialreiche auf. Aber um 1800 war das Einkommen pro Kopf in Großbritannien oder in den Niederlanden etwa doppelt so hoch wie in Spanien oder Portugal. Wieso? Eine Erklärung könnte darin liegen, welche Bevölkerungsgruppen vom Kolonialhandel profitiert haben. In Spanien und Portugal konnten nur die Krone und die dem Herrscher nahestehenden Familien vom Kolonialhandel Profit ziehen. Dies hat letztlich den Absolutismus gestärkt, private Initiative genauso wie demokratische Tendenzen unterdrückt. In Großbritannien und in den Niederlanden entstand dagegen als Konsequenz des Kolonialismus eine breite obere Mittelschicht aus Händler- und Unternehmerfamilien, die erfolgreich etwaige absolutistische Tendenzen unterbunden hat. Durch die Institutionen in den Niederlanden und Großbritannien, die Eigentumsrechte geschützt haben und frühe demokratische Elemente aufwiesen, wurde der Grundstein für die Industrialisierung und weiteres Wirtschaftswachstum gelegt.

dass eine langfristige Aufwärtsdynamik entsteht und somit „dynamisch“ Wohlstand aufgebaut wird. Wenn Unternehmer/-innen sicher vor Enteignung und Korruption sind, wenn Bürger/-innen sicher sind vor Gewalt und staatlicher Willkür, dann werden sie sparen, investieren, sich fortbilden, Unternehmen gründen, neue Projekte starten. Dadurch wird eine Volkswirtschaft produktiver und innovativer.

Abstrakter formuliert: Gute Institutionen sorgen dafür, dass private und öffentliche Anreize gleich ausgerichtet sind. Menschen treffen dann privat die Entscheidungen so, dass sie für das allgemeine Wohl ebenfalls von Vorteil sind. Sie verstecken das Geld nicht unter der Matratze, sondern investieren es. Sie kaufen sich keine Waffen zum Selbstschutz oder Tresore für ihr Erspartes, sondern geben das Geld für Freizeit oder Bildung aus. Sie tüfteln nicht an Betrugsmaschen, sondern erfinden neue Technologien.

Gute Institutionen sorgen auch dafür, dass die Vermögens- und Machtverteilung in einer Volkswirtschaft ausgeglichen ist, zum Beispiel durch eine wirksame Wettbewerbspolitik, die Monopole zerschlägt, oder ein Steuersystem, das fair ist und dabei gleichzeitig Anreize zum Schaffen von Wohlstand wahrt. Während die Frage nach dem „optimalen“ Niveau an Umverteilung und Ungleichheit schwer wissenschaftlich zu beantworten ist, sind sich doch die meisten Ökonominnen und Ökonomen einig, dass eine zu ungleiche Verteilung letztlich Institutionen destabilisieren kann und damit auch mittelfristig das Potenzial einer Volkswirtschaft, Wohlstand zu generieren, verringert.

Andere Erklärungsansätze: Religion, Bildung, Kultur

Ob Wirtschaftswachstum (auch) durch kulturelle Faktoren bestimmt wird, ist eine rege debattierte Forschungsfrage. Ein klassischer Ansatz hierzu ist die berühmte These Max Webers, dass der Protestantismus den „Geist des Kapitalismus" befördert habe. Theologisch und ideengeschichtlich ist das, seit ihrer Erstveröffentlichung 1904/05, eine der kontroversesten Fragen in den Sozialwissenschaften. Anhand der wirtschaftlichen Entwicklung Europas ist es schwierig, nachzuweisen, ob der Protestantismus wachstumsfördernd gewesen ist: Unter den führenden Wirtschaftsnationen des 20. Jahrhunderts finden sich protestantische (Großbritannien), katholische (Frankreich) wie konfessionell gemischte (Deutschland). Es lässt sich allerdings gut zeigen, dass protestantische Gesellschaften historisch eher in Bildung investiert haben. Dies – Bildung, nicht eine „protestantische Ethik" – könnte letztlich den wirtschaftlichen Vorsprung mancher protestantischen Länder in der Vergangenheit erklären.

Bildung spielt auch eine prominente Rolle unter Kritikern des oben beschriebenen Institutionenansatzes. In diesem Kontext werden oft beispielhaft Länder angeführt, die wirtschaftlich erfolgreich sind, obwohl sie keine Demokratien sind. Zum Beispiel Singapur, Südkorea oder Taiwan, die im letzten halben Jahrhundert rasante Wachstumsraten verzeichnet haben und inzwischen einige der höchsten Einkommensniveaus weltweit aufweisen. Südkorea war, ähnlich wie Taiwan, in dieser Periode eine Militärdiktatur und wurde erst Ende der 1980er Jahre demokratisch; in Singapur gibt es bis heute nur sehr geringe politische Partizipationsmöglichkeiten. Die Institutionen in diesen Ländern sind daher bestenfalls „teilweise gut": Zwar ist das Umfeld für Unternehmen und Investoren/Investorinnen grundsätzlich günstig, aber sogenannte *checks and balances* gegen Willkür und Machtmissbrauch durch den Staat sind nicht vorhanden. Allerdings haben diese Länder in der betrachteten Periode massiv in Bildung investiert und damit einen wesentlichen Baustein für den wirtschaftlichen Erfolg gesetzt.

Ist daher, wie zum Beispiel im Fall Chinas in den vergangenen Jahrzehnten, Wachstum auch ohne Demokratie möglich, allein durch Investitionen in Bildung und geschickte staatliche Lenkung des wirtschaftlichen Geschehens? In der Tat ist die empirische Korrelation zwischen Demokratie und Wirtschaftswachstum umstritten. „Wirtschaftswunder" bei gleichzeitig fehlender demokratischer Partizipation bleiben eher die Ausnahme. Ohne *checks and balances*, die Willkür und Machtausübung der Regierung kontrollieren, und ohne eine starke Zivilgesellschaft ist das wahrscheinlichste Ergebnis eine kleptokratische Autokratie, nicht ein Wirtschaftswunder wie in Taiwan oder Singapur.

Im weitesten Sinne stellt sich die Frage, ob kulturelle Merkmale ähnlich wie Institutionen ein relevanter Erklärungsfaktor für Einkommensunterschiede zwischen Ländern sein können. Dies ist eine derzeit sehr aktive Forschungsrichtung. Auf Individualebene ist gut belegt, dass Persönlichkeitszüge wie Geduld, Vertrauen (in fremde Menschen), Kooperationsbereitschaft oder Individualismus positiv mit Bildungsinvestitionen, Ersparnis und wirtschaftlichem Erfolg korrelieren.

Schwieriger ist es, diese Korrelationen, die auf Individualebene gelten, auf die nationale Ebene zu übertragen. Einerseits gibt es im Ländervergleich teils große Unterschiede in den durchschnittlichen Werten dieser Persönlichkeitsmerkmale: Menschen in Schweden oder in den USA sind beispielsweise im Schnitt geduldiger und risikofreudiger als Menschen in Ägypten oder Portugal. Es lässt sich auch gut belegen, dass historische und evolutorische Begebenheiten einen Teil dieser Unterschiede in den kulturellen Zügen erklären können: Nachfahren von Gesellschaften, die in der Steinzeit früher sesshaft geworden sind und Landwirtschaft betrieben haben, sind in der Regel geduldiger. Andererseits ist es auch so, dass kulturelle Züge zwischen den Individuen innerhalb eines Landes in vielen Fällen eine ähnlich große Variation aufweisen wie zwischen den Ländern.

Ob Rückschlüsse auf „allgemeine“ Charakterzüge von bestimmten Nationalitäten – und deren Auswirkungen auf Wirtschaftswachstum – sinnvoll sind, ist umstritten. Als Politikempfehlung ist die Steuerung von kulturellen Zügen der Bevölkerung bestenfalls problematisch. Manche dieser Merkmale, wie zum Beispiel Geduld oder Risikofreudigkeit, sind schwer zu ändern, und wenn dann nur langsam über Generationen. Andere kulturelle Züge, wie das Vertrauen in Mitmenschen oder in die Politik oder politische und soziale Präferenzen, sind dagegen eher wandelbar: Sie ändern sich im Lebensverlauf, mit dem Alter oder mit geänderten Lebensumständen (z. B. beim Umzug in ein anderes Land). Diese kulturellen Merkmale sind komplementär zum Aufbau von guten Institutionen. Im besten Fall entsteht in einer Gesellschaft ein positiver Kreislauf, in dem sich starke, demokratische Institutionen und „gute“ kulturelle Züge gegenseitig bedingen und unterstützen. Dies ist vermutlich das Geheimnis von wirtschaftlich erfolgreichen Ländern.

Weiterführende Literatur

Acemoglu, Daron, Johnson, Simon und Robinson, James A. (2001). „The Colonial Origins of Comparative Development: An Empirical Investigation.“ *American Economic Review*, 91(5):1369 – 1401.

Acemoglu, Daron, Johnson, Simon und Robinson, James A. (2002). „Reversal of Fortune: Geography and Institutions in the Making of the Modern World Income Distribution.“ *Quarterly Journal of Economics*, 117(4):1231 – 1294.

Acemoglu, Daron und Robinson, James A. (2012). *Why Nations Fail.* New York: Crown (dt. Übersetzung: Warum Nationen scheitern. Frankfurt am Main: Fischer).

Becker, Sascha O. und Ludger Woessmann (2009). „Was Weber Wrong? A Human Capital Theory of Protestant Economic History.“ *Quarterly Journal of Economics*, 124(2):531 - 597.

Diamond, Jared (1997): Guns, Germs, and Steel. New York: W.W. Norton (dt. Übersetzung: *Arm und Reich*. Frankfurt am Main: Fischer).

Falk, Armin, Becker, Anke, Dohmen, Thomas, Enke, Benjamin, Huffman, David, and Sunde, Uwe (2018). „Global Evidence on Economic Preferences." *Quarterly Journal of Economics*, 133(4):1645 – 1692.

Galor, Oded (2022). The Journey of Humanity. New York: Dutton (dt. Übersetzung: *The Journey of Humanity – Die Reise der Menschheit durch die Jahrtausende.* München: dtv).

Glaeser, Edward L., La Porta, Rafael, Lopez-de Silanes, Florencio, and Shleifer, Andrei (2004). „Do Institutions Cause Growth?" *Journal of Economic Growth*, 9:271 – 303.

Henrich, Joseph (2020). The WEIRDest People in the World. New York: Macmillan (dt. Übersetzung: *Die seltsamsten Menschen der Welt.* Berlin: Suhrkamp).

Koyama, Mark and Jared Rubin (2022). *How the World Became Rich: The Historical Origins of Economic Growth.* Cambridge: Polity.

Davide Cantoni ist seit 2011 Professor für Volkswirtschaftslehre und Wirtschaftsgeschichte an der LMU München. Seine Forschungsinteressen liegen in der politischen Ökonomie und der Geschichte Deutschlands vor 1900.

Lisandra Flach

„Welthandel – Protektionismus und die Folgen für das deutsche Wirtschaftsmodell“

Zusammenfassung

Die deutsche Wirtschaft ist von einer starken Industrie- und Außenhandelsorientierung geprägt. Zunehmender Protektionismus in Form von Importbeschränkungen, die COVID-19-Pandemie und geopolitische Spannungen haben die Globalisierung und internationale Lieferketten auf den Prüfstand gestellt. Die Stagnation der Globalisierung ist keine neue Entwicklung – die Finanzkrise ab dem Jahr 2008 markierte den Beginn einer „Slowbalization“, d. h. relativ zur Weltwirtschaftsleistung stagnierte der Welthandel in den vergangenen Jahren unter dem Wert vor der Finanzkrise. Jedoch bedeuten einschneidende Ereignisse wie die COVID-19-Pandemie und der Krieg in der Ukraine in vielerlei Hinsicht eine Zäsur für die Globalisierung, denn sie zeigen die Anfälligkeit globaler Wertschöpfungsketten auf. Dieser Aufsatz befasst sich mit dem Status quo sowie der Zukunft der Integration Deutschlands in die Weltwirtschaft.

Schlüsselbegriffe:
- Globalisierung
- Protektionismus
- Lieferketten
- Abhängigkeiten
- Außenhandelspolitik

Die deutsche Wirtschaft zeichnet sich durch eine starke Industrie- und Außenhandelsorientierung aus. Güter und Dienstleistungen, die aus Deutschland exportiert werden, basieren durchschnittlich selbst zu 21 % auf ausländischer Wertschöpfung (d. h. die von Deutschland in andere Länder transportierten Waren enthalten im Durchschnitt 23 % aus dem Ausland stammende Vorleistungen, z. B. Edelmetalle). Mehr als 30 % der deutschen Wertschöpfung wird ins Ausland exportiert – in der deutschen Industrie sind es sogar rund 60 % (Flach 2021). Der Wohlstand Deutschlands basiert somit zu einem wichtigen Teil auf offenen Weltmärkten. Die Pandemie, der Krieg in der Ukraine und weitere geopolitische Herausforderungen haben das deutsche Wirtschaftsmodell allerdings ins Wanken gebracht. Dieser Text befasst sich mit dem Status quo sowie der Zukunft der Integration Deutschlands in die Weltwirtschaft. Dabei werden die Herausforderungen und Chancen, denen sich die deutsche

Wirtschaft im Zuge des zunehmenden Protektionismus und der geopolitischen Spannungen gegenübersieht, näher beleuchtet.

Slowbalization und Protektionismus auf dem Vormarsch

Seit dem Ende des Kalten Kriegs bis zum Jahr 2008 erlebte die Welt eine Phase der sogenannten Hyperglobalisierung: zwischen 1990 und 2008 stieg der Anteil des Welthandels an der Weltwirtschaftsleistung von 38 auf 63 Prozent. Die Finanzkrise markierte im Jahr 2008 den Beginn einer neuen Phase in der Entwicklung der weltweiten Handelsbeziehungen: Seit der Finanzkrise stagniert der Welthandel relativ zur Weltwirtschaftsleistung. Die *Handelsintensität* hat sich zuletzt also nicht weiter verstärkt. Die Gründe für das Verlangsamen des Weltgüterhandels sind vielfältig. Neben einer gewissen natürlichen Sättigung spielen hierbei handelspolitische Spannungen eine wesentliche Rolle: Der *Protektionismus* ist auf dem Vormarsch, was sich beispielsweise darin zeigt, dass protektionistische Politikinterventionen seit 2009 alljährlich die Anzahl der liberalisierenden Politiken übersteigen. Im Jahr 2021 übertrafen die neu geschaffenen protektionistischen Maßnahmen die liberalisierenden Maßnahmen sogar um das Vierfache.

Neben dem eingetrübten handelspolitischen Umfeld der letzten Jahre kann insbesondere die COVID-19-Pandemie in vielerlei Hinsicht als Zäsur für die Globalisierung bewertet werden. Insbesondere wurde die Anfälligkeit globaler Wertschöpfungsketten deutlich: Lockdowns von Produktions- oder Hafenanlagen in China konnten ganze Wertschöpfungsketten und sogar Produktionsanlagen in Deutschland lahmlegen. Auch der Krieg in der Ukraine und geopolitische Spannungen haben die Gefahren der Abhängigkeit von einzelnen Volkswirtschaften offenbart. Nichtsdestotrotz zeigte sich der Außenhandel im Verlauf der Pandemie überaus resilient: Bereits im Oktober 2020 übertraf das preisbereinigte Volumen der weltweit gehandelten Waren wieder das Niveau vor der Pandemie. Im Oktober 2021 lag das globale Handelsniveau saisonbereinigt 6 % über dem Wert im Dezember 2019 (Baur und Flach 2022). Von einem Rückzug der Globalisierung kann daher nicht die Rede sein, jedoch hat sich das Wachstumstempo deutlich verlangsamt. Was bedeuten die aktuellen Entwicklungen für die deutsche Wirtschaft? Wie stark ist Deutschland in die Weltwirtschaft integriert? Dies wird im Folgenden analysiert.

Deutschlands Einbindung in globale Wertschöpfungsketten

Die Entstehung globaler Wertschöpfungsketten ist eine der wichtigsten Entwicklungen im Außenhandel, von der die deutsche Wirtschaft stark profitiert hat. Dieser Prozess führte zu einem Wandel in der Struktur der Handelsströme, die sich vom Handel mit Endprodukten hin zum Handel entlang der Lieferkette entwickelt hat. Dies bedeutet, dass Waren vermehrt in einer Vielzahl von Produktionsstufen an einer Vielzahl von Standorten hergestellt werden und auf jeder Stufe ein gewisser Mehrwert geschaffen wird (anstatt dass Endprodukte, die in einem Land produziert wurden, direkt an ein anderes Land verkauft werden). Vorangetrieben wurde dieser Prozess vor allem durch die Entwicklung neuer Technologien, insbesondere Informations- und Kommunikationstechnologien seit den 1990er Jahren, und den raschen Abbau von Handelshemmnissen – durch eine Vielzahl von Handelsabkommen und den Beitritt Chinas zur Welthandelsorganisation (WTO) im Jahr 2001. Die Globalisierung und die Entstehung globaler Wertschöpfungsketten haben eine effizientere Organisation der internationalen Produktion und Güterversorgung ermöglicht. Zudem konnten so die Spezialisierungsvorteile eines jeden Landes durch internationale Arbeitsteilung optimal genutzt und niedrige Preise sowie Just-in-time-Produktionen ermöglicht werden.

Deutschland hat stark von der Entstehung globaler Wertschöpfungsketten profitiert und ist stärker in globale Wertschöpfungsketten eingebunden als viele andere große Wirtschaftsnationen (Flach et al. 2021, Baur und Flach 2022). Zudem ist Deutschland stärker als die USA oder China in komplexe Wertschöpfungsketten integriert, bei denen mindestens zwei Mal eine internationale Grenze überquert wird, was zu einem großen Teil auf Deutschlands starke Handelsbeziehungen innerhalb der EU zurückzuführen ist (Flach et al. 2021).

Die Bedeutung des EU-Binnenmarkts für die deutsche Wirtschaft

Produktionsnetzwerke sind häufig regional ausgerichtet. Dabei ist die deutsche Wirtschaft viel substantieller mit Europa vernetzt, als es die USA oder China mit ihren Nachbarländern sind. Eine Analyse der Wertschöpfungsverflechtungen Deutschlands zeigt, dass die Mitgliedsstaaten der Europäischen Union die dominierenden Zuliefererländer für Deutschland sind: 44 % der ausländischen Wertschöpfung bei der Herstellung von deutschen Endprodukten stammen aus anderen EU-Mitgliedsstaaten (vgl. Abbildung 1). Aus China importiert Deutschland 7 % der ausländischen Vorleistungen, aus den USA 10 %. Dies zeigt, dass China für Deutschland zwar eine bedeutende, aber, entgegen der weitverbreiteten Auffassung, keine dominierende Rolle einnimmt. Der EU-Binnenmarkt dagegen ist für Deutschland von großer Bedeutung. Diese Analyse auf aggregierter Ebene lässt jedoch keine kritischen Abhängigkeiten auf Produktebene erkennen, wie sie später in diesem Text diskutiert werden.

Eine Deglobalisierung und Handelskriege wären für Deutschland mit erheblichen volkswirtschaftlichen Kosten verbunden. Fuest et al. (2022) simulieren mit Hilfe des ifo-Handelsmodells, welche konkreten wirtschaftlichen Auswirkungen eine breit angelegte Deglobalisierung sowie ein Handelskrieg mit China und anderen autokratischen Staaten für Deutschland hätten. Die Ergebnisse sind eindeutig: Eine Natio-

Abb. 1: Geografische Verteilung ausländischer Wertschöpfung für Deutschland (in %)

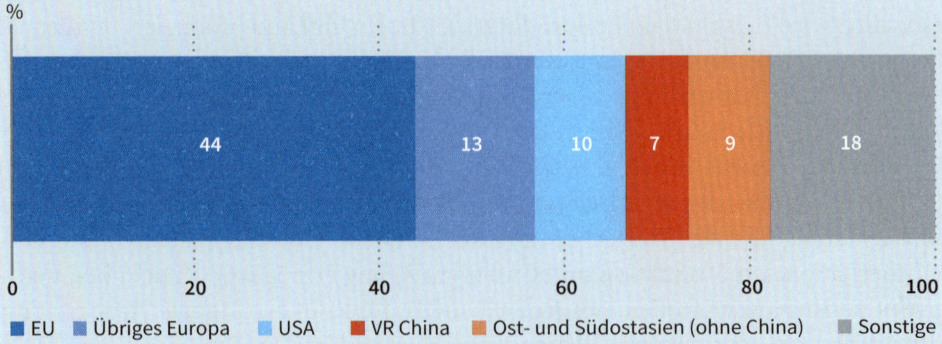

Lesehinweis: „Übriges Europa" umfasst das Vereinigte Königreich, die Schweiz, Norwegen, die Türkei und Island. „Ost- und Südostasien (ohne China)" umfasst Japan, Südkorea, Taiwan sowie die ASEAN-Staaten.

Quelle: Baur und Flach (2022) anhand von OECD ICIO 2021 Daten

nalisierung von Lieferketten würde langfristig zu einem Rückgang des deutschen Bruttoinlandprodukts (BIP) um knapp 10 % führen (s. Fuest et al. 2022, Flach et al. 2021). Angesichts der Bedeutung der EU für die deutsche Wirtschaft werden außerdem die Auswirkungen einer Regionalisierung der Lieferketten simuliert, bei der sich die Produktion auf Deutschland, andere benachbarte Länder und EU-Mitgliedsstaaten konzentriert. Auch in dem Fall wäre das deutsche BIP mit einem Rückgang von 4,2 % langfristig auf einem deutlich niedrigeren Niveau.

Seit Beginn des Kriegs in der Ukraine hat die Diskussion über den Handel mit autokratischen Staaten eine neue Dimension erreicht. Eine Deglobalisierung mit einer Strategie des *Friendshorings*[1], z. B. verbunden mit der vollständigen Einstellung der Außenhandelsbeziehungen mit China, Russland und sämtlichen autoritären Regimen, würde ebenfalls zu deutlichen Wohlstandsverlusten führen (Fuest et al. 2022). Die Entkopplung von China könnte zwar die Abhängigkeit von diesem Markt verringern, gleichzeitig aber auch die Abhängigkeit von anderen Ländern erhöhen. Somit steigt die Widerstandsfähigkeit der Lieferketten nicht zwangsläufig, da die Diversifizierung von Lieferketten ein zentrales Element für ihre Robustheit ist. Dass die Widerstandsfähigkeit mit einer Entkopplung nicht zunimmt, zeigen beispielsweise Flach und Steininger (2021) in einer Simulationsstudie: In einer deglobalisierten Welt wären die negativen Auswirkungen der durch die COVID-19-Pandemie ausgelösten politischen Interventionen nur marginal geringer, gleichzeitig wäre jedoch die Wirtschaftskraft Deutschlands um ein Vielfaches unter dem heutigen Niveau. Aus diesem Grund ist die Deglobalisierung kein Allheilmittel, um die Folgen negativer Schocks

[1] Eine Strategie, bei der die eigenen Lieferketten auf „befreundete" Staaten (Staaten mit ähnlichen politischen Einstellungen) verlagert werden, damit der Zugang zu wichtigen Rohstoffen und anderen Produkten sichergestellt ist.

und Krisen zu minimieren. Trotzdem erfordern Lieferrisiken und Versorgungsunsicherheiten eine laufende Neubewertung, insbesondere für Länder wie Deutschland, die stark in die Weltwirtschaft integriert sind.

Abhängigkeiten müssen identifiziert und verringert werden

Die Rekordzahlen beim Anteil der von Materialknappheit betroffenen Unternehmen zeigen, dass bereits Engpässe bei einer geringen Anzahl von Vorleistungen zu großen Lieferkettenunterbrechungen führen können. Aus diesem Grund ist es entscheidend, Abhängigkeiten von wenigen Zulieferern zu identifizieren und zu verringern, um Lieferketten in Zukunft resilienter zu gestalten. Flach et al. (2022) definieren Produkte mit kritischen Abhängigkeiten anhand dreier Kriterien.[2] Dabei wird gezeigt, dass die deutschen Lieferketten im Vergleich zu anderen EU-Ländern stark diversifiziert sind, wobei bei 5 % der Industriegüter eine starke Abhängigkeit besteht. Von diesen kritischen Industriegütern stammen wiederum 75 % aus anderen EU-Ländern.

Der Krieg in der Ukraine hat verdeutlicht, wie die deutsche Abhängigkeit von russischem Gas den politischen Handlungsspielraum Deutschlands begrenzen kann. Zudem zeigt das Beispiel, dass die Resilienz der Lieferkette an ihrem schwächsten Glied gemessen werden muss. Ein weiteres Beispiel sind Rohstoffe für die Produktion von Schlüsseltechnologien: Flach et al. (2022) untersuchen die Abhängigkeit Deutschlands von Rohstoffimporten, die für die Produktion von Schlüsseltechnologien notwendig sind. Sie identifizieren neun kritische Rohstoffe, die einen hohen Konzentrationsgrad bei den Zulieferern aufweisen und die für die Produktion von mehr als vier Schlüsseltechnologien verwendet werden. Die Handelspolitik spielt hier eine wichtige Rolle, um die Beschaffung zu diversifizieren, den Marktzugang zu weiteren Weltregionen zu erleichtern und Abhängigkeiten auf diese Weise zu reduzieren.

Neugestaltung der Lieferkette und eine veränderte Globalisierung

Was bedeuten Protektionismus und die aktuellen Lieferkettenstörungen für die Zukunft der Globalisierung? Wie wollen die Unternehmen ihre Beschaffungsstrategien angesichts globaler Risiken ändern?

[2] Das erste Kriterium ist die Relevanz der jeweiligen Güter für die deutsche Produktion. Nur bei Gütern, die tatsächlich relevant für die deutsche Produktion sind, stellt ein Lieferausfall gesamtwirtschaftlich ein hohes Risiko dar. Das zweite Kriterium ist der Grad der Marktkonzentration in Bezug auf Zuliefererländer, gemessen am Herfindahl-Hirschman-Index: ein geringer Diversifizierungsgrad in Bezug auf Zulieferer ist mit einem höheren Risiko von Lieferausfällen im Falle negativer Schocks verbunden. Außerdem wird auch die Substituierbarkeit eines Gutes durch die heimische Produktion berücksichtigt. Für Produkte, die durch die heimische Produktion substituiert werden können, besteht eine geringere Abhängigkeit vom Ausland.

Es ist zu erwarten, dass die Zahl der negativen Schocks in den Lieferketten durch Naturkatastrophen, Pandemien und politische Risiken in Zukunft zunehmen wird. Um zu beantworten, wie man Lieferketten widerstandsfähiger machen kann, müssen wir zunächst über Alternativszenarien nachdenken. Das Szenario der Deglobalisierung wäre für Deutschland mit erheblichen volkswirtschaftlichen Kosten verbunden. Neue Handelskriege gilt es daher zu vermeiden.

Im Bereich des internationalen Dienstleistungshandels dürfte die Globalisierung weiterhin voranschreiten. Während der Anteil des Dienstleistungshandels am BIP im Jahr 1990 nur 8 % betrug, stieg dieser bis 2021 auf 12 % (Weltbank, 2022). Zudem reduzieren neue Formen digitaler Dienstleistungserbringung, wie im Bereich Finanzdienstleistungen oder Softwareentwicklung, die Kosten für den Handel mit Dienstleistungen. Darüber hinaus zeigt sich eine wachsende Komplementarität zwischen Dienstleistungs- und Warenhandel. So enthalten elektronische Geräte eine Vielzahl von Dienstleistungen wie Software und Design, die den Wert und die Qualität des Produkts erheblich steigern können.

Die Bewältigung der aktuellen geopolitischen Herausforderungen verlangt eine breiter aufgestellte deutsche und europäische Wirtschafts- und Außenhandelspolitik. In Anbetracht der großen Bedeutung der EU ist die Vertiefung des EU-Binnenmarkts nach wie vor von hoher Priorität für die weitere Internationalisierung der deutschen Wirtschaft. Zudem verlangen das Vermeiden einseitiger Abhängigkeiten, die Stärkung der Souveränität und gleichzeitig der Wettbewerbsfähigkeit Deutschlands eine mutige Handelspolitik und mehr Pragmatismus bei den Verhandlungen von Handelsabkommen und strategischen Partnerschaften. Diese bieten eine einzigartige Chance, den Handel mit zusätzlichen Partnerländern zu fördern und Unternehmen bei der Diversifizierung ihrer Lieferketten zu unterstützen.

Literatur

Baur, A. und L. Flach (2022), „Deutsch-chinesische Handelsbeziehungen: Wie abhängig ist Deutschland vom Reich der Mitte?“, *ifo Schnelldienst* 75(4). 56 – 65.

Flach, L. (2021), „Für robuste Lieferketten und gegen Protektionismus“, *ifo Schnelldienst* 74(7), 37 – 39.

Flach, L., J. Gröschl, M. Steininger, F. Teti und A. Baur (2021), „Internationale Wertschöpfungsketten – Reformbedarf und Möglichkeiten“, *Studie im Auftrag der Konrad-Adenauer-Stiftung e. V.*

Flach, L., und Marina Steininger (2020), „Globalisierung nach Covid-19: Die Folgen der Pandemie für die deutsche Wirtschaft.“ *ifo Schnelldienst* 73(07), *17 – 23.*

Flach, L., F. Teti, I. Gourevich, L. Scheckenhofer und L. Grandum (2022), „Wie abhängig ist Deutschland von Rohstoffimporten? Eine Analyse für die Produktion von Schlüsseltechnologien“, *Studie im Auftrag der IHK München und Oberbayern.*

Fuest, C., L. Flach, F. Dorn und L. Scheckenhofer (2022), „Geopolitische Herausforderungen und ihre Folgen für das deutsche Wirtschaftsmodell“, *Studie im Auftrag der vbw Vereinigung der Bayerischen Wirtschaft e. V.*

Weltbank (2022, March 07). *COVID-19 Business Pulse Survey Dashboard*. Washington D. C.: The World Bank Group. Abgerufen von The World Bank: *https://www.worldbank.org/en/data/interactive/2021/01/19/covid-19-business-pulse-survey-dashboard*.

Lisandra Flach ist Leiterin des Zentrums für Außenwirtschaft am ifo Institut in München und CESifo Stiftungsprofessorin für Ökonomik der Globalisierung an der Ludwig-Maximilians-Universität München.

Christine Binzel und Matthias Schündeln

„Was kann Entwicklungszusammenarbeit bewirken?"

Zusammenfassung

Global existieren große Entwicklungsunterschiede zwischen den Ländern, z. B. hinsichtlich des Pro-Kopf-Einkommens, der Gesundheit und des Bildungsstandes. Entwicklungszusammenarbeit – finanzielle Hilfen, aber auch technische und administrative Unterstützung – soll insbesondere Länder mit niedrigem Einkommen darin unterstützen, Fortschritte in diesen Bereichen zu erzielen. Etwa 190 Milliarden USD wurden im Jahr 2020 allein durch OECD Länder für sogenannte offizielle Entwicklungszusammenarbeit aufgewandt. Doch welche Maßnahmen wirken und unter welchen Umständen? Wie sollten knappe Ressourcen am sinnvollsten eingesetzt werden? Durch Anwendung experimenteller und quasi-experimenteller Methoden besteht die Möglichkeit, kausale Aussagen zur Wirksamkeit von vielen Maßnahmen, die über diese Mittel finanziert werden, zu machen und deren Wirkungskanäle zu untersuchen. Allerdings werden zu wenige Projekte auf diese Weise evaluiert. Eine konsequentere Nutzung dieser Methoden ist jedoch notwendig, um zukünftige Entwicklungszusammenarbeit so gestalten zu können, dass Ressourcen möglichst effektiv für eine Verbesserung der sozioökonomischen Lebensbedingungen eingesetzt werden.

Schlüsselbegriffe:
- Armut
- Entwicklungszusammenarbeit
- Evaluationsmethoden
- Wirkungsmessung

Motivation

Etwa 650 Millionen Menschen (mehr als 8 % der Weltbevölkerung) leben weltweit in extremer Armut, d. h. unter der Armutsgrenze von 2,15 USD am Tag (Weltbank 2022). Die Lebenserwartung reicht global von weniger als 55 Jahren (in Lesotho, Tschad und der Zentralafrikanischen Republik) bis über 83 Jahre (in Japan, Korea und Norwegen). Auch Indikatoren für Bildung und Geschlechtergleichheit, aber auch zur Qualität von Institutionen oder Korruption zeigen große Unterschiede zwischen Ländern mit ho-

Abb. 1: Zuwendungen aus öffentlicher Entwicklungszusammenarbeit (in % des Bruttonationaleinkommens)

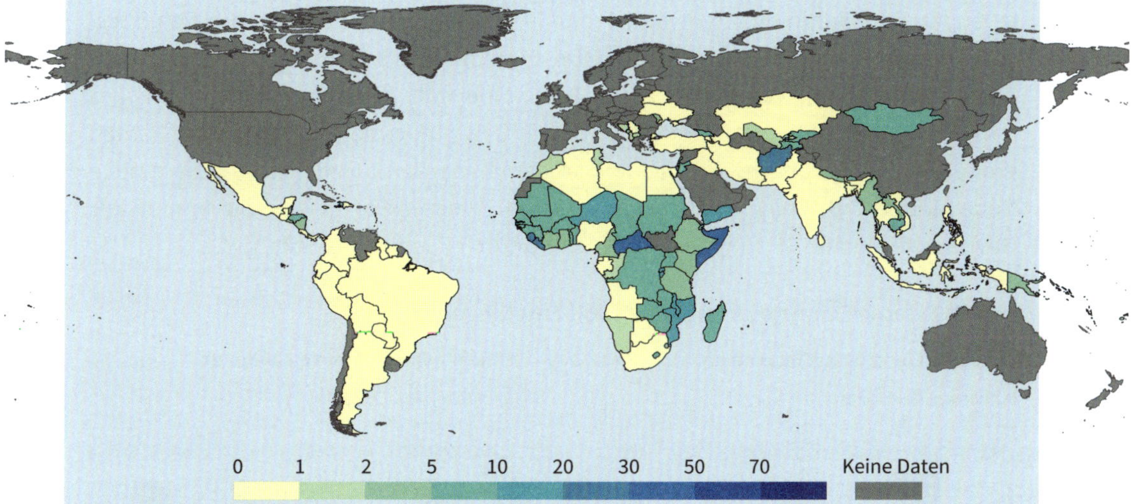

Datenquelle: World Development Indicators für 2020, Weltbank.

Hintergrundinformationen zur Entwicklungszusammenarbeit

Die Industrienationen haben sich verpflichtet, 0,7 % ihrer Wirtschaftsleistung (gemessen als Bruttonationaleinkommen, BNE) für die Entwicklungszusammenarbeit zur Verfügung zu stellen. Dieses Ziel wird jedoch weiterhin verfehlt: So wurden im Jahr 2021 lediglich Mittel in Höhe von 0,33 % des BNE bereitgestellt (Deutschland: 0,74 %) (OECD 2022). Ein Großteil der Zuwendungen (ca. 70 %) erfolgt dabei in Form von bilateraler Hilfe, der Rest über multinationale Organisationen (OECD 2014). Die Mittel der Entwicklungszusammenarbeit fließen in sehr unterschiedliche Sektoren. In Deutschland machen Flüchtlingshilfe und humanitäre Hilfe in den letzten Jahren zusammen etwa ein Fünftel der öffentlichen Ausgaben für bilaterale Entwicklungszusammenarbeit aus. Mittel in einer Größenordnung zwischen 7 und 10 % aller Ausgaben flossen jeweils in den Bildungssektor, in den Bereich Staat und Zivilgesellschaft, in den Sektor Gesundheit und Bevölkerung, in den Energiesektor sowie in den Sektor Finanzielle Dienstleistungen und Unternehmensförderung (Quelle: *https://donortracker.org/country/germany*, Stand 2020, abgerufen am 30. September 2022).

Abb. 1 zeigt den Anteil der Mittel der sogenannten offiziellen Entwicklungszusammenarbeit (Official Development Assistance, ODA) am BNE der einzelnen Empfängerländer. Abb. 2 zeigt den gesamten Umfang dieser Mittel im Vergleich zu anderen Finanzflüssen in Länder mit niedrigem und mittlerem Einkommen. Hierbei zeigt sich, dass Länder mit niedrigem Einkommen deutlich mehr ODA erhalten als ausländische Direktinvestitionen (FDI) oder auch als Rücküberweisungen von im Ausland lebenden Familienmitgliedern und Freunden/Freundinnen (sogenannte Remittances). In einigen dieser Länder macht ODA sogar mehr als 50 % der Staatsausgaben aus (Pomeranz und Vila-Belda, 2019). Für Länder mit mittlerem Einkommen sind hingegen FDI und Remittances von größerem Gewicht. In den letzten Jahren kamen größere neue Akteure der Entwicklungszusammenarbeit hinzu, insbesondere neue Geberländer (z. B. China, Indien und Brasilien), globale Fonds (z. B. die Impfallianz Gavi) sowie globale Stiftungen (z. B. die Bill-und-Melinda-Gates-Stiftung).

Abb. 2: Externe Finanzierungsquellen von Empfängerländern

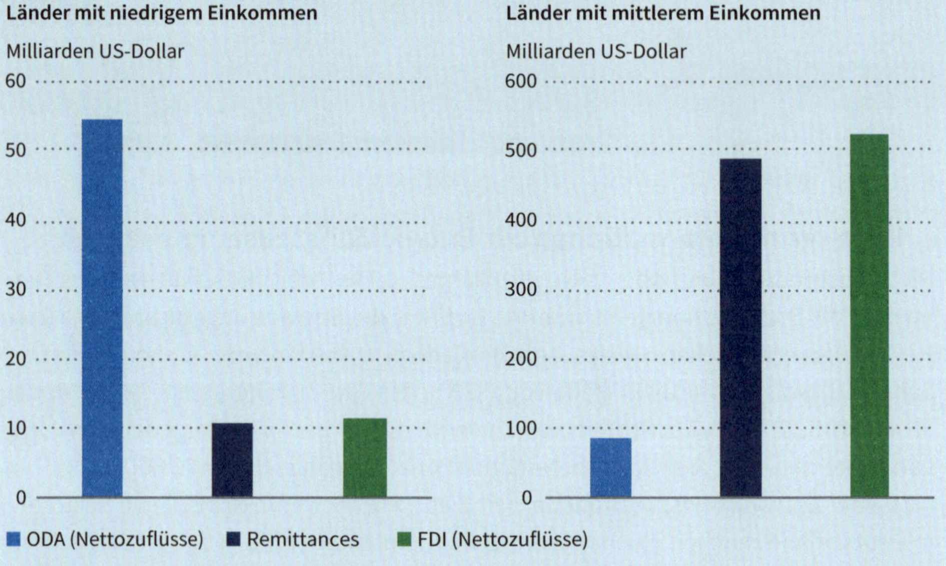

Datenquelle: World Development Indicators für 2020, Weltbank. Anmerkung: Die Werte entsprechen den Aggregaten der Weltbank für diese beiden Ländergruppen. Zur Gruppe der Länder mit niedrigem (mittlerem) Einkommen gehören Länder mit einem Bruttonationaleinkommen (BNE) im Jahr 2021 von 1.085 US-Dollar oder weniger (zwischen 1.086 und 13.205 US-Dollar).

hem, mittlerem und niedrigem Einkommen.[1] Gleichzeitig sind zuletzt jährlich etwa 190 Milliarden USD an offiziellen Mitteln der Entwicklungszusammenarbeit (*Official Development Assistance*, ODA) in Länder niedrigen und mittleren Einkommens geflossen.[2] Aber kann Entwicklungszusammenarbeit die sozioökonomischen Lebensbe-

[1] Auf *Gapminder.org* und *ourworldindata.org* lassen sich verschiedene Entwicklungsindikatoren interaktiv über Graphiken oder Karten veranschaulichen.

[2] Der Begriff Entwicklungszusammenarbeit, der eine partnerschaftliche Herangehensweise betont, hat seit einigen Jahren den Begriff Entwicklungshilfe weitgehend ersetzt.

dingungen in diesen Ländern verbessern? Und wie können knappe Ressourcen möglichst sinnvoll eingesetzt werden?

Wenngleich kausale Aussagen über die Wirksamkeit von Entwicklungszusammenarbeit auf Länderebene aufgrund methodischer Schwierigkeiten kaum möglich sind, so kann dank der Neu- und Weiterentwicklungen von experimentellen und sogenannten quasi-experimentellen Evaluationsmethoden mittlerweile abgeschätzt werden, ob ein konkretes Entwicklungsprojekt wirkt, wie es wirkt und wie es am besten ausgestaltet sein sollte. Durch Anwendung solcher Methoden können somit Fragen wie die folgenden beantwortet werden: Welche Maßnahmen können dazu beitragen, dass mehr Kinder einen Schulabschluss erlangen und die Qualität der Bildung steigt? Können Mikrofinanzinstitutionen das Fehlen alternativer Finanzierungsquellen ersetzen, die Gründung von Kleinunternehmen fördern und dadurch Einkommensquellen generieren? Sollten Transfers in Form von Sachleistungen erfolgen oder sind Geldleistungen effektiver? Wie müssen Kontrollmechanismen aufgebaut sein, um Korruption in öffentlichen Programmen zu verhindern? Die Bedeutung dieser neuen Methoden für die sozialwissenschaftliche Forschung wird auch durch die Nobelpreise für Wirtschaft in den Jahren 2019 und 2021 unterstrichen. 2019 ging der Preis an die Entwicklungsökonomen Abhijit Banerjee, Esther Duflo und Michael Kremer „für ihren experimentellen Ansatz zur Linderung der weltweiten Armut“. Im Jahr 2021 wurde der Preis an die Ökonomen David Card, Guido Imbens und Joshua Angrist verliehen, die maßgeblich an der Entwicklung quasi-experimenteller Methoden – hierzu zählen der Instrumentvariablen-Ansatz, der Differenz-von-Differenzen-Ansatz und die Regressions-Diskontinuitäts-Analyse – beteiligt waren.

Wie lässt sich Wirksamkeit in der Entwicklungszusammenarbeit messen?

Experimentelle Methoden (im Englischen als Randomized Controlled Trials, RCTs, bezeichnet) messen den Erfolg eines Projektes durch den Vergleich einer Gruppe, in der das Projekt durchgeführt wird (auch Behandlungsgruppe genannt), mit einer Gruppe, in der das Projekt nicht durchgeführt wird (die Kontrollgruppe), wobei – und das ist entscheidend – Behandlungs- und Kontrollgruppe zufällig ausgewählt werden. Wie wichtig diese zufällige Auswahl ist, illustriert das Beispiel eines fiktiven Projektes zur Förderung von landwirtschaftlich geprägten Dörfern durch den Bau von Bewässerungskanälen. In der Regel werden diejenigen Dörfer, in denen ein solches Projekt durchgeführt werden soll, anhand bestimmter Kriterien ausgewählt. So könnten beispielsweise die am stärksten von Trockenzeiten betroffenen Dörfer ausgewählt werden oder solche, die besonders gut durch Straßen erschlossen sind. Solche Auswahlkriterien führen aber dazu, dass die Dörfer, die das Projekt erhalten, sich grundsätzlich von denjenigen Dörfern unterscheiden, die das Projekt nicht erhalten. Unterschiede, die nach Abschluss des Projektes zwischen Projektdörfern und Nichtprojektdörfern festgestellt werden, könnten also sowohl auf das Projekt als auch auf diese anderen, bereits vorher existierenden Unterschiede zurückzuführen sein. Ob die Durchführung des Projektes letztlich positive, keine oder gar negative Effekte nach sich zieht, kann somit nicht festgestellt werden. Auch ein Vergleich von Dörfern vor und nach Implementierung des Bewässerungsprojektes kann die Effekte nicht identifizieren, da unklar ist, welche Veränderungen ohnehin (z. B. aufgrund größerer klimatischer Abweichungen) stattgefunden hätten. In einer experimentell durchgeführten Evaluation hingegen werden aus der relevanten Grundgesamtheit aller in Frage kommenden Einheiten, also z. B. aller von Trockenheit stark betroffenen Dörfer innerhalb einer Region, einige zufällig ausgewählt, in denen dann Bewässerungskanäle gebaut werden.[3] Im Anschluss an die Maßnahme können die Projektdörfer (die Behandlungsgruppe) mit den Nichtprojektdörfern (der Kontrollgruppe) verglichen werden. Da die Zuordnung in diese Gruppen zufällig erfolgte, kann man bei einer ausreichend großen Anzahl von Dörfern erwarten, dass sie sich im Durchschnitt gleich entwickelt hätten, wenn beide Gruppen keine Bewässerungskanäle erhalten hätten. Wenn sich nach Abschluss des Projektes also Unterschiede zwischen der Lebenssituation der Bauern/Bäuerinnen in den beiden Gruppen von Dörfern zeigen, können diese ursächlich auf das Projekt zurückgeführt werden.[4]

Anstatt eine experimentelle Variation des Projektstatus (also durch zufällige Auswahl) zu nutzen, um den kausalen Effekt einer Maßnahme zu bestimmen, ist es manchmal möglich, sogenannte „natürliche" (quasi-experimentelle) Variation zu nutzen. So könnte in unserem Beispiel die Entfernung zum nächsten größeren Fluss dazu führen, dass einige Dörfer mehr und andere Dörfer weniger geeignet für Bewässerungskanäle sind. Mithilfe statistischer Verfahren kann diese natürliche Variation dann genutzt werden, um etwas über den Effekt der Bewässerungskanäle zu lernen. Methodisch ist dafür allerdings erforderlich, dass diese durch die Natur verursachten Unterschiede keine anderen direkten Auswirkungen auf Zielgrößen (z. B. die Erntemenge) haben.[5]

Ein Beispiel: *Community-Driven Development*-Projekte

Anhand eines sehr weit verbreiteten Projekttyps der Entwicklungszusammenarbeit, den sogenannten *Community-Driven Development* (CDD)-Projekten, kann die Bandbreite möglicher Effekte – einschließlich möglicher negativer Effekte – von Ent-

3 Im Einzelfall sind weitere Details zu berücksichtigen. In diesem Fall beispielsweise, dass sich beide Gruppen von Dörfern auch gegenseitig beeinflussen könnten, sofern eine zu starke räumliche Nähe besteht.

4 Die Problematik wird sehr konkret auch von Clemens und Demombynes (2011) am Beispiel einer Evaluation der Millenniumsdörfer (Millennium Villages Project) veranschaulicht.

5 Auf Länderebene lassen sich experimentelle und quasi-experimentelle Evaluationsmethoden kaum anwenden, da die Voraussetzungen für diese Methoden in der Regel nicht gegeben sind. Kausale Aussagen darüber, ob Entwicklungszusammenarbeit zu Wirtschaftswachstum geführt oder zu einer Reduzierung der Kindersterblichkeit in armen Ländern beigetragen hat und, wenn ja, wie groß der Effekt war, sind daher bisher nur bedingt möglich.

wicklungsfinanzierung illustriert werden. Gegenwärtig laufen allein von der Weltbank unterstützte CDD-Projekte in 93 Ländern, mit einem Kreditvolumen von über 42 Milliarden USD.[6] Diese Projekte sehen vor, dass Dörfern ein relativ großer Betrag an Finanzmitteln zur Verfügung gestellt wird, über deren Verwendung die Dorfgemeinschaft innerhalb gewisser Grenzen selber entscheiden kann. Eine Reihe von Evaluationen hat die Auswirkungen solcher CDD-Projekte näher analysiert. So untersuchte eine Gruppe von Forschenden ein CDD-Projekt in Sierra Leone (Casey et al. 2012). Dazu wurde aus einer Gruppe von 236 grundsätzlich förderungswürdigen Dörfern die Hälfte zufällig ausgewählt. Diese erhielten dann im Rahmen des CDD-Projektes Finanzmittel und konnten damit selbstgewählte Dorfprojekte implementieren, während die andere Hälfte keine Zuwendungen bekam und als Kontrollgruppe fungierte. Die Ergebnisse dieser Studie, die in Kooperation mit der Weltbank und der Regierung Sierra Leones durchgeführt wurde, zeigen positive Effekte des Projektes auf die Verfügbarkeit von öffentlichen Einrichtungen (z. B. die Existenz eines Community Centers) und auf Wohlstandsindikatoren (z. B. das Vorhandensein von Vermögenswerten wie Mobiltelefonen in Haushalten). Das Projekt sollte aber auch den Zusammenhalt der verschiedenen Gruppen in den Dörfern stärken und sozial benachteiligte Gruppen stärker in lokale Entscheidungsprozesse integrieren. Effekte auf diese Zielgrößen konnten jedoch nicht nachgewiesen werden, was in weiteren Evaluationen von CDD-Projekten bestätigt wurde (Mansuri und Rao 2012; Casey 2018). Schließlich illustrieren Forschungsergebnisse zu einem vergleichbaren CDD-Projekt in Gambia mögliche ungewollte, negative Auswirkungen. So sind einige Jahre nach Programmende die sozialen Beziehungen (die „Netzwerke“) zwischen den Haushalten in den Projektdörfern schwächer ausgeprägt als in den Kontrolldörfern, potenziell aufgrund ungleich verteilter Nutzen aus dem Projekt (Heß et al. 2021a). Diese sozialen Netzwerke sind jedoch sehr wichtig, da sie angesichts fehlender alternativer Absicherungsmechanismen eine versicherungsähnliche Rolle übernehmen. Weiterhin finden Heß et al. (2021b) eine stärkere Entwaldung um Projektdörfer, möglicherweise ausgelöst durch eine Ausdehnung landwirtschaftlicher Flächen.

Grenzen der Wirkungsmessung

Nicht jedes Projekt lässt sich mithilfe von experimentellen oder quasi-experimentellen Methoden evaluieren. Insbesondere sind für statistisch valide Evaluationen Mindestfallzahlen erforderlich, die bei Großprojekten (z. B. dem Bau eines oder weniger Krankenhäuser) nicht unmittelbar zustande kommen. In Fällen, in denen eine zufällige Einteilung möglich ist, kann das (temporäre) Zurückhalten von Mitteln für manche Einheiten (z. B. Dörfer oder Haushalte) im Rahmen einer experimentellen Evaluation ethische Fragen aufwerfen oder politisch schwer durchsetzbar sein. An-

[6] Quelle: *https://www.worldbank.org/en/topic/communitydrivendevelopment#2* (Stand Juni 2021).

dererseits können vielfach aufgrund von Budgetbeschränkungen ohnehin nicht alle Einheiten, die potenziell Hilfe benötigen, gleichermaßen begünstigt werden. In anderen Fällen kann möglicherweise die Maßnahme nicht überall gleichzeitig implementiert werden. In solchen Fällen kann die Randomisierung einer Maßnahme oder des Zeitpunkts der Implementierung eine faire und transparente Methode der Zuteilung sein. So konnte beispielsweise die Regierung des indischen Bundesstaats Andhra Pradesh eine neue, biometrisch authentifizierte Zahlungsinfrastruktur („Smartcards") nicht in allen Regionen gleichzeitig einführen. Sie war daher bereit, die Reihenfolge der Einführung dieser Technologie in den 157 Regionen des Bundesstaates mit 19 Millionen Menschen zufällig festzulegen. Dies ermöglichte eine rigorose Evaluation, die zeigen konnte, dass die Einführung der Smartcards die Zweckentfremdung von Finanzmitteln in zwei wichtigen Sozialprogrammen erheblich reduzierte (Muralidharan et al. 2016).

Einschränkend muss zudem erwähnt werden, dass die Ergebnisse von Wirkungsevaluationen einzelner Projekte – unabhängig von der Methode – zunächst immer nur für den konkreten Kontext gelten. Inwiefern die gleichen Effekte in einem anderen Kontext (z. B. in einem anderen Land, zu einem anderen Zeitpunkt oder durch einen anderen Projektpartner) erwartet werden können, kann man nicht ohne weitere Annahmen sagen. Replikationen und systematische Übersichten von rigorosen Evaluationen können jedoch Anhaltspunkte für konkrete Politikempfehlungen geben.

Schlussbemerkungen

Jedes Jahr werden Milliarden von Euro im Rahmen der Entwicklungszusammenarbeit investiert. Das oben beschriebene Beispiel der CDD-Projekte illustriert, dass gut gemeinte Hilfen nicht immer die gewünschten Auswirkungen haben und mitunter sogar unbeabsichtigte negative Wirkungen entfalten können. Die Bandbreite von Sektoren, die Verschiedenartigkeit der Projekte und auch der Kontexte, in denen Entwicklungszusammenarbeit stattfindet, schließen generelle Aussagen über die Wirksamkeit der verwendeten Mittel aus. Dank der Fortentwicklung experimenteller und quasi-experimenteller Evaluationsmethoden in den letzten ca. zwei Jahrzehnten und deren verstärkter Anwendung in der Entwicklungsökonomie liegen jedoch genügend Erkenntnisse für einige eng definierte Bereiche vor, die Verallgemeinerungen ermöglichen.[7] Außerdem haben diese Methoden unser Verständnis um die Ursachen

[7] Die Anzahl von rigorosen Evaluationsstudien in Ländern mit niedrigen und mittleren Einkommen ist von weniger als 40 veröffentlichten Studien im Jahr 2000 auf über 450 veröffentlichte Studien pro Jahr ab 2015 gestiegen (siehe 3ie Development Evidence Portal, *https://developmentevidence.3ieimpact.org/*). Eine gute Zusammenfassung von Ergebnissen aus diesen Studien für eng definierte Bereiche findet man beim von den Nobelpreisträgern Duflo und Banerjee gegründeten Forschungsnetzwerk J-PAL, siehe *https://www.povertyactionlab.org/policy-insights*. Einige grundlegende Erkenntnisse aus Sicht der Weltbank sind in Artuc et al. (2020) zusammengefasst.

von Entwicklungsunterschieden und deren Auswirkungen erheblich erweitert. Dennoch – und obwohl selbstverständlich nicht alle Projekte mittels dieser neuen Evaluationsmethoden evaluiert werden können oder auch sollten – wird weiterhin eine viel zu geringe Anzahl von Projekten mit diesen Methoden evaluiert. Dies hat zur Folge, dass für viele Maßnahmen nach wie vor kein verlässliches Wissen darüber existiert, ob, wie und unter welchen Umständen sie wirken. Verlässliche Evidenz zur Wirksamkeit von Interventionen stellt jedoch eine wichtige Voraussetzung dar, um im Hinblick auf die zukünftige Verwendung von Mitteln sinnvolle von weniger sinnvollen Projekten zu unterscheiden und gute Projekte noch besser zu machen. Speziell in Bezug auf die deutsche Entwicklungszusammenarbeit legt ein Bericht des Deutschen Evaluierungsinstituts der Entwicklungszusammenarbeit (Krämer et al., 2021) nahe, dass experimentelle und quasi-experimentelle Evaluationsmethoden in Deutschland im internationalen Vergleich relativ wenig genutzt werden. Hier müssen ersten kleinen Schritten auf diesem Gebiet in den kommenden Jahren größere Schritte folgen.

Literatur

Artuc, Erhan, Robert Cull, Susmita Dasgupta, Roberto Fattal Jaef, Deon Filmer, Xavier Giné, Hanan Jacoby, Dean Jolliffe, Hiau Looi Kee, Leora Klapper, Aart Kraay, Norman Loayza, David McKenzie, Berk Özler, Vijayendra Rao, Bob Rijkers, Sergio Schmukler, Michael Toman, Adam Wagstaff, und Michael Woolcock. 2020. „Toward Successful Development Policies: Insights from Research in Development Economics.“ *World Bank Policy Research Working Paper* 9133.

Casey, Katherine. 2018. „Radical Decentralization: Does Community-Driven Development Work?“ *Annual Review of Economics*, 10: 139 – 163.

Casey, Katherine, Rachel Glennerster, und Edward Miguel. 2012. „Reshaping Institutions: Evidence on Aid Impacts using a Preanalysis Plan.“ *Quarterly Journal of Economics*, 127(4): 1755 – 1812.

Clemens, Michael A., und Gabriel Demombynes. 2011. „When Does Rigorous Impact Evaluation Make a Difference? The Case of the Millennium Villages.“ *Journal of Development Effectiveness*, 3(3): 305 – 339.

Heß, Simon, Dany Jaimovich, und Matthias Schündeln. 2021a. „Development Projects and Economic Networks: Lessons from Rural Gambia.“ *Review of Economic Studies*, 88(3): 1347 – 1384.

Heß, Simon, Dany Jaimovich, und Matthias Schündeln. 2021b. „Environmental Effects of Development Programs: Experimental Evidence from West African Dryland Forests.“ *Journal of Development Economics*, 153: 102737.

Krämer, Marion, Lea Jechel, Timo Kretschmer, und Elisabeth Schneider. 2021. „Rigorous Impact Evaluation: Evidence Generation and Take-Up in German Development Cooperation.“ Deutsches Evaluierungsinstitut der Entwicklungszusammenarbeit (DEval), Bonn.

Mansuri, Ghazala, und Vijayendra Rao. 2012. *Localizing Development: Does Participation Work?* Policy Research Report. Washington, DC: World Bank.

Muralidharan, Karthik, Paul Niehaus, und Sandip Sukhtankar. 2016. „Building State Capacity: Evidence from Biometric Smartcards in India." *American Economic Review*, 106 (10): 2895 – 2929.

OECD. 2014. *Multilateral Aid Report. www.oecd.org/dac/aid-architecture/Multilateral %20 Report %20N %201_2014.pdf.*

OECD. 2022. *ODA Levels in 2021 – Preliminary data: Detailed Summary Note. https://www.oecd.org/dac/financing-sustainable-development/development-finance-standards/ODA-2021-summary.pdf.*

Pomeranz, Dina, und José Vila-Belda, 2019. „Taking State-Capacity Research to the Field: Insights from Collaborations with Tax Authorities." *Annual Review of Economics*, 11(1): 755 – 781.

UNCTAD. 2022. *World Investment Report 2022: International Tax Reforms and Sustainable Investment.*

Weltbank. 2022. *Poverty and Inequality Platform, https://pip.worldbank.org/home* (abgerufen am 30.09.2022).

Christine Binzel ist Professorin für Volkswirtschaftslehre: Wirtschaft und Gesellschaft des Nahen Ostens an der FAU Erlangen-Nürnberg.

Matthias Schündeln ist Professor für Entwicklungsökonomie an der Goethe-Universität Frankfurt. Er promovierte an der Yale University und war anschließend 5 Jahre lang als Assistant Professor an der Harvard University tätig.

Alexander Kriwoluzky

„Mehr Sein als Schein – warum hat Papiergeld einen Wert?“

Zusammenfassung

Was ist eigentlich Geld im Allgemeinen und warum hat es einen Wert? Wieso ist es gerade ein Stück Papier und wie wird es in Zukunft aussehen?

Ob Menschen bereit sind, reale Güter und Leistungen gegen Geld einzutauschen, liegt zum einen daran, ob das Geld praktisch, also leicht handelbar und handhabbar, ist, aber vor allem daran, ob sie den dahinterliegenden Vermögenswerten vertrauen. Bei den Goldmünzen und Kakaobohnen war der Wert spürbar. Bei den modernen Geldscheinen, die Schuldscheine der Europäischen Zentralbank sind, sind es Staatsanleihen. Deswegen müssen sowohl die Zentralbank als auch die Mitgliedstaaten der Eurozone, die die Staatsanleihen herausgeben, die Stabilität des Geldes sicherstellen. Zusätzlich müssen sie mit digitalen Weiterentwicklungen des Papiergeldes auf die Herausforderung der Kryptowährungen reagieren.

Anhand der Geschichte des Geldes, die von Kakaobohnen über den Goldstandard zur Europäischen Zentralbank und derzeitigen Kryptowährungen reicht, beantwortet dieser Beitrag die Frage, unter welchen Umständen Menschen unterschiedlichen Formen des Geldes als Gegenwert für Güter und Dienste vertrauen und wann Inflation entsteht.

Schlüsselbegriffe:
- Geld
- Inflation
- Eurozone

Warum hat Papiergeld eigentlich einen Wert (oder manchmal auch nicht)?

Erst kürzlich ist es wieder passiert: Spät abends stehe ich vor dem Dönerstand in Tempelhof und bestelle einen Gemüse-Burger und ein Wasser. Bevor ich beides in Empfang nehme, übergebe ich dem netten Verkäufer ein bedrucktes Stück Papier. Er überreicht mir die Güter, die mich wirklich satt machen, und ist mit dem Stück Papier zufrieden. Nicht nur das, er bedankt sich auch noch freundlich. Obwohl ich schon mehrere Jahrzehnte dieser Art der Transaktion beiwohne, erstaunt sie mich manchmal immer noch. Warum sind andere Menschen bereit, reale Güter für dieses bedruckte Stück Papier zu tauschen?

Wieso tauschen Menschen reale Werte gegen Geld?

Eine einfache Antwort wäre, dass es sich bei dem bedruckten Papier eben um Geld handelt. Per Definition ist Geld alles, was allgemein als Zahlungsmittel für Güter, Leistungen oder das Begleichen von Schulden akzeptiert wird. Das von mir verwendete Papier ist auch nicht von einer beliebigen Druckerei mit hübschen Bildern versehen worden, sondern von der offiziellen Druckerei in Deutschland, der Bundesdruckerei. Deswegen hat es einen der Zahl auf dem Schein entsprechenden Wert und kann gegen Güter und Leistungen eingetauscht werden. So einfach ist die Welt und die Antwort auf die Frage aber nicht. Es gibt viele Fälle in der Geschichte, in denen gerade das von der Zentralbank bedruckte Papier von den Menschen nicht mehr als Zahlungsmittel akzeptiert wurde.

In der Regel wird Geld als Zahlungsmittel akzeptiert, weil die Menschen davon ausgehen, mit dem Geld wieder andere Güter oder Dienstleistungen erwerben zu können. Das bedeutet, Geld ist ein Versprechen für zukünftigen Konsum. Damit besitzt es aber auch nur einen Wert, solange alle davon überzeugt sind, es auch wirklich wieder eintauschen zu können. Die Frage, wie man andere überzeugt, dass sie das Geld auch wirklich wieder gegen Güter und Dienstleistungen eintauschen können, beschäftigt die Menschheit schon seit der Einführung des Geldes und soll im Folgenden thematisiert werden.

Geld als wichtiger zivilisatorischer Fortschritt

Zuerst einmal ist ein einheitliches Zahlungsmittel eine wesentliche Grundlage für das Entstehen einer Zivilisation, in der sich Menschen auf unterschiedliche Tätigkeiten, zum Beispiel Ackerbau, Viehzucht oder Verwaltung, spezialisieren. Denn ohne die Möglichkeit, alle Güter gegen ein Zahlungsmittel tauschen zu können, bliebe nur, alles selbst herzustellen oder die Güter gegeneinander zu tauschen. Das kann anstrengend bis unmöglich sein. Nehmen wir eine Person, die Getreide hat und dafür Holz haben möchte. Sie könnte gezwungen sein, einen langen Ringtausch zu veranstalten. Das Getreide könnte – wie in einem berühmten Brettspiel – zuerst gegen Schafe, die Schafe gegen Lehm und der Lehm dann gegen Holz getauscht werden. Allerdings ist es alles andere als sicher, dass der Ringtausch auch klappt. Eventuell ist Lehm gerade sehr knapp und deswegen dann auch das eigentliche Ziel des Tausches, das Holz. Geld hat den Vorteil, dass das Getreide direkt verkauft werden kann, um dann damit das Holz zu erwerben.

Geld sollte am Anfang etwas Wertvolles sein

Eine Antwort auf die Frage, wie man andere überzeugt, dass das Geld wiederverwendet werden kann, liegt auf der Hand: Man verwendet etwas Wertvolles als Geld – zum Beispiel Gold. Gold hat für viele Menschen einen „inneren“ Wert und die Münze kann außerdem noch angefasst werden. Beides weckt Vertrauen in die Währung. Deswegen waren und sind viele Menschen bereit, ihre Güter und Dienstleistungen gegen Goldmünzen einzutauschen. Es wurde in der Geschichte aber nicht nur Gold als wertvolles Zahlungsmittel benutzt. So verwendeten die Azteken Kakaobohnen und in den Kulturen Afrikas wurden Perlen als Geld verwendet. Noch vor gar nicht allzu langer Zeit wurde in Deutschland etwas als Zahlungsmittel verwendet, worüber man heute den Kopf schütteln würde: Zigaretten. Nach dem Ende des Zweiten Weltkrieges war das Papiergeld, das bis 1945 herausgegeben wurde, wertlos (und wir werden später sehen, warum). Zigaretten wurden aber von den meisten konsumiert, waren sehr knapp und einfach abzuzählen. Für den Fall, dass niemand diese mehr haben wollte, konnten sich Besitzer:innen zumindest an dem Tabakgenuss erfreuen.

Die Idee, etwas Werthaltiges als Geld zu verwenden, hat sich über mehrere Jahrhunderte gehalten. Allerdings sind mit dieser Art des Geldes auch viele Nachteile verbunden. Zum einen können diese Formen in der Herstellung recht aufwendig sein. Zum anderen wurde es problematisch, wenn größere Summen zu bezahlen waren, weil die Nennwerte nur begrenzt skalierbar waren: Es ist schwer, eine 1000-Gulden-Münze herzustellen. Deswegen sind diese Zahlungsmittel sehr umständlich und vor allem schwer zu transportieren, wenn es darum geht, größere Mengen an Waren zu zahlen.

Schuldscheine als Zahlungsmittel zur Hansezeit

Deswegen kamen Patrizier in der Hansezeit im Mittelalter auf die Idee, statt Goldmünzen Wechsel, also Schuldscheine, als Zahlungsmittel zu akzeptieren. Dabei handelte es sich nicht um Schuldscheine der beiden Personen, die einen Handel eingingen, sondern um Schuldscheine von anderen Patriziern, die auch über deren Stadtgrenzen hinweg für ihren Reichtum bekannt waren. Deren Schuldscheine wurden von anderen Menschen als Zahlungsmittel im Austausch gegen Waren und Dienstleistungen akzeptiert, weil der Schuldschein des reichen Patriziers jederzeit bei ihm eingelöst werden konnte. Der Schuldschein beinhaltete das explizite Versprechen, dass er wieder eingetauscht werden kann. Das beschriebene Stück Papier hatte Wert, weil die Schuld durch das Vermögen des bekannten Patriziers gedeckt war.

Der Vorteil dieses Zahlungsmittels relativ zu den Goldmünzen liegt für die Handeltreibenden auf der Hand: Es ist wesentlich einfacher zu transportieren. Der Schuldschein als Zahlungsmittel hat aber auch einen großen Nachteil. Ist der Patrizier nicht mehr zahlungsfähig, da möglicherweise ein Sturm seine Schiffe zerstört hat, verliert der Schuldschein sofort seinen Wert. Schuldscheine sind eben nur solange etwas wert, wie den Schulden auch ein Vermögen gegenübersteht.

Schuldscheine eines Konsortiums oder einer Bank als Geld

Eine Möglichkeit, die Schuldtitel vor einem Totalverlust zu schützen, ist, dass sie nicht nur von einem Kaufmann abhängig sind, sondern von einem Konsortium von Kaufleuten, die zusammen Schuldscheine ausgeben. Sollte nur einer davon nicht mehr zahlungsfähig sein, springen die anderen ein. Die ersten Zentralbanken, die im 17. Jahrhundert gegründet wurden, waren genau solche Zusammenschlüsse von Kaufleuten. Zu Ihnen gehörte auch die Bank of England. Sie vergab einen Kredit an den damaligen König. Dieser versprach, den Kredit durch zukünftige Steuern zurückzuzahlen. Das bedeutete, dass der Wert der zirkulierenden Geldscheine der Bank of England durch zukünftige Einnahmen des Staates, die Steuern, gedeckt war, nicht nur durch das Vermögen der Kaufleute.

Schuldscheine des Staates als Geld

Um diese Art des frühen Papiergeldes herauszubringen, wurden Kaufleute benötigt. Was kann ein Staat aber tun, der keine Kaufleute hat, die ihm Geld leihen wollen, der aber trotzdem eine Währung benötigt? Vor diesem Problem stand Frankreich nach der Französischen Revolution 1789, als es von den anderen Ländern angegriffen wurde. Die Lösung bestand darin, dass der Staat fortan selbst Schuldscheine (Geld) ausgab, um dafür reale Güter (zum Beispiel Waffen) und Dienstleistungen (zum Beispiel Verwaltung) zu erhalten. Warum waren die Menschen bereit, diese Geldscheine, die sogenannten Assignaten, zu akzeptieren? Der Staat hatte vorher die Güter der katholischen Kirche in Frankreich konfisziert. Diese Güter hatten einen hohen Wert, den der Staat aber nicht sofort einlösen konnte. Stattdessen waren die Güter, deren Einkünfte und deren zukünftige Erlöse die Sicherheit, mit denen die Schuldscheine gesichert waren. Die Menschen in Frankreich waren bereit, die Assignaten als Zahlungsmittel zu akzeptieren, weil ihnen die konfiszierten Güter als Sicherheit zu Grunde lagen.

Allerdings trat das Problem, das in diesem Zusammenhang in der Geschichte des Geldes häufig auftritt, auch hier auf: Der Staat hatte einen kurzfristigen Anreiz, so viele Schuldscheine wie möglich zu drucken. Da es hier zunächst keine Grenzen gab, wurden sehr viele Assignaten gedruckt – viel zu viele. Irgendwann merkte die Bevölkerung, dass den Assignaten wohl nicht mehr ausreichend Güter gegenüberstanden, und die Assignaten verloren drastisch innerhalb kurzer Zeit in einer Hyperinflation an Wert.

Die goldene Mitte – der Goldstandard

Der sich daraufhin im 19. Jahrhundert etablierende Goldstandard hat die Vorteile beider Arten von Zahlungsmitteln, der Goldmünzen und des Papiergeldes, kombiniert. Der Goldstandard besagt, dass die gedruckten Schuldscheine der Zentralbank, also das Papiergeld, durch Gold gedeckt sein müssen, das im Besitz der Zentralbank ist. Unter dem Goldstandard können Besitzer/-innen eines Geldscheins diesen jederzeit in Gold umtauschen. Das durch Gold gesicherte Papiergeld wird deswegen genau wie Goldmünzen als Zahlungsmittel akzeptiert. Da es sich aber immer noch um Papier handelt, hat es auch die Vorteile des Papiergeldes: Es ist einfacher herzustellen als Goldmünzen, es können einfacher Geldscheine mit hohen Nennwerten hergestellt werden und es ist für den Handel deswegen einfacher zu transportieren.

Der Goldstandard war auf der einen Seite mit einer weltweit positiven stabilen wirtschaftlichen Entwicklung verbunden. Er hatte aber auch zumindest zwei große Nachteile. Zum einen fluktuiert der Wert des Geldes mit dem Wert des Goldes. So gibt es eine Inflation in der Ökonomie, sobald ein neues Goldvorkommen entdeckt wird und das Gold an Wert verliert, oder auch eine Deflation, wenn die Nachfrage nach Gold stark ansteigt. Zum zweiten hat die Zentralbank nicht die Möglichkeit, in einer Finanzkrise stabilisierend einzugreifen und die Wirtschaft und Gesellschaft vor den Auswirkungen einer tiefen Finanzkrise zu schützen. Denn in einer Finanzkrise muss die Zentralbank den Geschäftsbanken und Firmen Liquidität bereitstellen und somit die Geldmenge erhöhen. Das geht im Goldstandard aber nicht, da die Zentralbank in der Regel nicht über die entsprechenden Goldreserven verfügt. Sehr kurzfristig kann sie auch nicht Mengen an Gold erwerben, um schnell die Geldmenge zu erhöhen. Dieses Problem trat unter anderem während der Großen Depression auf, einer weltweiten Wirtschaftskrise, die im Jahr 1929 begann, sich über mehrere Jahre hinzog und zu einer Verarmung eines Großteils der Bevölkerung führte. Hier war die Politik der Zentralbanken in vielen Ländern zu restriktiv, teilweise auch wegen des Festhaltens am Goldstandard. In den USA konnte diese Wirtschaftskrise erst beendet werden, nachdem die amerikanische Regierung 1933 beschlossen hatte, den Goldstandard auszusetzen.

Als das Papiergeld in Deutschland zum Spielen verwendet wurde

Sechs Jahre vor der Großen Depression kam es in Deutschland zu einer Episode, die die Einstellung vieler Deutschen zu der Inflation bis heute prägt. In den Jahren des Ersten Weltkrieges (1914 bis 1918) wurde die Möglichkeit, das Papiergeld bei der Zentralbank gegen Gold einzutauschen, ausgesetzt. Das Deutsche Kaiserreich benötigte das Gold, um Waffen zu kaufen. Damit wurde faktisch auch der Goldstandard ausgesetzt. Dieser wurde auch nach dem Ende des Ersten Weltkrieges von der Weimarer Republik nicht wiedereingesetzt. Dadurch entstand eine Zentralbank sehr ähnlich der heutigen. Die Geldscheine dieser Zentralbank waren weiterhin Schuldscheine, nur wurden sie nicht mehr durch Gold als Vermögen gedeckt, sondern durch Staatsanleihen der Weimarer Republik. Diese Staatsanleihen besitzen solange einen Wert, wie der Staat in der Lage ist, sie durch das Erheben von Steuern zurückzuzahlen. Leider zeigte sich, dass die Weimarer Republik, die auch noch Reparationszahlungen tätigen musste, nur über geringe Möglichkeiten verfügte, zusätzliche Steuern zu erheben. Um die Staatsausgaben weiter finanzieren zu können, gab der Staat immer weitere Staatsschulden aus. Diese Staatsschulden wollte aber niemand mehr kaufen, weil viele zu Recht daran zweifelten, jemals ihr Geld wieder zurückzubekommen. Deswegen kaufte die Zentralbank diese Staatsschulden. Die Folge war, dass die Vermögensseite der Zentralbank immer mehr aus wertlosen Staatsschulden bestand und sich die Schuldenseite der Zentralbank auch immer weiter vergrößerte. Irgendwann im Laufe der Jahre 1922 und 23 verstand die Bevölkerung, dass den Schuldscheinen der Zentralbank kein Vermögen mehr gegenüberstand, und die Geldscheine verloren dramatisch an Wert. So sehr, dass es billiger war, mit Stapeln von Geldscheinen zu spielen, als mit ihnen Spielzeug zu kaufen.

Aufbau und Regeln einer heutigen Zentralbank

Diese Episode hat nicht nur zu einer tief verankerten Inflationsangst in Deutschland geführt, es wurden daraus auch wichtige Lehren für die heutige Geldpolitik gezogen. Zwar sind die heutigen Geldscheine weiterhin Schulden der Zentralbank, die nicht durch Gold, sondern durch Staatsanleihen gedeckt sind. Um Episoden wie nach der Französischen Revolution oder in der Weimarer Republik mit hoher Inflation zu verhindern, wurden bei der Einführung des Euro aber folgende strenge Regeln für die Zentralbank und die Regierungen in der Eurozone aufgestellt: Das Defizit im Staatshaushalt darf jedes Jahr nur drei Prozent relativ zum jährlichen Volkseinkommen betragen, das heißt, der Staat darf nur wenig neue Schulden aufnehmen. Außerdem sollten die gesamten Staatsschulden relativ zu dem jährlichen Volkseinkommen 60 Prozent nicht übersteigen. Damit sollte sichergestellt werden, dass die Staaten immer in der Lage sind, ihre Schulden zurückzuzahlen, und das Vermögen der Zentralbank nicht an Wert verlieren kann.

Eine weitere wichtige Lehre aus der Weimarer Hyperinflation ist, dass es der EZB verboten ist, den Regierungen neue Schulden direkt abzukaufen. Der Grund hierfür ist folgender: Genau wie für Haushalte und Firmen verlangen Investor:innen unterschiedlich hohe Zinsen von den verschiedenen Staaten. Dabei gilt die Faustregel, dass der Zins, den man für einen Kredit zahlen muss, ansteigt, je höher das Risiko ist, dass der Kredit nicht zurückgezahlt werden kann. Kauft die Zentralbank die Staatsschulden direkt von den Regierungen, preist sie das Ausfallrisiko nicht ein. Das führt dann dazu, dass sie Wertpapiere als Vermögen hält, die aufgrund des Ausfallrisikos nicht den Wert haben, den sie beim Kauf hatten. Da das Vermögen die Schulden der Zentralbank, das

Geld, sichert, führt eine Verringerung des Vermögens dazu, dass auch die Schulden an Wert verlieren. Das bedeutet wiederum Inflation. Das muss keine Hyperinflation sein wie in der Weimarer Republik, aber es wird unter Umständen eine Inflation über der Zweiprozentmarke zur Folge haben, die sich die EZB als Zielmarke gesetzt hat.

Die Regeln werden gerade nicht von allen eingehalten. Zuerst hatten sich Frankreich und Deutschland nicht an die Defizitregel gehalten. Zuletzt haben die Coronapandemie und der Überfall Russlands auf die Ukraine dafür gesorgt, dass die Staaten in der Eurozone ihren Firmen und Haushalten aushelfen mussten. Dazu wurden Schulden aufgenommen, die die erlaubten drei Prozent weitaus überstiegen. Hatten manche Staaten schon bei dem Eintritt in die Währungsunion einen höheren Schuldenstand als 60 Prozent des Volkseinkommens, so sind es mittlerweile fast alle. Dass die Regeln für die einzelnen Regierungen in der Eurozone von diesen nicht eingehalten werden, erschwert der Europäischen Zentralbank ihre Arbeit.

Mögliche Reformen in der Eurozone

Die Lösung für das jetzige Problem ist nicht so einfach. Man könnte fordern, dass die Länder der Eurozone nun einfach sparen müssen oder ihre Steuern anheben sollen. Die Erfahrungen aus den Jahren nach der Staatsschuldenkrise 2012 zeigen aber, dass diese Politik die wirtschaftliche Situation in den Ländern eher verschlimmert, weil die Ökonomien dadurch stark geschwächt werden. Eine Alternative besteht darin, die europäische Integration weiter voranzutreiben und neben den bestehenden Staatsanleihen eine gemeinsame europäische Staatsanleihe zu schaffen, die dann der Bankensektor und die Zentralbank halten. Dann muss sichergestellt werden, dass diese europäische Staatsanleihe auch immer zurückbezahlt wird. Das könnte zum Beispiel durch europaweite Steuern wie eine Digitalsteuer oder die Mehrwertsteuer geschehen. Im Gegenzug können dann dafür die einzelnen Defizit- und Schuldenregeln für die Länder der Eurozone abgeschafft werden.

Kryptowährungen als die Zukunft des Geldes?

Unabhängig davon, ob die Eurozone ihre längst überfällige Reform bekommt, besteht die Frage, wie lange Bargeld in der jetzigen Form noch verwendet, beziehungsweise, wann es von digitalem Geld abgelöst wird. Denn es ist in der modernen Welt einfach aus der Zeit gefallen. Es kann leicht verloren werden, es ist relativ zu einer digitalen Geldbörse aufwendiger zu transportieren und, wie die Pandemie aufgezeigt hat, ist es auch noch unhygienisch. Nur, wie wird das digitale Geld gestaltet sein? Eine offensichtliche Antwort sind gerade kursierende Kryptowährungen wie Bitcoin oder Ethereum. Da beide nur begrenzt geschürft werden können, werden sie von Befürworter:innen oft mit Goldmünzen verglichen und ähnlich eingeordnet. Die Mengen sind zwar begrenzt, allerdings besitzen die Kryptowährungen im Gegensatz zu Gold, Perlen oder

Zigaretten keinen inhärenten Wert. Deswegen fluktuiert deren Wert auch so stark, je nachdem, wie deren Nutzen angesehen wird. Der war bei Gold, Perlen und selbst Zigaretten beständiger. In der jetzigen Form ähneln Kryptowährungen eher wertlosen (digitalen) Scheinen, bei denen die Besitzenden darauf hoffen, sie noch einmal an einen anderen vertauschen zu können, bevor sie wertlos werden.

Erfolgversprechender könnten sogenannte „Stable coins", zum Beispiel „Libra", sein. Dieses Geld wird in der Form von Blockchain herausgegeben werden. Es werden wieder Schulden eines Unternehmens, zum Beispiel Meta, sein. Das Unternehmen verspricht, die digitale Währung jederzeit gegen Dollar, Euro, Yen und Yuan einzutauschen. Dazu wird das Unternehmen dann diesen Korb an Währungen als Vermögen halten. Dieser Währungskorb sichert den Wert der digitalen Währung und ist der Unterschied zu Bitcoin. Diese „Stable coins" stellen eine Herausforderung für die Zentralbanken dar. Technologiefirmen werden den Benutzenden enorme Rabatte und Belohnungspunkte versprechen, wenn sie denn diese Währung benutzen. Denn das eigentliche Ziel von Google, Apple und Co. wird nicht die eigene Währung sein, sondern vor allem die Daten der Nutzenden. Um auf diese Herausforderung zu reagieren, werden die Zentralbanken jeweils eine eigene digitale Währung herausgeben müssen. Viele Zentralbanken in Europa, auch die EZB, arbeiten an entsprechenden Lösungen.

Je nachdem, ob es noch einen Papierschein oder einen digitalen Euro als Rückgeld beim Dönerkauf gibt, sollte dort die Unterschrift der Präsidentin der EZB stehen, ob nun analog oder digital. Denn nur dann ist der Schuldschein der EZB auch wirklich echt und wird wieder als Zahlungsmittel in der nächsten Transaktion akzeptiert.

Weiterführende Literatur:

Bianchi, Francesco; Melosi, Leonardo (2022). „Inflation as a Fiscal Limit", FRB of Chicago Working Paper No. 2022-37, Chicago.

Bianchi, Francesco; Melosi, Leonardo; Rogantini Picco, Anna (2022). „Who Is Afraid of Eurobonds?", FRB of Chicago Working Paper No. 2022-43, Chicago.

Graeber, David (2014). „Debt: The First 5,000 Years", Melville House Publishing, New York.

Jarocinski, Marek; Mackowiak, Bartosz (2018). „Monetary-fiscal interactions and the euro area's malaise", Journal of International Economics, 112, 251 – 266.

Kim, Chi Hyun; Kriwoluzky, Alexander (2019). „Public or Private? The Future of Money", Monetary Dialogue Papers PE 642.356, Policy Department for Economic, Scientific and Quality of Life Policies, European Parliament, Luxembourg.

Kliem, Martin; Kriwoluzky, Alexander; Sarferaz, Samad (2016). „Monetary-fiscal policy interaction and fiscal inflation: A Tale of three countries", European Economic Review, 88, 158 – 184.

Alexander Kriwoluzky leitet die Abteilung für Makroökonomie am DIW Berlin und ist Professor für Makroökonomie an der FU Berlin.

Teil II:

Klimawandel, Wachstum und Wohlstand

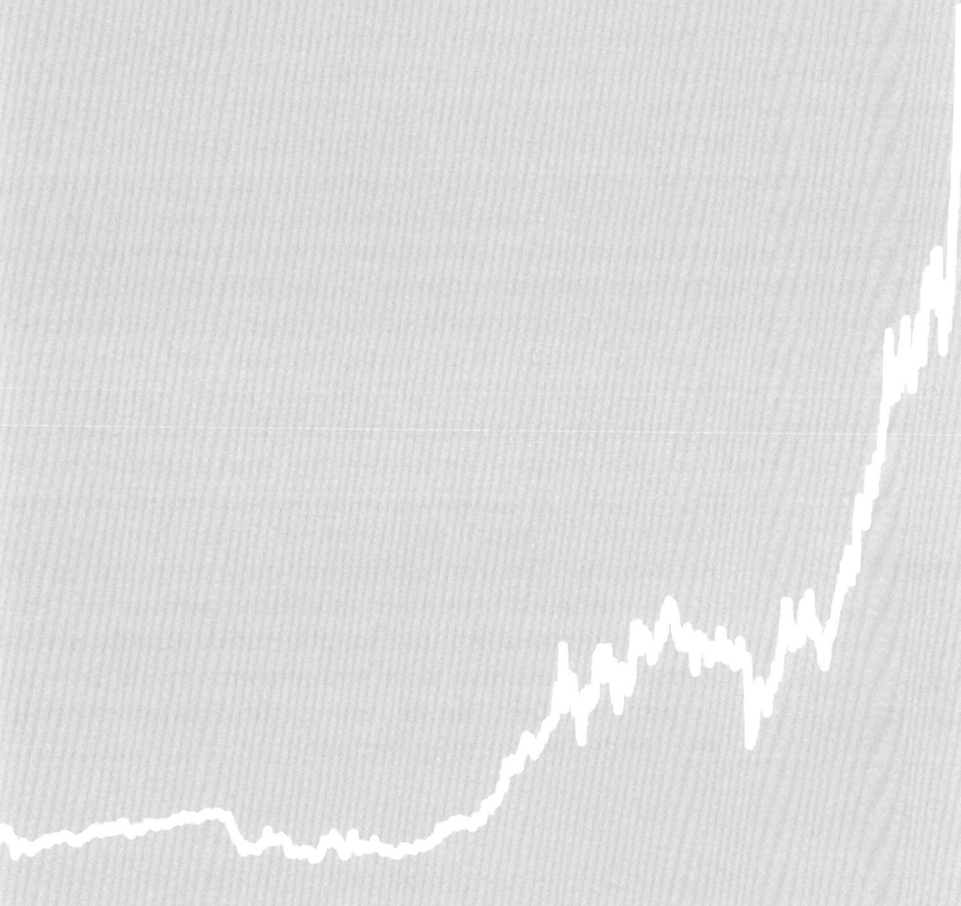

Ottmar Edenhofer

„Grenzen des Wachstums oder Wachstum ohne Grenzen?"

Zusammenfassung

Der Klimawandel rüttelt an der wirtschaftlichen Wachstumsmaxime. Denn neben dem Wohlstand wächst mit der Wirtschaft auch die Menge klimaschädlicher Treibhausgase. Seit der industriellen Revolution deckt die Menschheit ihren Energiebedarf durch den Einsatz fossiler Energieträger. Das führte zum Wachstum der Wirtschaft und zu höheren Einkommen. Damit einhergehend stieg auch die Menge an klimaschädlichen Treibhausgasen in der Erdatmosphäre. Das Klima hat sich dadurch bereits heute merklich verändert. Klar ist, sollen die Klimarisiken begrenzt werden, muss der Ausstoß von Kohlenstoffdioxid (CO_2) bis Mitte des Jahrhunderts auf Netto-Null[1] gebracht werden. Daher stellt sich die Frage: Erreichen wir unsere selbstgesteckten Klimaziele nur, wenn die Wirtschaft schrumpft, oder gibt es doch einen Pfad, auf dem sie weiterwachsen darf? Die Wachstumsfrage kann nicht mit einem einfachen ‚Ja' oder ‚Nein' beantwortet werden. Eine Lösung hängt von vielen weiteren Fragen ab: Was genau soll wachsen? Wie wächst es? Warum sollte es wachsen? Die ursprüngliche Fragestellung ist daher irreführend. Statt den Abbau der Wirtschaft zu diskutieren, muss ihr Umbau zur Kernfrage werden. Klimaschutz hält dafür die passenden Instrumente bereit: Setzen wir auf effektive (wirksame), effiziente (kostengünstige) und sozial gerechte Politik, werden Wirtschaftsaktivitäten dort schrumpfen, wo sie Schäden verursachen. Dort, wo sie ökologische Grenzen respektieren, werden sie hingegen wachsen.

Schlüsselbegriffe:
- Wirtschaftswachstum
- Wohlstand
- Klimawandel
- ökologische Grenzen

[1] Netto-Null bedeutet, dass alle verbleibenden menschlich verursachten Treibhausgasemissionen durch die Entfernung aus der Atmosphäre ausgeglichen werden.

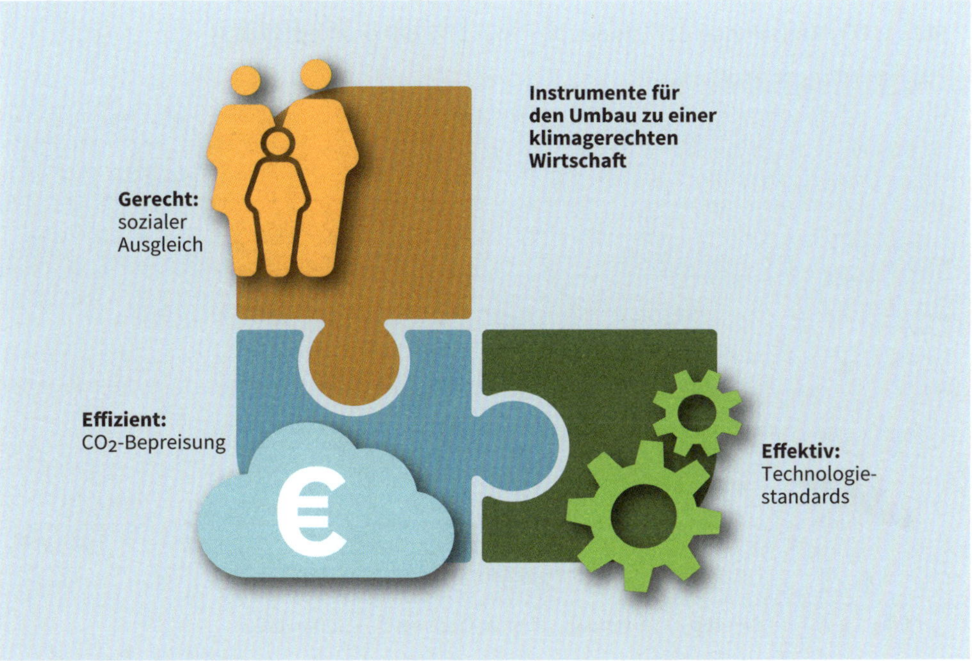

Hintergrund

Seit Beginn der industriellen Revolution ist das weltweite Einkommensniveau in beispielloser Weise gewachsen. Noch nie war der Anteil der Menschen an der Weltbevölkerung, die in extremer Armut leben müssen, so klein wie heute. Als Treiber dieser Entwicklung ist das Wachstum der Wirtschaft klar identifiziert. Historisch betrachtet sind wirtschaftliche Aktivitäten allerdings auch ausschlaggebende Triebkraft des Klimawandels. Denn ein höheres Maß an Wirtschaftsleistung geht bisher in der Regel mit einem höheren Energieverbrauch und einem höheren Treibhausgasausstoß einher (vgl. Abbildung 1). Doch die Atmosphäre kann nur eine begrenzte Menge der dabei entstehenden Treibhausgasemissionen aufnehmen, bevor das globale ökologische Gleichgewicht zusammenbricht. Schon jetzt ist die Mehrheit der identifizierten planetaren Belastungsgrenzen – jener Schranken, die die Stabilität des Erdsystems und der menschlichen Lebensgrundlage gewährleisten – überschritten.

Die anhaltende Kontroverse zwischen Wachstumsbefürworter:innen und Wachstumsskeptiker:innen um die Verflechtung von Wirtschaft und Verbrauch fossiler Ressourcen fokussiert auf zwei grundsätzliche Optionen: Entweder gelingt es, Wirtschaftswachstum und Naturverbrauch voneinander zu entkoppeln, oder die Wirtschaft muss weniger wachsen. Allerdings ist die Reduktion des Wachstumsdiskurses auf diese beiden Extremlösungen irreführend. Ob die Wirtschaft für eine klimagerechte Zukunft schrumpfen muss oder nun doch expandieren kann, lässt sich nicht

Abb. 1: CO_2-Emissionen der Länder pro Kopf und BIP pro Kopf (2018)

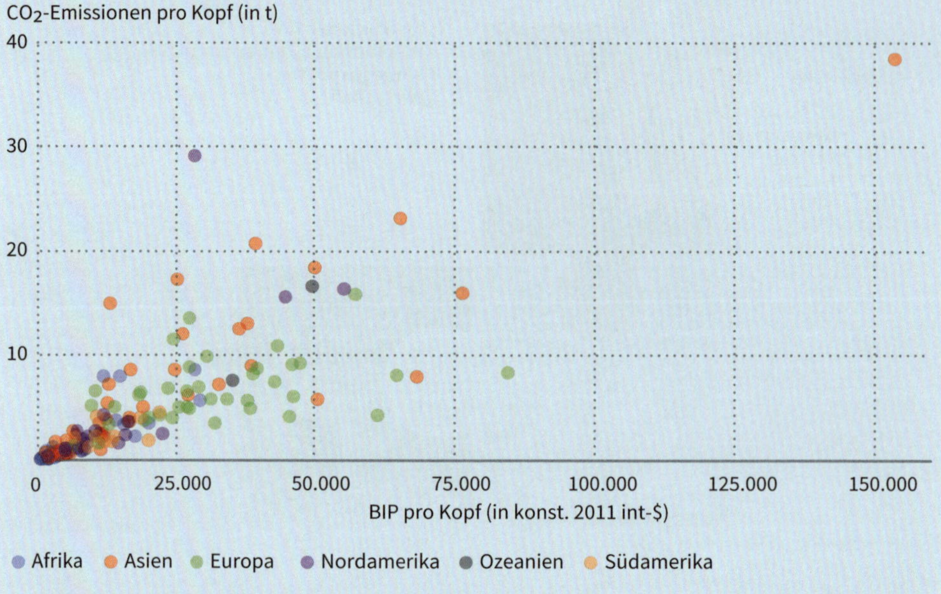

Quelle: Eigene Darstellung; Daten: Bolt, J. & van Zanden, J. (2020). CO_2 emissions per capita vs GDP per capita. OurWorldInData. Abgerufen am 10. November 2022 von *https://ourworldindata.org/grapher/co2-emissions-vs-gdp?time=2018*; CO_2-Emission pro Kopf aus der Verbrennung fossiler Energieträger und Zementproduktion. Emissionen aus der Landnutzung sind nicht einbezogen. Pro-Kopf-BIP in internationalen-$ für das Jahr 2011. n=164.

schlicht mit ‚ja' oder ‚nein' beantworten. Eine Antwort hängt von vielen weiteren Fragen ab: Was genau soll wachsen? Wie wächst es? Um wie viel soll es wachsen? Und warum sollte es wachsen?

Grünes Wachstum oder gar kein Wachstum?

Die Konzepte Grünes Wachstum („Green Growth") und Postwachstum („Degrowth") besetzen die zentralen Positionen im Wachstumsdiskurs. Wachstumsbefürworter:innen halten fest, dass wirtschaftliche Aktivitäten durch technologischen Fortschritt vom Verbrauch fossiler Energie und der Emission von klimaschädlichen Treibhausgasen entkoppelt werden können. Diese These deckt sich mit den wirtschaftspolitischen Zielfunktionen vieler Industrie- und Entwicklungsländer, für die das Wachstumsversprechen eine zentrale Bedeutung für Armutsreduktion, soziale Sicherung oder gesteigerte Lebenserwartung bedeutet. Grünes Wachstum soll diese Versprechen erfüllen und künftigen Generationen eine intakte Umwelt hinterlassen. Wachstumsskeptiker:innen kritisieren hingegen eine wachstumszentrierte Politik. Sie zweifeln an, dass eine vollständige Entkopplung von wirtschaftlicher Expansion und Treibhausgasausstoß überhaupt möglich ist. Wenn die Welt innerhalb der planetaren Grenzen und auf sicheren Klimapfaden bleiben wolle, sei das nur durch eine Rückführung des Wirtschaftens auf ein ökologisch und sozial verträgliches Maß möglich. Wachstumsskeptiker:innen sehen die Stabilisierung oder Minderung von Güterproduktion, Konsum und Einkommen (vorrangig in reichen Industriestaaten) daher als unausweichlich an.

Einigen Volkswirtschaften ist es in der Tat gelungen, Naturverzehr und Wirtschaftsaktivität voneinander zu entkoppeln. In der EU sind die Treibhausgasemissionen zwischen 1990 und 2020 beispielsweise um 31 % gesunken. Das Bruttoinlandsprodukt (BIP) stieg inflationsbereinigt im selben Zeitraum um 54 % an.[2,3] Empirische Untersuchungen[4] legen allerdings sowohl für den Ausstoß von Treibhausgasen als auch für den Material-, Energie- oder Wasserverbrauch nahe, dass eine Entkopplung bisher höchstens lokal oder temporär zu beobachten ist.

Ein internationales Team von Forschenden beschrieb bereits 2009 neun Prozesse, die die Stabilität und Widerstandsfähigkeit des Erdsystems beeinflussen – die planetaren Grenzen.[5] Bereits sechs dieser neun Grenzen für den sicheren Handlungsraum der Menschheit sind durch den anthropogenen Einfluss überschritten. Viele Ökosysteme, vom Regenwald bis zu Korallenriffen, sind zerstört oder drohen sogenannte „Kipppunkte“ zu erreichen – Zustände der ökologischen Zerstörung, die weitere verheerende Umweltschäden nach sich ziehen. Unser Naturkapital kann kollabieren. Dort, wo natürliche Systeme zusammenbrechen, wo die Nachfrage nach Naturdienstleistungen ihre Regenerationskapazität übersteigt, verlieren sie ihre Fähigkeit, Leben zu erhalten.

Diese Abhängigkeiten müssen in das Zentrum des Diskurses rücken. Dann wird auch der Umbau der Wirtschaft zur Kernfrage. Lenkt man die Diskussionsgrundlage weg vom Wachstum und hin zur Frage nach menschlichem Wohlergehen, dann genügen auch die gängigen Indikatoren für makroökonomischen Erfolg nicht mehr. Obwohl das BIP – der jährliche Gesamtwert aller Waren und Dienstleistungen in einem Land – zum bedeutendsten Einzelindikator für politische Entscheidungen geworden ist, ist es kein ausgereiftes Maß für unser Wohlergehen. Es fehlen nicht nur soziale Dimensionen, wie die Verteilung von Vermögen und Einkommen oder Bildung, es bleiben auch ökologische Aspekte außen vor. Wenn z. B. nach einem Tankerunglück ein Ölleck auftritt und es zu umfangreichen Säuberungsmaßnahmen kommt,

[2] EEA (2021). Total greenhouse gas emission trends and projections in Europe. Abgerufen am 10. November 2022 von *https://www.eea.europa.eu/ims/total-greenhouse-gas-emission-trends*.

[3] World Bank (2022). GDP (constant 2015 US$) – European Union. Abgerufen am 10. November 2022 von *https://data.worldbank.org/indicator/NY.GDP.MKTP.KD?locations=EU*.

[4] Parrique, T., Barth, J., Briens, F., Spangenberg, J., & Kraus-Polk, A. (2019). Decoupling Debunked. Evidence and arguments against green growth as a sole strategy for sustainability. European Environment Bureau.

[5] Rockström, J. Steffen, W., Noone, K. et al. (2009). A safe operating space for humanity. Nature 461, 472 – 475.

Abb. 2: Veränderung des weltweiten Naturkapitals und anderer Indikatoren pro Kopf (Änderungsrate gegenüber 1990)

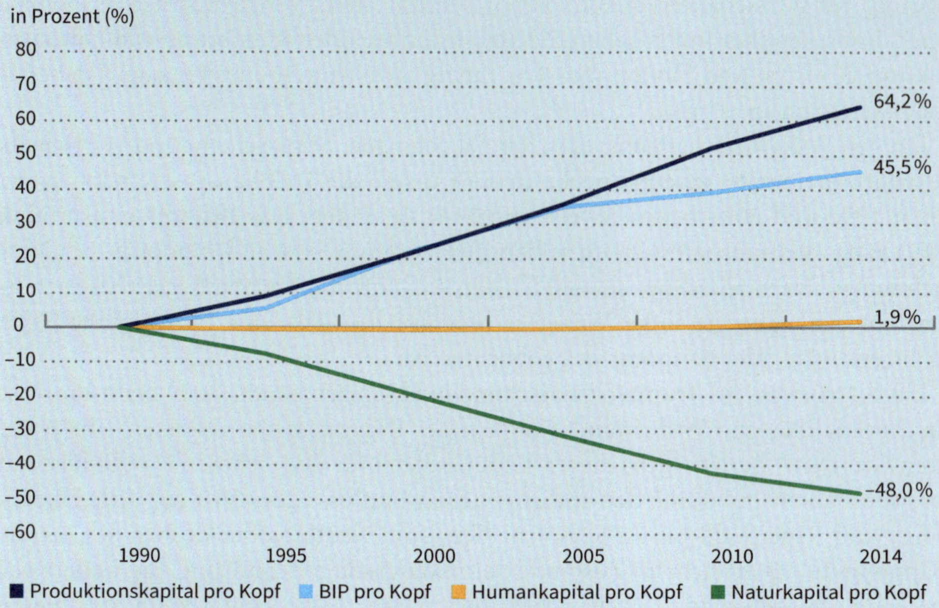

Quelle: Eigene Berechnungen; Daten: UNEP (2019). Inclusive wealth report 2018: Measuring Sustainability and Well-Being. Abgerufen am 10. November 2022 von *https://wedocs.unep.org/20.500.11822/27597*. Daten für die Jahre 1990, 1995, 2000, 2005, 2010, 2014 verfügbar. Mittelwerte über 140 Länder. Für methodische Erläuterungen zur Abschätzung des globalen Naturkapitalstocks siehe UNEP (2019). Inclusive wealth report 2018. Methodological Annex: Conventional Approach.

steigt das BIP. Von einer Steigerung der Lebens- und gar Naturqualität wird man aber wohl nicht sprechen können.

Doch welche Alternativen zum BIP gibt es, die darauf abzielen, menschliches Wohlergehen zu erfassen? Im Gegensatz zu konventionellen ökonomischen Modellen versteht „Inklusives Wachstum“ [6] die Ökonomie als in die Biosphäre eingebettet. Naturkapital (z. B. Wälder, Flüsse, Ozeane oder die Atmosphäre) wird dann, ebenso wie Produktionskapital (z. B. Straßen, Gebäude, Fabriken) und Humankapital (z. B. Gesundheit, Bildung), zu einem Vermögen, das abgebaut werden und verloren gehen, in das aber auch investiert werden kann und muss. Investitionen in das Naturkapital sind zu lange ausgeblieben. Abbildung 2 zeigt, dass sich das globale Naturkapital pro Kopf zwischen 1990 und 2014 beinahe halbiert hat. Soll sich das ändern, braucht es einen passenden Rahmen, in dem marktwirtschaftliche Mechanismen wirken können. Hierbei sind insbesondere Preise wichtig, denn sie haben die Eigenschaft, relevante Knappheiten glaubwürdig anzuzeigen und Verhaltensnormen zu ändern.

[6] Dasgupta, P. (2021). The Economics of Biodiversity: The Dasgupta Review. London: HM Treasury.

Preise als Signalgeber für ökologische Grenzen

In Marktwirtschaften signalisieren (relative) Preise die Knappheit von Gütern und Ressourcen. Denn mit sinkender Verfügbarkeit eines Gutes steigt sein Preis. Marktmechanismen sind allerdings nicht immer in der Lage, ein ökonomisch erwünschtes Ziel zu verwirklichen. Dann spricht man von einem „Marktversagen“. Das größte Marktversagen der Menschheitsgeschichte ist die Klimakrise.[7] Relevante Knappheiten unserer Gemeinschaftsgüter (wie z. B. die CO_2-Aufnahmekapazität der Atmosphäre) wurden lange Zeit ignoriert, weil sie nicht korrekt in Marktpreisen wiedergegeben wurden. In Folge wurden die Kosten des Klimawandels nicht den Verursacher:innen angelastet, sondern von der Allgemeinheit, anderen Staaten oder künftigen Generationen getragen. Durch staatliches Eingreifen kann das Marktversagen behoben oder zumindest abgemildert werden.

Die Bepreisung der Umwelt ist ökonomisch grundlegend. Vor etwa 100 Jahren erarbeitete Arthur Cecil Pigou in seinem Werk „*The Economics of Welfare*“[8] die bis heute anerkannte Argumentation, wie mit Hilfe von fiskalischen Instrumenten Verhaltensänderungen herbeigeführt werden können. Heute treffen wir sein Vermächtnis vor allem bei dem Versuch der Korrektur von Marktversagen durch die sogenannte Pigou'sche Steuer an. Diese belegt gesellschaftlich schädliches Wirtschaften mit einem Preis, wodurch Verursacher:innen nicht nur ihre privaten, sondern auch die sozialen Kosten ihres Handels mit einkalkulieren. In der Praxis stößt das theoretische Konstrukt der Pigou'schen Steuer allerdings an Grenzen. Nach Pigou entspricht die optimale Höhe der Steuer den Schäden einer zusätzlich ausgestoßenen Emissionseinheit. Die Bestimmung dieses Schadens ist in der Regel aber nur näherungsweise möglich und mit Unsicherheit behaftet. Für die Klimapolitik bleibt die Bepreisung von Externalitäten (d. h. der Auswirkungen des Handelns einer Akteurin bzw. eines Akteurs auf Dritte; z. B. die Emission von CO_2) aber trotzdem ein attraktives Instrument. Denn sind Haushalte oder Unternehmen einem einheitlichen Preis auf ihre Emission ausgesetzt, finden Einsparungen dort statt, wo es gesamtwirtschaftlich am günstigsten ist. Dieser Effizienzgedanke ist für die Klimapolitik unerlässlich, weil der Einsatz eines jeden nicht kosteneffizienten Instruments bedeutet, dass mit den gleichen Mitteln mehr CO_2 eingespart werden könnte.

CO_2-Bepreisung in der Praxis

Die EU hat bereits im Jahr 2005 mit dem Emissionshandelssystem (EU ETS) für die Energiewirtschaft und energieintensive Teile der Industrie einen Mechanismus zur Bepreisung von CO_2 eingeführt. Seit 2008 ist der Preis für das limitierte Recht, das

[7] Stern, S. (2006). The Economics of Climate Change: The Stern Review. Cambridge: Cambridge University Press.

[8] Pigou, A. C. (1920). The Economics of Welfare. London: Macmillan and Co.

wichtigste Treibhausgas auszustoßen, von rund 22 Euro auf zeitweise über 90 Euro je Tonne im Jahr 2022 gestiegen.[9] Die Folgen sind beachtlich, die ETS-Emissionen sind seit Einführung des Handelssystems europaweit um 43 % gefallen.[10] Im europäischen Verkehrs- und Gebäudesektor stockt die Transformation zur Treibhausgasneutralität bisher jedoch ebenso wie in der Landwirtschaft. Für Europa liegt ein Teil der Lösung parat: Im Rahmen des Maßnahmenpakets „Fit for 55" hat die Europäische Union die Einführung eines zweiten, separaten EU ETS für die Bereiche Wärme und Verkehr beschlossen. Deutschland ist mit dem zum Jahresstart 2021 eingeführten nationalen Emissionshandel im Verkehrs- und Gebäudesektor dafür Vorbild. Der Aufbau eines ähnlichen Systems in der EU ist ein erheblicher Zwischenschritt zum Langfristziel einer einheitlichen CO_2-Bepreisung innerhalb der Staatengemeinschaft. Bis dahin muss an einem klaren Fahrplan gearbeitet werden, der effiziente Klimaschutzinstrumente (CO_2-Bepreisung) in einen Rahmen mit wirksamen Maßnahmen (z. B. Technologiestandards) und sozial gerechtem Ausgleich setzt.

Viele Instrumente – ein verbindendes Glied

Sicher ist, gegen die Klimakrise gibt es kein Allheilmittel. Soll der klimafreundliche Umbau der Wirtschaft gelingen, müssen Politikmaßnahmen effektiv (also wirksam), effizient (also kostengünstig) und sozial gerecht sein. Um diesen Anforderungen gerecht zu werden, weist aktuelle empirische Forschung[11] Preisinstrumenten für den Klimaschutz eine ausschlaggebende Rolle zu. Insbesondere die stagnierenden Emissionen im Verkehrssektor zeigen, dass der bisherige regulatorische Flickenteppich aus Förderprogrammen, Verboten und Technologiestandards nicht zielführend ist. Immer ehrgeizigere CO_2-Emissionsnormen für Pkw sind zwar Zeichen einer effektiven Klimapolitik. Allerdings verhindern sie nicht, dass Autos immer leistungsstärker und weiter gefahren werden. Preise stellen hingegen sicher, dass Pkw weniger genutzt werden und der Kraftstoffverbrauch geringer ausfällt. Ohne einen CO_2-Preis, der die Kosten der Verschmutzung glaubwürdig widerspiegelt, wird es also nicht funktionieren, die Wirtschaft umzubauen und klimaschädliche Wirtschaftsaktivitäten auf ein adäquates Maß zu reduzieren.

Die Bepreisung ökologisch schädlicher Wirtschaftsaktivitäten generiert steuerliche Mehreinnahmen. Sie versetzen die Politik in die Lage, diejenigen zu entlasten, die von einem Umbau der Wirtschaft unverhältnismäßig betroffen sind. Vor allem für die ärmsten Haushalte kann die CO_2-Bepreisung eine Belastung sein, weil die-

[9] International Carbon Action Partnership (2022). Allowance price explorer. Abgerufen am 3. November 2022 von *https://icapcarbonaction.com/en/ets-prices*.

[10] EEA (2022). The EU Emissions Trading System in 2021: trends and projections. Abgerufen am 10. November 2022 von *https://www.eea.europa.eu/publications/the-eu-emissions-trading-system-2*.

[11] Koch, N., Naumann, L., Pretis, F, Ritter, N. & Schwarz, M. (2022). Attributing Agnostically Detected Large Reductions in Road CO2 Emissions to Policy Mixes. Nature Energy 7, 844 – 853.

Abb. 3: Verteilungswirkung eines CO_2-Preises von 30 € je Tonne im Jahr 2022

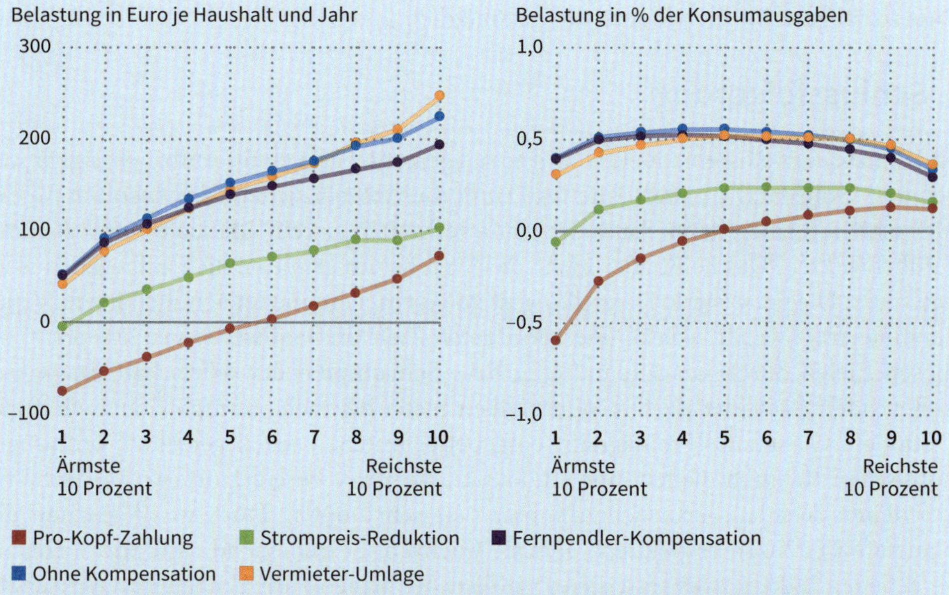

Quelle: Eigene Darstellung nach Kalkuhl, M., Knopf, B. & Edenhofer, O. (2021). CO_2-Bepreisung: Mehr Klimaschutz mit mehr Gerechtigkeit. MCC-Arbeitspapier; Daten: MCC CO_2-Preis-Rechner. Die Abbildung zeigt die Verteilungswirkung eines CO_2-Preises in Höhe von 30 €/t im Jahr 2022 in absoluten Zahlen (links) und in Prozent der gesamten Konsumausgaben (rechts) für verschiedene Arten der Rückerstattung und ohne Kompensation. Dabei sieht man z. B., dass eine Pro-Kopf-Zahlung für die untere Hälfte aller Einkommen sogar einen Gewinn bringen würde (die Belastung liegt im negativen Bereich).

se einen besonders hohen Anteil ihres Einkommens für Wärme, Strom und Kraftstoffe ausgeben. In Deutschland gilt seit Jahresbeginn 2022 ein CO_2-Preis in den Sektoren Gebäude und Verkehr in Höhe von 30 € je Tonne. Für den sozialen Ausgleich werden verschiedene Optionen diskutiert und von der wirtschaftswissenschaftlichen Forschung berechnet. Ob und wie stark die ärmsten Haushalte belastet werden, hängt neben der Möglichkeit, auf klimaschonende Technologien umzusteigen, von der konkreten Ausgestaltung der Rückzahlung ab (vgl. Abbildung 3). Mit der passenden Kompensation, z. B. durch eine Rückverteilung pro Kopf (rote Linie in Abbildung 3), kann eine Netto-Belastung der geringsten Einkommen sogar gänzlich vermieden werden. Zur Erreichung der Klimaziele sind allerdings deutlich ambitioniertere CO_2-Preise als heute nötig – das bedeutet wiederum höhere Kosten für Haushalte. Der Mechanismus der Pro-Kopf-Rückerstattung wirkt jedoch auch bei steigenden Belastungen passgenau: Bei pauschaler Rückverteilung der Einnahmen führt ein steigender CO_2-Preis zu höheren Entlastungen für diejenigen, die weniger klimaschädliche Treibhausgase ausstoßen. Das sind in der Regel einkommensschwächere Haushalte. Finanzielle Härten für bestimmte Gruppen wie Fernpendler:innen könnten daneben mit zeitlich befristeten Kompensationen zielgenau und zu geringen Kosten verhindert werden, ohne dass die Lenkungswirkung der CO_2-Bepreisung geschwächt wird. Eine sozial gerechte CO_2-Bepreisung ist möglich und nötig.

Schlussfolgerung

Ist Klimaschutz effizient, effektiv und sozial gerecht, kann er ein Aufbruchssignal setzen und Wohlstand erhalten. Klar ist: Damit die Welt ein sicherer Lebensraum für die Menschheit bleiben kann, muss der Naturverbrauch auf ein adäquates Maß zurückgeführt werden. Das heißt aber nicht, dass Wachstum grundsätzlich aufgegeben werden muss. Die polarisierte Darstellung ist zu vereinfacht und letztendlich irreführend. Sie hinterfragt weder, welche übergeordneten Ziele erreicht werden sollen, noch, ob diesen Zielen durch das Expandieren bzw. Schrumpfen der Wirtschaft besser geholfen oder geschadet ist. Die Wirklichkeit bietet bei mehr Komplexität auch mehr Optionen. Glaubhafte Preissignale, eingebettet in einen sozial gerechten ordnungspolitischen Rahmen, halten eine eindeutige Botschaft bereit: Dort, wo Wirtschaftsaktivitäten Schäden verursachen, müssen sie schrumpfen. Dort, wo Wirtschaft die planetaren Grenzen respektiert, darf sie wachsen. Entscheidend sind also nicht die vergebenen Etiketten; es sind die ergriffenen Reformen zum Umbau der Wirtschaft. Unser künftiger Wohlstand wird sich folglich darüber definieren, ob es der Menschheit gelingt, die globalen Gemeinschaftsgüter nachhaltig zu bewirtschaften. Der Pfad zur Klimaneutralität ist hierfür die Richtschnur.

Weiterführende Literatur:

Bartkowski, Bartosz (2016). Ökologische Ökonomik. Die Perspektiven der Pluralen Ökonomik. Abgerufen von: *https://www.exploring-economics.org/de/orientieren/oekologische-oekonomik/*.

DEHSt (2022). *Nationalen Emissionshandel verstehen*. Abgerufen von: *https://www.dehst.de/DE/Nationaler-Emissionshandel/nEHS-verstehen/nehs-verstehen_node.html#:~:text=Der%20nationale%20Emissionshandel%20(nEHS)%20schlie%C3%9Ft,ein%20finanzieller%20Anreiz%20zur%20Emissionsminderung*.

Jakob, Michael und Ottmar Edenhofer (2014). *Green growth, degrowth, and the commons*. Oxford Review of Economic Policy 30(3), 447-68.

Kalkuhl, Matthias, Brigitte Knopf und Ottmar Edenhofer (2021). *CO_2-Bepreisung: Mehr Klimaschutz mit mehr Gerechtigkeit*. MCC Arbeitspapier. Abgerufen von: *https://www.mcc-berlin.net/fileadmin/data/C18_MCC_Publications/2021_MCC_Klimaschutz_mit_mehr_Gerechtigkeit.pdf*.

MCC (2021). *CO_2-Preis-Rechner: Das kostet sozial ausbalancierter Klimaschutz in Deutschland*. Abgerufen von: *https://mcc-berlin.shinyapps.io/co2preisrechner/*.

MCC (2021). „Müssen wir die Wirtschaft schrumpfen, um das Klima zu retten?" Moderiert von der ‚Süddeutschen Zeitung': Streitgespräch zwischen MCC-Direktor Ottmar Edenhofer und dem Vertreter der Postwachstumsökonomie Niko Paech. Abgerufen von: *https://www.mcc-berlin.net/news/meldungen/meldungen-detail/article/muessen-wir-die-wirtschaft-schrumpfen-um-das-klima-zu-retten.html*.

Parrique, Timothée (2022). *Timothée Parrique. Akademischer Blog über Degrowth (in Englisch)*. Abgerufen von: *https://timotheeparrique.com/*.

PIK (2022). *Kippelemente – Großrisiken im Erdsystem. Aktueller Forschungsstand: Kippelemente*. Abgerufen von: *https://www.pik-potsdam.de/de/produkte/infothek/kippelemente/kippelemente*.

Terzi, Alessio (2022). *Growth for Good: Reshaping Capitalism to Save Humanity from Climate Catastrophe*. Cambridge: Harvard University Press.

Ottmar Edenhofer ist Direktor und Chefökonom am Potsdam-Institut für Klimafolgenforschung (PIK) und Gründungsdirektor des Mercator Research Institute on Global Commons and Climate Change (MCC). Er ist zudem Professor an der Technischen Universität Berlin.

Klaus Schmidt

„Welche Rolle hat der CO_2-Preis im Klimaschutz?“

Zusammenfassung

Der CO_2-Preis ist die wichtigste Waffe im Kampf gegen den Klimawandel. Der CO_2-Preis zwingt Haushalte und Unternehmen, bei ihren Konsum- und Produktionsentscheidungen die Kosten für das Klima zu berücksichtigen. Er veranlasst die Menschen nicht nur, weniger CO_2 zu produzieren. Mit einem richtig gewählten CO_2-Preis können die Klimaziele grundsätzlich zu den niedrigsten volkswirtschaftlichen Kosten erreicht werden. Wenn die Einnahmen der CO_2-Bepreisung pauschal zurückerstattet werden, werden einkommensschwache Haushalte im Durchschnitt entlastet und einkommensstarke belastet. Der CO_2-Preis kann auch genutzt werden, um international die Anstrengungen der verschiedenen Länder zu koordinieren. Wie dieser Mechanismus funktioniert, aber auch welche Probleme mit ihm verbunden sind, erklärt dieser Artikel.

Schlüsselbegriffe:
- Klimaschutz
- CO_2-Bepreisung
- Emissionshandel
- Carbon Leakage
- Wasserbetteffekt

Kann ein Preis die Erderwärmung stoppen? Die Idee eines CO_2-Preises ist eigentlich ganz einfach. Wenn etwas teurer wird, gehen die Menschen achtsamer damit um und verbrauchen weniger davon. Gleichzeitig entwickeln Unternehmen neue Technologien und Produkte, die weniger CO_2-Ausstoß verursachen. Darum können wir die CO_2-Emissionen drastisch reduzieren, indem wir den CO_2-Ausstoß teurer machen, also CO_2 „bepreisen“.

Hinter dieser simplen Idee verbirgt sich ein faszinierender ökonomischer Mechanismus, mit dem es nicht nur möglich ist, die CO_2-Emissionen zu steuern, sondern auch die Verringerung der CO_2-Emissionen zu den niedrigsten möglichen Kosten zu erreichen. Kein anderes Instrument ist so wirksam und gleichzeitig so kosteneffizient! Schließlich können die Einnahmen aus der CO_2-Bepreisung sozial ausgewogen an die Haushalte zurückgegeben werden, so dass die einkommensschwächsten Haushalte im Durchschnitt von der CO_2-Bepreisung sogar profitieren. Belastet werden dann vor allem die Haushalte mit sehr hohem CO_2-Ausstoß, die in der Regel zu den Wohlhabenden gehören.

Aus diesen Gründen gilt der CO_2-Preis unter Ökonom:innen seit Langem als die beste Waffe im Kampf gegen den Klimawandel. Er ist das Leitinstrument, an dem sich alle anderen Politikmaßnahmen orientieren sollten. Auch in der Politik hat sich diese Erkenntnis immer mehr durchgesetzt. In Europa ist die CO_2-Bepreisung durch einen „Emissionshandel“ eingeführt worden, der fast 40 Prozent der europäischen CO_2-Emissionen abdeckt.

In der breiten Öffentlichkeit ist der CO_2-Preis jedoch unbeliebt. In Frankreich hat die „Gelbwestenbewegung“ mit öffentlichen Protestaktionen gegen einen moderaten CO_2-Preis für Benzin und Diesel eine Regierungskrise verursacht, in den USA traut sich kein Politiker, das Wort „CO_2-Preis“ öffentlich in den Mund zu nehmen, und auch in Deutschland gibt es viele kritische Stimmen, die darin nur eine weitere „Abzocke“ des Staates sehen.

Wie genau funktioniert ein CO_2-Preis? Welche Probleme ergeben sich aus dem Emissionshandel und wie kann man mit ihnen umgehen? Ist es nicht einfacher und wirksamer, auf Gebote und Verbote zu setzen als auf den Preismechanismus? Was passiert mit den Einnahmen, die an den Staat fließen? Wie wirkt ein CO_2-Preis auf internationaler Ebene? Warum sind sich alle Ökonom:innen einig, dass der CO_2-Preis eine sehr gute Idee ist, obwohl sie sich in vielen anderen Fragen uneins sind?

Der nachfolgende Artikel beantwortet diese Fragen. Dabei eröffnet er einen Blick in einige Gesetzmäßigkeiten der Ökonomie, die in der öffentlichen Diskussion oft übersehen werden. Schließlich zeigt er, warum viele Menschen gegenüber diesem Instrument skeptisch sind und wie diese Skepsis überwunden werden kann.

Wie kann ein Preis die Klimakrise lösen?

Unser Lebensstandard basiert darauf, dass wir sehr viel Energie verbrauchen; Energie, die ganz überwiegend durch das Verbrennen von fossilen Energieträgern, also Öl, Gas und Kohle, erzeugt wird. Dabei entsteht als Abfallprodukt das Treibhausgas Kohlendioxid (CO_2), das den Klimawandel verursacht. In Deutschland werden pro Kopf der Bevölkerung und Jahr etwa 11 Tonnen CO_2 ausgestoßen, weltweit pro Kopf 4,5 Tonnen. Das sind jedes Jahr 35 Milliarden Tonnen CO_2!

Die CO_2-Emissionen könnten drastisch reduziert und die Erderwärmung gestoppt werden, aber das ist teuer. Wir können Energie sparen, indem wir unsere Häuser besser isolieren und Geräte und Maschinen energieeffizienter machen. Elektrischer Strom kann nicht nur durch die Verbrennung von Kohle und Gas, sondern auch durch Sonne und Wind erzeugt werden. Mit Strom aus regenerativen Quellen lässt sich „grüner“ Wasserstoff herstellen, der fast alle fossilen Brennstoffe ersetzen könnte. Aber alle diese Maßnahmen erfordern hohe Anfangsinvestitionen.

Solange der Ausstoß von CO_2 nichts kostet, lohnt es sich nicht, auf CO_2-sparende Produkte und Technologien umzusteigen. Erst wenn man den CO_2-Ausstoß mit einem hinreichend hohen Preis belastet, ändern Unternehmen und Haushalte ihr Verhalten.

Wie kann man mit einem CO_2-Preis die Menge der Emissionen exakt steuern?

Wir können CO_2 verteuern, indem wir eine Steuer auf CO_2-Emissionen erheben. Aber wie hoch muss die Steuer sein, wenn wir den CO_2 Ausstoß um eine bestimmte Menge verringern wollen? Das kann nur der Markt herausfinden. In der Europäischen Union ist dafür ein eigener Markt geschaffen worden, der es ermöglicht, die Menge der CO_2-Emissionen exakt zu steuern: der Europäische Emissionshandel (EU Emission Trading System, EU-ETS). Hier wird keine Steuer erhoben, sondern der CO_2-Preis bildet sich im Markt. Man nennt das auch „cap-and-trade": Deckele die gesamte Menge an Emissionen und lass die Unternehmen dann Emissionsrechte untereinander handeln.

Wie funktioniert dieser Markt? Wenn z. B. ein Kohlekraftwerk CO_2 emittiert, muss es für jede Tonne ausgestoßenes CO_2 ein „Zertifikat" nachweisen, das den Ausstoß dieser Tonne CO_2 erlaubt. Die Zertifikate werden vom Staat geschaffen und zum Teil kostenlos an die Unternehmen verteilt und zum Teil versteigert. Indem er die Menge an Zertifikaten kontrolliert, kann der Staat die Menge an ausgestoßenem CO_2 exakt steuern, denn es kann nur so viel CO_2 emittiert werden, wie es Zertifikate gibt. Wenn ein Unternehmen zusätzliche Zertifikate benötigt, kann es diese entweder bei der Versteigerung erwerben oder anderen Unternehmen abkaufen. Wenn die gesamte Nachfrage nach Zertifikaten höher ist als das Angebot, steigt der CO_2-Preis (eigentlich der Zertifikate-Preis), wenn sie niedriger ist, fällt er, solange bis die Nachfrage genauso hoch ist wie das Angebot, das der Staat vorgibt.

Dieses System funktioniert seit seiner Einführung 2005 technisch einwandfrei. In keinem Jahr wurde mehr CO_2 ausgestoßen, als der Staat durch die Menge an Zertifikaten vorgegeben hat. Allerdings deckt das EU-ETS noch nicht alle Emissionen ab, sondern bisher nur die Emissionen, die bei der Stromerzeugung, in den energieintensiven Industrien und im innereuropäischen Luftverkehr anfallen, immerhin etwa 40 Prozent aller Emissionen. Das System war jedoch so erfolgreich, dass in Deutschland 2021 ein zusätzlicher, nationaler Emissionshandel für die Sektoren Gebäudeheizung und Verkehr eingeführt wurde. Auch auf europäischer Ebene wird eine Ausdehnung des Emissionshandels diskutiert.

Warum erreicht der CO_2-Preis die Emissionsminderung zu den niedrigsten möglichen Kosten?

Der Emissionshandel erlaubt es nicht nur, die Menge der Emissionen zu steuern; der CO_2-Preis führt auch dazu, dass die Emissionsminderung kosteneffizient erreicht wird. Jedes Unternehmen steht vor der Wahl, ob es weiter verschmutzen und den CO_2-Preis zahlen soll, oder ob es in Verschmutzungsvermeidung investiert, z. B. indem es Energie einspart oder regenerative Energien nutzt. Wenn es günstiger ist, die

Verschmutzung zu vermeiden als den CO_2-Preis zu zahlen, wird das Unternehmen seine Emissionen verringern, wenn es teurer ist, wird es weiter verschmutzen. Im Ergebnis wird die Verschmutzung also immer dann vermieden, wenn die Vermeidung billiger ist als der CO_2-Preis, und immer dann stattfinden, wenn sie teurer ist. Sie wird also genau dort vermieden, wo die Vermeidung am billigsten ist. Dadurch werden die Kosten der Vermeidung minimiert.

Das ist nicht der Fall, wenn die Verschmutzungsvermeidung durch Gebote oder Verbote erzwungen wird. Wenn z. B. traditionelle Glühbirnen, die billiger sind als moderne LED-Glühbirnen, aber siebenmal mehr Strom verbrauchen, verboten werden, wie es in der EU ab 2012 geschehen ist, dann ist das nicht kosteneffizient. Einige Glühbirnen werden nur selten und kurz benutzt, z. B. in einer Abstellkammer oder einem Kellerraum. Hier wäre es besser, die traditionelle Glühbirne zu verwenden, weil sie in der Herstellung billiger ist und der Stromverbrauch in diesen Räumen nicht ins Gewicht fällt. Der CO_2-Preis gäbe einen Anreiz, LEDs dort einzusetzen, wo viel beleuchtet wird, und traditionelle Glühbirnen dort, wo das Licht nur kurzzeitig gebraucht wird.

Welche Probleme ergeben sich aus dem Emissionshandel?

Obwohl der europäische Emissionshandel eine Erfolgsgeschichte ist, gibt es mindestens drei Probleme, die gelöst werden müssen.

1. Preisunsicherheit

Im Zertifikate-Handel wird die vorgegebene Menge an Emissionen genau erreicht, aber es herrscht große Unsicherheit darüber, welcher CO_2-Preis sich auf dem Markt einstellen wird. Bei der Einführung des EU-ETS haben viele Marktteilnehmer/-innen erwartet, dass der CO_2-Preis schnell steigen wird. Zahlreiche Energieversorger haben darum in Gaskraftwerke investiert, die ab einem bestimmten CO_2-Preis günstiger sind als Kohlekraftwerke. Tatsächlich blieb der CO_2-Preis von 2005 – 2019 mit weniger als 20 Euro pro Tonne CO_2 jedoch viel niedriger als erwartet. Darum erwiesen sich die Gaskraftwerke als Fehlinvestitionen.

Seit 2019 ist der CO_2-Preis stark gestiegen und liegt Mitte 2022 bei etwa 80 Euro. Viele prognostizieren, dass er weiter steigen wird, aber die Prognosen haben sich schon einmal als falsch erwiesen. Für die Unternehmen ist das ein großes Problem:

Damit z. B. die Stahlindustrie in neue Hochöfen für die Produktion von grünem Stahl investiert, braucht es die Sicherheit, dass der CO_2-Preis hoch bleibt oder weiter steigt. Das gilt auch für private Investitionen: Sollen Hausbesitzer/-innen die Gasheizung durch eine Wärmepumpe ersetzen, Autofahrer/-innen ein Elektroauto kaufen? Alle diese Entscheidungen hängen maßgeblich von der erwarteten Entwicklung des CO_2-Preises ab.

Man könnte den Zertifikate-Markt durch einen Preiskorridor ergänzen. Dann wüssten Unternehmen und Haushalte, in welchem Bereich sich der CO_2-Preis in den

Abb. 1: Die Entwicklung des CO_2-Preises im EU-ETS[1]

Quelle: ICAP Allowance Price Explorer

nächsten Jahren bewegen wird. Wenn der Zertifikate-Preis zu stark fällt, müssten Zertifikate aus dem Markt genommen werden, wenn er zu stark steigt, würden Zertifikate nachgeschossen. Die Verschmutzungsmenge ließe sich zwar nicht mehr perfekt steuern, aber Investitionen in Klimaschutz würden erheblich erleichtert.

2. Der Wasserbetteffekt

Durch den Zertifikatehandel wird die Menge der Emissionen in den abgedeckten Sektoren in der EU festgelegt. Das hat zur Folge, dass alle zusätzlichen Anstrengungen der CO_2-Vermeidung in diesen Sektoren keinen weiteren Effekt haben können. Ein Beispiel: In Deutschland hat die Bundesregierung den Ausbau der Sonnen- und Windenergie massiv subventioniert. Dadurch wird heute in Deutschland sehr viel Sonnen- und Windstrom erzeugt, aber auf die Menge der CO_2-Emissionen in Europa hat das keinen Einfluss. Zwar nutzen deutsche Energieversorger jetzt weniger Kohle und Gas und benötigen darum weniger Zertifikate. Aber die gesamte Menge an Zer-

[1] Quelle: International Carbon Action Partnership: ICAP Allowance Price Explorer. URL: *https://icapcarbonaction.com/en/ets-prices* [zuletzt abgerufen am 30.10.2022].

tifikaten liegt fest. Darum wird der Preis auf dem Zertifikatemarkt so lange fallen, bis andere Unternehmen in Europa diese Zertifikate kaufen und sie nutzen, um mehr CO_2 zu emittieren, als sie es sonst getan hätten. Allerdings hat der Ausbau der Sonnen- und Windenergie dazu beigetragen, die Kosten dieser Technologien so stark zu reduzieren, dass sie jetzt auch ohne Subventionen wettbewerbsfähig sind.

Auch zusätzliche Anstrengungen der Haushalte, ihren CO_2-Fußabdruck zu verringern, haben wegen des Emissionshandels keinen Effekt. Wenn umweltbewusste Konsument:innen z. B. Strom sparen, indem sie energieeffiziente Hausgeräte kaufen, dann verringert das nicht die europäischen CO_2-Emissionen. Zwar wird jetzt in Deutschland weniger Strom verbraucht und darum weniger CO_2 emittiert, aber die nicht genutzten Zertifikate der Elektrizitätswerke werden von anderen Unternehmen gekauft, die in gleicher Höhe mehr verschmutzen.

Dieser Effekt wird „Wasserbetteffekt“ genannt. Im Emissionsmarkt liegt die Menge an Zertifikaten fest, wie die Menge Wasser in einem Wasserbett. Wenn man das Wasserbett an einer Stelle hinunterdrückt, steigt es an einer anderen Stelle an. Genauso auf dem Zertifikatemarkt: Wenn in einem Bereich weniger Zertifikate genutzt werden, fließen sie in einen anderen Bereich und führen dort zu mehr Verschmutzung.

Viele Haushalte, Unternehmen, Gemeinden und Staaten sind bereit, erhebliche zusätzliche Anstrengungen zu unternehmen, um ihren CO_2-Fußabdruck zu verringern. Der Wasserbetteffekt macht diese Anstrengungen zunichte. Er würde bei einer CO_2-Steuer nicht auftreten, weil bei ihr der Preis fix und die Menge variabel ist. Bei einer CO_2-Steuer würde jede Zusatzanstrengung volle Wirkung zeigen, aber die Emissionsmenge wäre unsicher. Darum wäre ein Preiskorridor auch ein gutes Mittel gegen den Wasserbetteffekt. Wenn der CO_2-Preis durch freiwillige Anstrengungen stark fällt, muss der Staat Zertifikate aus dem Markt nehmen und die Verschmutzungsmenge wird geringer.

3. Carbon Leakage: Die Verlagerung von CO_2-Emissionen ins Ausland

Der CO_2-Preis funktioniert sehr gut, wenn er in allen Ländern gleich hoch ist. Das ist jedoch leider nicht der Fall. In der EU ist er mit zurzeit etwa 80 Euro relativ hoch, in fast allen anderen Ländern jedoch deutlich niedriger oder es gibt gar keine CO_2-Bepreisung. Das führt dazu, dass Emissionen durch den CO_2-Preis oft nicht vermieden, sondern nur umgelenkt werden.

Ein Beispiel verdeutlicht den Effekt: Durch einen hohen CO_2-Preis wird die Produktion von energieintensiven Produkten, z. B. Stahl oder Aluminium, in Europa unwirtschaftlich. Darum verlagern die Unternehmen ihre Produktion ins außereuropäische Ausland und beliefern von dort den europäischen Markt. Auch ausländische Anbieter exportieren energieintensive Produkte nach Europa. In der Konsequenz ist der CO_2-Ausstoß in Europa zwar gesunken, aber dafür ist er außerhalb Europas gestiegen. Wenn man die längeren Transportwege und die geringeren Umweltauflagen im Ausland berücksichtigt, könnte der CO_2 Ausstoß insgesamt sogar gestiegen sein.

Um das Abwandern der europäischen Industrie ins Ausland zu verhindern, haben besonders energieintensive Industrien bisher kostenlose Zertifikate bekommen. Dadurch bleiben sie zwar wettbewerbsfähig, aber sie verringern nicht ihre Verschmutzung.

Darum will die EU jetzt einen CO_2-Grenzausgleich („Carbon Border Adjustment Mechanism", CBAM) einführen. Importe sollen an der Grenze entsprechend dem CO_2-Ausstoß, der bei ihrer Produktion entstanden ist, mit dem europäischen CO_2-Preis belastet werden. Dadurch wird im Inland Wettbewerbsneutralität hergestellt, denn in- und ausländische Unternehmen müssen denselben CO_2-Preis zahlen. Ideal wäre es, wenn gleichzeitig die europäischen Exporte den CO_2-Preis erstattet bekämen. Dann gäbe es auch im Ausland Wettbewerbsneutralität. Aber das ist nach geltendem WTO-Recht nicht möglich.

Der CO_2-Grenzausgleich ist ein sehr aufwändiger Mechanismus, weil man einem Produkt nicht ansieht, wie viel CO_2 bei seiner Produktion emittiert wurde. Darum will die EU ihn zunächst auf einige wenige, besonders energieintensive Grundprodukte wie Stahl, Aluminium, Zement, Strom und bestimmte Chemikalien beschränken und den CO_2- Ausstoß nicht exakt ermitteln, sondern pauschal ansetzen.

Eine elegante Lösung dieser Probleme wäre ein Klimaclub, in dem sich die wichtigsten Industrieländer zusammenschließen und auf einen gemeinsamen Mindestpreis für CO_2 einigen. Innerhalb des Clubs kann auf den Grenzausgleich verzichtet werden. Länder außerhalb des Clubs hätten einen starken Anreiz, die CO_2-Bepreisung ebenfalls einzuführen, um in den Club aufgenommen zu werden und den bürokratischen Grenzausgleich zu vermeiden. Die Bundesregierung versucht, diese Idee in der G7 voranzutreiben.

Was passiert mit den Einnahmen aus der CO_2-Bepreisung?

Die Bundesregierung hat durch den Verkauf von Zertifikaten im EU-ETS und im nationalen ETS im Jahr 2021 insgesamt Einnahmen in Höhe von 12,5 Milliarden Euro erzielt. Wie sollte dieses Geld am besten verwendet werden?

Viele Ökonom:innen würden die Einnahmen am liebsten verwenden, um verzerrende Steuern, z.B. die Besteuerung menschlicher Arbeit, zu verringern. Sie sehen hier die Möglichkeit einer „doppelten Dividende": Durch die CO_2-Bepreisung kann nicht nur unerwünschtes Verhalten (CO_2-Verschmutzung) zurückgedrängt, sondern auch erwünschtes Verhalten (Erwerbstätigkeit) ermutigt werden.

Viele Bürger:innen fürchten jedoch, dass der Staat das Geld verschwenden wird, wenn es nicht zweckgebunden ausgegeben wird. Das ist der Grund, warum die Einnahmen aus dem Emissionshandel in Deutschland in den Energie- und Klimafonds (EKF) fließen, mit dem weitere Klimaschutzmaßnahmen finanziert und der Strompreis stabilisiert werden. Das ist aber keine Garantie dafür, dass das Geld tatsächlich in zusätzliche Klimaschutzprojekte fließt. Möglicherweise werden hier nur Projekte finanziert, die der Staat sowieso gefördert hätte. Dann macht der EKF nur Geld im Bundeshaushalt frei, das dann für andere Zwecke ausgegeben wird.

Eine andere, durchaus berechtigte Sorge der Bevölkerung ist, dass die CO_2-Bepreisung vor allem die sozial schwachen Haushalte belastet, die einen überproportionalen Anteil ihres geringen Einkommens für Energie ausgeben müssen.

Beide Probleme können gelöst werden, wenn die Bundesregierung alle Einnahmen aus der CO_2-Bepreisung an die Bürger/-innen zurückgibt. In der Schweiz, die deutlich höhere CO_2-Preise hat als Deutschland, wird heute schon ein Teil der Einnahmen als Kopfpauschale an alle Bürger/-innen zurückgezahlt. Jeder Schweizer/jede Schweizerin bekommt am Ende des Jahres etwa 80 Euro ausbezahlt.

Modellrechnungen für Deutschland haben ergeben, dass eine vollständige pauschale Rückvergütung, bei der jeder denselben Betrag erhält, dazu führen würde, dass einkommensschwache Haushalte von der CO_2-Bepreisung im Durchschnitt profitieren würden, weil sie mehr Geld erstattet bekommen, als sie im Durchschnitt an CO_2-Preisen bezahlen, während die 40 Prozent der einkommensstärksten Haushal-

Abb. 2: Durchschnittliche Belastung der Einkommensquintile in Prozent des Netto-Einkommens bei einem CO_2-Preis von 60 Euro.

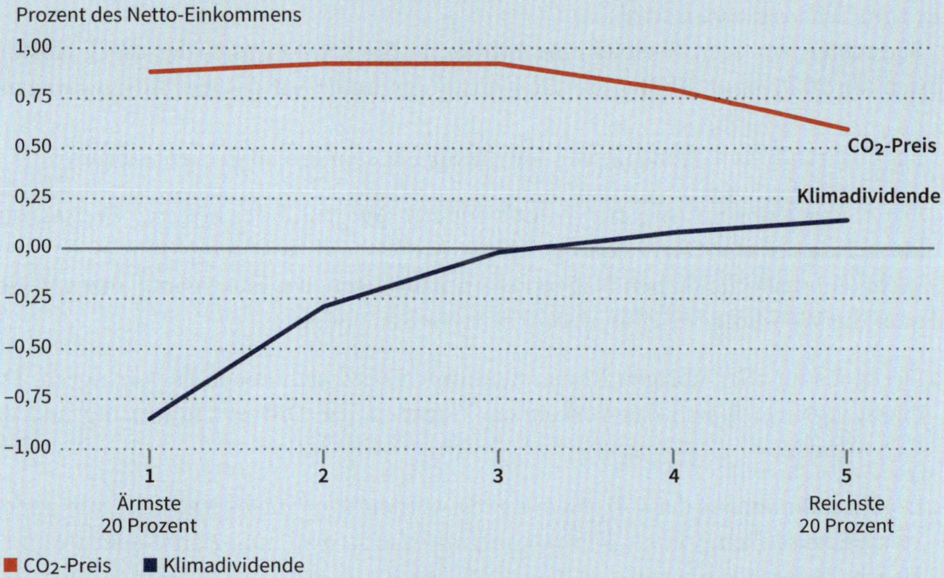

Die rote Linie zeigt die Belastung ohne Rückerstattung der Einnahmen aus der CO_2-Bepreisung, die dunkelblaue Linie die Entlastung bzw. Belastung bei vollständiger pauschaler Rückerstattung.

Quelle: O. Edenhofer et al., Bewertung des Klimapakets und nächste Schritte, Mercator Research Institute on Global Commons and Climate Change (MCC), Berlin 2019.

te belastet werden. Sie verbrauchen mehr Energie und zahlen darum mehr für den CO_2-Preis, als sie vom Staat zurückbekommen.

Hinter diesen Durchschnittswerten verbergen sich jedoch große Unterschiede. Einige einkommensschwache Haushalte leben in schlecht isolierten Häusern auf dem Land ohne Anbindung an den ÖPNV und müssen lange Strecken mit dem Auto zur Arbeit pendeln. Diese Haushalte wären auch nach der Rückvergütung negativ betroffen. Einige reiche Haushalte, die in perfekt isolierten Häusern in den Städten leben, würden dagegen profitieren.

Darum gibt es eine Reihe von Vorschlägen, die Rückvergütung „sozial" auszugestalten und vom Einkommen, der Entfernung zum Arbeitsplatz etc. abhängig zu machen. Aber je komplexer das System, umso bürokratischer und undurchsichtiger wird es. Hier ist die Wirtschaftspolitik also einem klassischen Zielkonflikt ausgesetzt.

Warum ist der CO_2-Preis so unbeliebt?

Viele Menschen stehen der CO_2-Bepreisung skeptisch gegenüber. Einige sehen darin nur eine neue Steuer, mit der der Staat seine Bürger noch mehr „abzocken" will. Andere befürchten, dass sie besonders hart davon betroffen wären und sozial abgehängt würden. Wieder andere glauben nicht, dass das Instrument die gewünschte Wirkung haben wird. In fast allen Fällen ist es so, dass der Mechanismus der CO_2-Bepreisung nur zum Teil verstanden wird.

Betrachten wir zum Beispiel eine Erhöhung des CO_2-Preises, der die Treibstoffkosten um 20 Prozent erhöht. Für die Konsument:innen hat das vier Auswirkungen:

1. Bei unverändertem Konsum werden die Spritkosten um 20 Prozent steigen.
2. Der eigene Konsum wird sich jedoch ändern. Aufgrund des höheren Preises wird kurzfristig etwas weniger Auto gefahren. Mittel- und langfristig lohnt es sich vielleicht, auf den öffentlichen Nahverkehr umzusteigen, ein Elektroauto anzuschaffen oder die Wohnung näher an den Arbeitsplatz zu verlegen.
3. Der Konsum aller übrigen Konsument:innen wird sich ebenfalls verringern. Dadurch verringern sich das Verkehrsaufkommen, die Luftverschmutzung und der CO_2-Ausstoß.
4. Die Einnahmen aus der CO_2-Bepreisung werden vom Staat verwendet, um andere Steuern zu senken, weitere Klimaschutzmaßnahmen zu finanzieren oder sie an die Haushalte zurückzugeben.

Umfragen und Laborexperimente zeigen, dass die meisten Menschen den ersten Effekt klar sehen, die anderen Effekte aber deutlich unterschätzen, umso mehr, je weiter sie vom eigenen Verhalten entfernt sind.

Darum fordern viele Ökonom:innen, die Wirkungsweise der CO_2-Bepreisung besser zu erklären. Vor allem die Verwendung der Einnahmen aus der CO_2-Bepreisung sollte so transparent wie möglich gestaltet werden, etwa durch eine vollständige pauschale Rückvergütung an alle Haushalte.

Literatur:

Edenhofer, O. und M. Jakob, Klimapolitik – Ziele, Konflikte, Lösungen, C.H. Beck 2019.

Wambach, A., Klima muss sich lohnen – Ökonomische Vernunft für ein gutes Gewissen, Herder Verlag 2022.

Klaus M. Schmidt ist Professor für Volkswirtschaftslehre an der Ludwig-Maximilians-Universität München und war bis Mai 2023 Vorsitzender des Wissenschaftlichen Beirats des Bundesministeriums für Wirtschaft und Klimaschutz.

Axel Ockenfels

„Woran scheitert die Klimapolitik bislang?"

Zusammenfassung

Internationale Abkommen fußen in der Regel auf reziproken, d. h. wechselseitigen, Verpflichtungen, doch die internationale Klimadiplomatie setzt vornehmlich auf freiwillige Selbstverpflichtungen. So entsteht keine Kooperation.

Die globalen CO_2-Emissionen steigen und steigen. Auch der Einbruch der Emissionen in Folge der Pandemie im Jahr 2020 macht praktisch keinen Unterschied: Schon 2021 sind die Emissionen auf neue Rekordwerte hochgeschnellt. Gleichzeitig werden immer ambitioniertere Klimaziele ausgerufen. Doch Ziele werden regelmäßig verfehlt und reduzieren noch keine Treibhausgasemissionen. Auch die wenig koordinierten Bemühungen einiger Länder haben die globale Entwicklung kaum bremsen können. Doch es gibt Wege, die Ursache für das Scheitern der Kooperation zu beheben.

Schlüsselbegriffe:
- Klimawandel
- internationale Kooperation
- Reziprozität
- CO_2-Preis

Pro-und-Contra-Diskussion

Pro:

- Für den Klimawandel sind die globalen Treibhausgasemissionen relevant, nicht die nationalen oder lokalen.
- Selbst wenn alle nationalen freiwilligen Selbstverpflichtungen vollständig umgesetzt würden – woran es Zweifel gibt –, würden die globalen Emissionsziele weit verfehlt.
- Das Klimaproblem ist im Kern ein klassisches Kooperationsproblem: Obwohl Klimakooperation für alle vorteilhaft wäre, liegt Klimaschutz oft nicht im Eigeninteresse eines Landes.
- Die Lösung für das internationale Kooperationsproblem liegt in einer reziproken, wechselseitigen Verpflichtung, die am besten durch eine gemeinsame Untergrenze für einen CO_2-Preis erreicht werden kann.

Contra:

- Weder CO_2-Preise noch wechselseitige Verpflichtungen (Reziprozität) sind bisher im Klimakontext politisch populär.
- Technologischer Fortschritt erleichtert Kooperation und macht sie im besten Fall sogar überflüssig.
- Internationale Kooperation muss durch Ausgleichszahlungen und gegebenenfalls Sanktionen stabilisiert werden.

Abb. 1: Entwicklung der energiebezogenen globalen CO_2-Emissionen (in Gigatonnen)

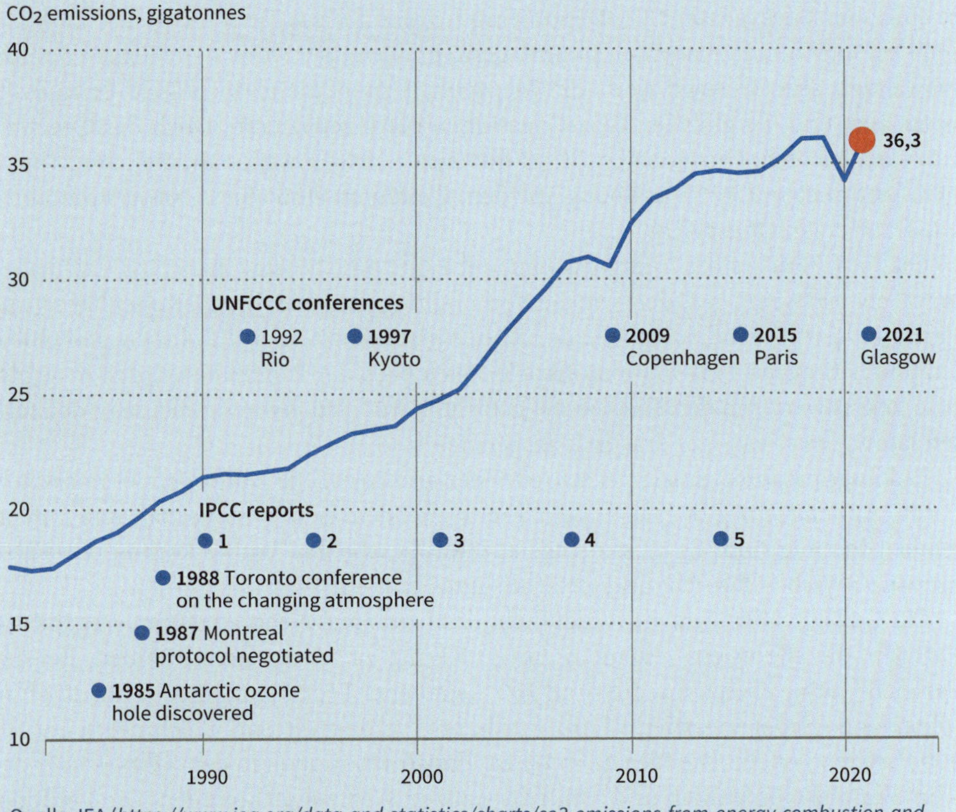

Quelle: IEA (*https://www.iea.org/data-and-statistics/charts/co2-emissions-from-energy-combustion-and-industrial-processes-1900-2021*) und eigene Darstellung.

Weder die Klimawissenschaft mit ihren immer genaueren und drängenderen Berichten im Rahmen des Weltklimarats (IPCC) noch die internationale Klimadiplomatie mit ihren großen UNFCCC-Konferenzen haben den Anstieg der jährlichen Emissionen bisher umkehren können. Nur die Finanzmarktkrise und COVID haben eine Delle in den globalen CO_2-Emissionen hinterlassen, die aber jeweils nur kurz währte. Die globalen energiebedingten Kohlendioxidemissionen stiegen 2021 um 6 % (und damit um ein Vielfaches von Deutschlands CO_2-Emissionen) auf den höchsten Stand aller Zeiten.

Die wissenschaftlichen Erkenntnisse zur Kooperation sind eindeutig: Das Pariser Abkommen kann seine Ziele nicht erreichen, solange Paris vornehmlich auf freiwillige Selbstverpflichtungen setzt: Jedes Land reduziert Emissionen, wie es will. Effektive internationale Kooperationsabkommen basieren auf einer reziproken wechselseitigen Verpflichtung. Der beste Kandidat für eine solche Verpflichtung ist ein gemeinsamer Mindestpreis für CO_2-Emissionen.

Der schier unerschöpflichen Menge an fossilen Brennstoffen steht mit der Atmosphäre ein äußerst begrenzter CO_2-Deponieraum gegenüber. Je mehr die Menschheit diesen Deponieraum in Anspruch nimmt, desto gravierender werden die Folgen des Klimawandels sein. Deshalb muss die Menschheit zunehmend auf fossile Brennstoffe verzichten und die globalen CO_2-Emissionen rasch reduzieren. Doch das Gegenteil ist zu beobachten: Die globalen CO_2-Emissionen steigen weiter an, manchmal in einem Jahr in einer Größenordnung, die dem Gesamtausstoß eines großen Emittenten wie Deutschland entspricht.

Die fünf Berichte des Intergovernmental Panel on Climate Change (IPCC) haben daran ebenso wenig geändert wie die Verhandlungen in Rio, Kyoto, Kopenhagen und Paris, die alarmierenden Appelle der Klimawissenschaft oder die ehrgeizigen globalen und nationalen CO_2-Reduktionsziele. Auch nach der Pandemie wurden neue globale Rekordwerte bei den Emissionen gemeldet, wenn auch die Zuwächse in den letzten Jahren etwas weniger drastisch ausgefallen sind.

Es klingt paradox. Einerseits schreitet der anthropogene Klimawandel mit Macht voran. Andererseits gibt es kaum ein Thema, bei dem sich Wissenschaft und Öffentlichkeit so einig sind: Es muss dringend etwas geschehen! Woher kommt diese Diskrepanz zwischen Einsicht und tatsächlichem Handeln?

Ein Gedankenexperiment verdeutlicht das Dilemma. Nehmen wir an, es gäbe 200 Parteien, die alle in einen gemeinsamen „Klimatopf" investieren könnten. Bei den Parteien könnte es sich um die rund 200 Staaten der Erde handeln oder um 200 Einzelpersonen. Jeder investierte Euro würde nun verdoppelt und gleichmäßig auf alle 200 Parteien verteilt. Die Idee dahinter ist, dass Investitionen in den Klimaschutz den Klimawandel eindämmen und somit der ganzen Welt zugutekommen. Die Verdopplung der Klimainvestition im Experiment beschreibt diesen Klimanutzen stark vereinfacht. Die Verteilung des Nutzens auf alle Köpfe spiegelt wider, dass niemand von einem besseren Klima ausgeschlossen werden kann. Werfen Sie nun einen Blick auf Ihr Bankkonto und denken Sie einen Moment nach: Wie viel Geld würden Sie in dieser Situation in den Klimatopf investieren?

Nehmen wir der Einfachheit halber an, dass jeder ein Vermögen von 100 Euro hat. Offensichtlich profitieren alle gewaltig von Kooperation: Würden alle ihr gesamtes Vermögen in den Klimatopf stecken, kämen 200 × 100 Euro = 20.000 Euro zusammen.

Diese würden dann auf 40.000 Euro verdoppelt und an alle ausgeschüttet. Jeder bekäme also 200 Euro zurück – alle hätten ihr Vermögen verdoppelt. Kollektives Handeln lohnt sich zweifellos! Nur aus der Sicht des Einzelnen sieht das leider ganz anders aus. Ob ich alles investiere oder nicht, ob in den Klimatopf insgesamt zum Beispiel 16.400 oder 16.500 Euro fließen, spielt für die Gesamtheit der Parteien kaum eine Rolle. Für mich aber schon! Denn für jeden Euro, den ich aus meinem Vermögen investiere, bekomme ich nur einen Cent zurück: Ein investierter Euro bringt der Welt viel (im Experiment 2 Euro), mir aber wenig (2 Euro geteilt durch 200 ergibt einen Cent).

Das Problem: Die Kosten der Klimainvestitionen fallen bei mir zu Hause an, die Erträge gehen an die ganze Welt. Investitionen in den Klimaschutz können also ein schlechtes Geschäft für Egoisten sein, obwohl sie für die Menschheit insgesamt unabdingbar sind. Sollen sich doch andere anstrengen!

Die Emissionsdaten bestätigen nachdrücklich, dass der nationale Anreiz für effektive Klimakooperation nicht ausreicht – obwohl es einen großen Konsens gibt, dass Klimaschutz für die Menschheit essenziell ist und alle besser dran wären, wenn sie kooperierten.

In einem weiteren Gedankenexperiment stelle man sich nun vor, jedes Land hätte seine eigene Atmosphäre, die es selbst unter Kontrolle hätte. Dann läge es im Eigeninteresse jedes einzelnen Landes, etwas gegen den Klimawandel zu tun, und das Kooperationsproblem würde verschwinden. Denn wer wollte bezweifeln, dass China, die USA, Deutschland oder ein anderes Land seine eigene Klimakatastrophe wirksam bekämpfen würde – so wie es Bildung, Straßen, Rechtsstaatlichkeit, saubere Gewässer und viele andere wichtige ‚öffentliche Güter‘ routinemäßig bereitstellt. Dies könnte durch Emissionshandel, eine Kohlenstoffsteuer, Verbote oder andere Maßnahmen geschehen. Es passiert also so wenig, nicht weil der Klimawandel unterschätzt wird, sondern weil das Klimaproblem im Kern ein globales Trittbrettfahrerproblem ist, das eine kollektive Lösung erfordert. Lösungsansätze, die allein auf individuelle oder nationale Ambitionen setzen, reichen nicht aus.

Freiwillige Selbstverpflichtungen lösen das Kooperationsproblem nicht

Natürlich gibt es in der Realität nicht nur Egoismus, sondern auch uneigennützige Klimaanstrengungen. Diese konzentrieren sich aber im Wesentlichen auf die reichsten Länder, die sich solche Beiträge leisten können, und selbst diese erreichen ihre eigenen Ziele selten – selbst, wenn die Ziele nur mäßig ambitioniert sind. Der Rest hält sich zurück, und nicht allen armen Ländern kann man dies verdenken. Altruismus allein wird den Klimawandel jedenfalls nicht aufhalten können. Es käme auch niemand auf die Idee, die Bereitstellung von Straßen, Schulen, Polizei oder Müllabfuhr dem selbstlosen Altruismus der Menschen zu überlassen. Sicher, es kämen ein paar Spenden zusammen. Aber ein Land, das sich bei seinen öffentlichen Gütern auf freiwillige Abgaben verlässt, würde im Chaos versinken. Weder die empirische Kooperationswissenschaft noch die Treibhausgasemissionen lassen einen anderen Schluss zu.

Es gibt noch einen weiteren Grund, warum nationale Ambitionen das Kooperationsproblem nicht lösen. Investitionen in den Klimatopf – um in der Sprache unseres Experiments zu bleiben – verpuffen mitunter teilweise, so dass selbst für reiche und wohlmeinende Länder nur geringe Anreize bestehen, Klimabeiträge zu leisten. Mehr noch: unilaterale Anstrengungen können den Kooperationsanreiz für andere Länder sogar reduzieren. In Europa wird Klimapolitik über die Begrenzung von CO_2-Emissionen im Rahmen des Emissionshandels betrieben. Reduziert nun ein Land seinen CO_2-Ausstoß durch Subventionen für Wind- und Solarenergie oder durch den Ausstieg aus der Kohle, werden im Emissionshandel Emissionsrechte frei, die an CO_2-emittierende Unternehmen anderswo verkauft werden, die dann entsprechend mehr CO_2 ausstoßen. Im Ergebnis ändert dann eine ambitionierte nationale Klimapolitik an den Gesamtemissionen nichts.

Ähnlich verhält es sich, wenn Unternehmen aufgrund der nationalen Klimapolitik ihre Produktion ins Ausland verlagern, weil sie dort aufgrund einer weniger ambitionierten Klimapolitik niedrigere Energiepreise erwarten. Oder wenn das eingesparte Öl im Verkehr einfach woanders verkauft wird. In all diesen Fällen wird vielleicht ein Beitrag zur Erreichung nationaler oder lokaler Klimaziele geleistet, aber letztlich subventionieren die Investitionen der Klima-Altruisten die CO_2-Emissionen der Klima-Egoisten. Im Ergebnis ist der Klimaeffekt gering und der Anreiz für andere, sich zu beteiligen, kann sogar sinken.

Hinzu kommen verhandlungsstrategische Nachteile unilateraler Anstrengungen. Wer zur nächsten Weltklimakonferenz fährt und dort erklärt, dass die eigenen ambitionierten Klimaziele unabhängig vom Verhalten anderer Länder bereits feststehen, gibt Verhandlungsmacht aus der Hand, mit der man weniger ambitionierte Länder zum gemeinsamen Handeln bewegen könnte („Wenn ihr mehr tut, machen wir auch mehr!"). Diese könnten sich dann zurücklehnen („Die machen ja auch ohne uns was!"). Die Erfahrungen mit dem Kyoto-Protokoll und dem Pariser Abkommen scheinen zu bestätigen, dass die Annahme, die anderen würden den altruistischen Vorreitern schon folgen und damit das Klimaproblem lösen, bisher eher Wunschdenken ist. Im Gegenteil legt die Kooperationsforschung nahe, dass Egoismus ansteckender ist als Altruismus. Es wäre also leichtfertig, alle Hoffnungen allein auf dieses Narrativ zu setzen.

Kooperation braucht gemeinsames, wechselseitiges Engagement

Nach Jahrzehnten wenig erfolgreicher Versuche, das Ruder herumzureißen, ist es Zeit, die internationale Klimapolitik neu zu denken und dabei die Erkenntnisse der Kooperationsforschung einzubeziehen. Eine wirksame Klimapolitik darf nicht nur vor der eigenen Haustür kehren. Sie muss andere Länder zum Mitmachen bewegen. Die

Weltgemeinschaft hat sich in Paris zwar auf ein ambitioniertes gemeinsames Ziel geeinigt, doch das reicht nicht aus. Um das Pariser Temperaturziel zu erreichen, müssten die jährlichen CO_2-Emissionen in der nächsten Dekade um etwa die Hälfte sinken. Doch selbst wenn die nationalen Zusagen vollständig umgesetzt würden – woran es Zweifel gibt –, würden die globalen Emissionen weiter ansteigen. Das liegt daran, dass in Paris jeder Staat einen Klimaplan vorgelegt hat, den er für sich beschlossen hat – wie in unserem Gedankenexperiment. Solche Vereinbarungen erzeugen aber keinen ausreichenden Anreiz, zum kollektiven Ziel beizutragen, wie die Kooperationsforschung theoretisch als auch auf der Basis von Tausenden von Labor- und Feldstudien nahelegt. Auch die globalen Treibhausgasemissionen, die atmosphärische CO_2-Konzentration oder der globale Durchschnittspreis für CO_2 lassen wenig Interpretationsspielraum: Es wäre vielleicht das 40- oder 50-fache des durchschnittlichen CO_2-Preises in Höhe von 4 Dollar pro Tonne im Jahr 2022 nötig, um die kollektiven Ziele zu erreichen.

Dennoch ist ein Scheitern der Klimaverhandlungen nicht unausweichlich. Klima-, Kooperations- und Verhandlungsforscher haben untersucht, wie Klimaverhandlungen geführt werden müssten, um Kooperation zu erzeugen. Die wichtigste Erkenntnis kennt fast jedes Kind: Kooperation erfordert reziproke – also wechselseitige – Verpflichtungen. Reziprozität ist das zentrale Prinzip, weil es die Kooperationswilligen vor Trittbrettfahrern schützt und gleichzeitig die Verweigerer motiviert, zum gemeinsamen Ziel beizutragen. Das gilt im Kleinen, beim Abwasch in der Wohngemeinschaft, wie im Großen. Zum Beispiel Handelsabkommen: Länder bauen nicht einseitig Zölle ab, in der Hoffnung, dass andere Länder dem Beispiel folgen und ihre Zölle ebenfalls senken. Zölle werden in Handelsabkommen unter der Bedingung gesenkt, dass auch andere Länder ihre Zölle senken. Ähnliches gilt für Abkommen zur Rüstungsbegrenzung oder zur Mindestbesteuerung von Unternehmen. Nur in der Klimadiplomatie wird weitgehend auf Reziprozität verzichtet und auf Selbstverpflichtungen gesetzt.

Reziproke Kooperation ist natürlich leichter gesagt als getan. Aber bei aller Komplexität hat sich eine zweite Erkenntnis klar herauskristallisiert: Verhandlungen über eine gemeinsame CO_2-Preisuntergrenze haben die besten Erfolgsaussichten – vor allem, wenn sie zunächst in einem „Club der Willigen“ geführt werden. Die Bepreisung von CO_2-Emissionen gibt der Verschmutzung der Atmosphäre einen Preis. Dies verändert nicht nur unzählige Konsum- und Produktionsentscheidungen, CO_2-Preise sind im Gegensatz zu nationalen Emissionsobergrenzen auch vergleichsweise leicht verhandelbar, da die Einnahmen direkt den Ländern zufließen. Sie sind flexibel in nationale Politik umsetzbar und können national sozial und international fair gestaltet werden. Zudem provozieren sie aufgrund ihrer Transparenz und ökonomischen Bedeutung internationalen Diskussionsbedarf und Anpassungsdruck, solange die Preise unterschiedlich sind. Trittbrettfahrerverhalten kann durch Strafzölle und CO_2-Grenzausgleichsmechanismen diszipliniert und der Beitritt ärmerer Länder zum

Klimaclub durch finanzielle Unterstützung aus den CO_2-Erlösen reziprok belohnt werden. Da eine Bepreisung von CO_2 zudem dazu führt, dass nicht nur der eigene Nutzen und die eigenen Kosten des Verhaltens berücksichtigt werden, sondern auch die Kosten der CO_2-Emissionen für die Weltgemeinschaft, ist ein CO_2-Preis auch ein inhärent altruistisches Instrument der Klimapolitik.

Andere Formen der Reziprozität sind ergänzend oder zu Beginn der Kooperation denkbar, etwa auf Basis der Dekarbonisierung des Stromsektors, eines Kohleausstiegs, einer Bepreisung von Methan, von reziproken Angeboten an Schwellenländer, eines Nachfragekartells für fossile Brennstoffe und so weiter.

Gutes besser machen

Internationale reziproke Kooperation wäre effektiv, ist aber schwierig zu haben. Der Klimaclub, den die G7 beschlossen haben, könnte eine Basis dafür sein. Nationale, freiwillige Selbstverpflichtungen zu CO_2-Emissionen sind ineffektiv, aber einfach zu haben. Das heißt aber nicht, dass nationale Klimapolitik nutzlos sein muss, solange es noch keine Kooperation gibt. Es gibt nämlich eine zweite Möglichkeit, andere Länder zum Klimaschutz zu bewegen: Die besteht darin, mitzuhelfen, (irgendeine) sichere und zuverlässige grüne Energie billiger zu machen als fossile Energie. Gelingt dies, liegt es fortan im Eigeninteresse von Staaten und Unternehmen, fossile Ressourcen in der Erde zu lassen. Internationale Klimapolitik, Kooperation und Verhandlungen würden sich erübrigen. Wer also nicht nur auf Kooperation setzen, sondern dem Klimawandel zu Hause begegnen will, auch wenn echte Kooperation noch nicht zustande gekommen ist, sollte Ziele für Forschung und Innovation formulieren und verfolgen. Hier könnte ein Land wie Deutschland auch alleine – ohne Kooperation – sehr viel mehr machen und dadurch einen echten Unterschied für die Bewältigung des Klimawandels machen.

Schon mit einem kleinen Teil der Kosten der deutschen Klimapolitik könnten die besten Wissenschaftler der Welt gewonnen werden und ihnen eine Forschungsinfrastruktur geboten werden, die die Möglichkeiten von Stanford, Harvard und MIT zusammen übersteigt. Zur Veranschaulichung: Allein mit dem Geld, das wir in Deutschland für die Subventionierung von Wind- und Solarenergie ausgeben, ließe sich die Zahl der Max-Planck-Institute verzehnfachen und die globalen Ausgaben für die Erforschung von Klimatechnologien spürbar erhöhen. Es ist deshalb empfehlenswert, sich kraftvoll auf grüne Innovationen zu konzentrieren. Nichts wäre altruistischer und effektiver im Kampf gegen den Klimawandel als kostengünstige Technologien, die fossile Brennstoffe überflüssig machen.

Niemand weiß, ob echte internationale Kooperation gelingen wird und ob die notwendigen Technologiesprünge schnell genug erfolgen werden. Aber eine Politik, die den Klimawandel begrenzen will, sollte beides ernsthaft versuchen.

Weiterführende Literatur

Am ausführlichsten finden sich diese Ideen in einem Buch, das unter *carbon-price.com* kostenfrei erhältlich ist:

Global Carbon Pricing. 2017: The Path to Climate Cooperation, Hrsg. Peter Cramton, David J. C. MacKay, Axel Ockenfels & Steven Stoft. MIT Press.

Eine experimentelle Studie, die einige der Hypothesen konzeptionell aufarbeitet, ist:

Schmidt, Klaus & Axel Ockenfels. 2021. „Focusing Climate Negotiations on a Uniform Common Commitment can Promote Cooperation.“ *Proceedings of the National Academy of Sciences* (PNAS), 118 (11), *https://doi.org/10.1073/pnas.2013070118*.

Zwei Studien, die im Kontext der Verhandlungen von Paris entstanden, sind:

MacKay, David J. C., Peter Cramton, Axel Ockenfels & Steven Stoft. 2015. Price carbon – I will if you will. *Nature* 526, 315 – 316.

Weitzman, Martin L. 2014. Can negotiating a uniform carbon price help to internalize the global warming externality? *Journal of the Association of Environmental and Resource Economists*, 1, 29 – 49.

Einführungen in die Ökonomik des Klimawandels:

Edenhofer, Ottmar & Michael Jakob. 2019: Klimapolitik: Ziele, Konflikte, Lösungen. *C.H. Beck.*

Nordhaus, William. 2015. Climate clubs: Overcoming free-riding in international climate policy. *American Economic Review* 105, 1339 – 1370.

Weitere Beiträge des Autors zum Thema:

Clausing, Kimberly, Peter Cramton, Axel Ockenfels & Catherine Wolfram. 2023. „Strategische Klimakooperation.“ *Wirtschaftsdienst*, 103(12), 796.

Cramton, Peter, Axel Ockenfels & Jean Tirole. 2017. Policy Brief – Translating the Collective Climate Goal into a Common Commitment. *Review of Environmental Economics and Policy* 11(1), 165 – 171.

Edenhofer, Ottmar & Axel Ockenfels. 2019. Klimawandel: Was wir tun müssen. In: „Zeitenwende: Kurze Antworten auf große Fragen“, Hrsg. Jutta Allmendinger, Otfried Jarren, Christine Kaufmann, Hanspeter Kriesi & Dorothea Kübler, Orell Füssli Verlag, 133 – 143.

Edenhofer, Ottmar, Matthias Kalkuhl & Axel Ockenfels. 2020. Das Klimaschutzprogramm der Bundesregierung: Eine Wende der deutschen Klimapolitik? *Perspektiven der Wirtschaftspolitik* 21(1), 4 – 18.

Gallier, Carlo, Axel Ockenfels & Bodo Sturm. 2024. „More frequent commitments promote cooperation, ratcheting does not.“ Working paper, Universität zu Köln und Max-Planck-Institut zur Erforschung von Gemeinschaftsgütern in Bonn.

Ockenfels, Axel, Peter Werner & Ottmar Edenhofer. 2020. Pricing Externalities and Moral Behaviour. *Nature Sustainability* 3, 72 – 877.

Ockenfels, Axel. 2023. „Behavioral Market Design.“ *Behavioral and Brain Sciences*, 46, e171.

Prof. Dr. Axel Ockenfels ist Professor für Wirtschaftswissenschaft an der Universität zu Köln und Direktor am Max-Planck-Institut zur Erforschung von Gemeinschaftsgütern in Bonn.

Jan Pieter Krahnen

„Welche Rolle spielt die Finanzwirtschaft im Angesicht des Klimawandels?“ *

Zusammenfassung

Der Klimawandel ist eines der bestimmenden Themen und großen Herausforderungen der Gegenwart. Um dieser existenziellen Gefährdung entgegenzuwirken, werden massive Investitionen in nachhaltige Wirtschaftsaktivitäten, insb. Energiegewinnung und -verwertung, benötigt. Wie können die hierfür notwendigen Finanzmittel aufgebracht und zielgerecht weitergeleitet werden? Welche Rolle kann die Finanzwirtschaft – Banken, Versicherungen, Fondsgesellschaften, Kapitalmärkte – bei einer grünen Transformation spielen? Welche Rolle spielen Anleger/-innenwünsche („grüne Finanzierung“), und inwieweit hängt der Erfolg einer Transformation von der zugrundeliegenden gesetzgeberischen Arbeit ab? Dieser Beitrag gibt eine Orientierung über das notwendige Zusammenspiel von Unternehmen, Finanzwirtschaft und Politik.

Schlüsselbegriffe:
- Klimawandel
- Finanzmärkte
- Transformationsprozess
- Nachhaltigkeit
- Reporting

Die Brücke symbolisiert den Übergang zu einer natur-positiven Wirtschaftsordnung (grüne Transformation). Der Übergang basiert auf drei grundlegenden Voraussetzungen („Brückenpfeiler“): Das Wissen über Umweltzerstörung und deren Messung für jedes einzelne Unternehmen ist der erste Pfeiler, eine staatliche Regulierung des Unternehmensverhaltens in Abhängigkeit von dessen Beitrag zur Umweltzerstörung ist der zweite Pfeiler, und die Verfügbarmachung von Investitionsgeldern durch das Finanzsystem ist der dritte Pfeiler.

Für eine erfolgreiche grüne Transformation bewegt sich die Gesellschaft von links nach rechts über die Brücke, da die Transformation bei der Schadenserfassung beginnt und bei der Investition für eine bessere, natur-positive Welt endet.

* Dieser Beitrag basiert auf und erweitert Vorarbeiten mit mehreren Kollegen, u. a. Krahnen et al. (2021). Eventuelle Irrtümer in diesem Beitrag gehen allerdings allein zu meinen Lasten.

Abb. 1: Grüne Transformation und die Rolle des Finanzsystems (Brücken-Modell)

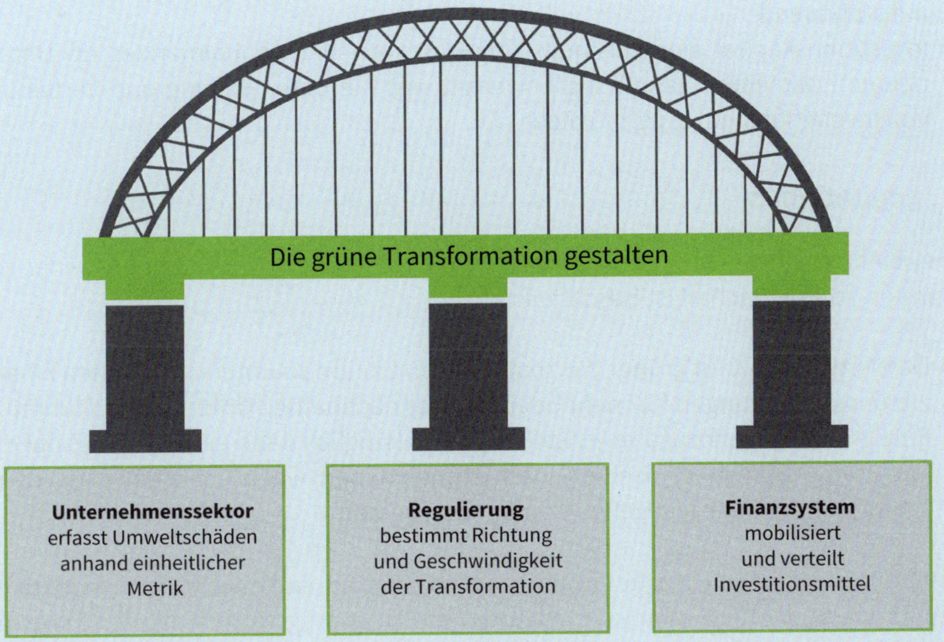

Um eine grüne Transformation der Volkswirtschaft zu erreichen, werden Finanzmärkte und die mit ihnen verbundenen Banken (als Pfeiler III) eine wichtige Rolle einnehmen müssen. Aber allein vermögen Banken und Kapitalmärkte wenig, wenn sie nicht im Kontext einer klugen, politischen Rahmensetzung (als Pfeiler II) und einer transparenten Erfassung der verursachten Schäden auf Unternehmensebene (als Pfeiler I) gesehen werden. Diese drei Pfeiler stellen bildlich den tragenden Unterbau für eine Brücke hin zu einer klimaneutralen Wirtschaftsverfassung dar. Ihr Zusammenwirken ist eine Voraussetzung dafür, dass die Finanzwirtschaft die benötigten Finanzmittel für die grüne Transformation bereitstellen kann.

Chancen

Die Finanzwirtschaft kann in einer Arbeitsteilung mit Politik (insb. Regulierung) und Realwirtschaft (Unternehmen) eine entscheidende Rolle im Transformationsprozess hin zu einer nachhaltigen Volkswirtschaft übernehmen. Dafür bedarf es dreierlei, gleichzeitig:

- Daten: einer regelmäßigen Erhebung klimarelevanter Daten auf der Ebene der einzelnen Unternehmen

- Rahmenbedingungen: einer durchdachten regulatorischen und marktlichen Architektur, die sich der genannten klimarelevanten Firmendaten bedient, und darauf aufbauend
- Investitionskapital: eines leistungsfähigen Banken- und Kapitalmarktes, der Unternehmensaktivitäten langfristig bewertet, was die Bereitstellung und Verteilung von Investitionsmitteln ermöglicht.

Limitationen

Der Einfluss einzelner Finanzmarktteilnehmender auf die Nachhaltigkeit einer gesamten Volkswirtschaft ist beschränkt:

- Der vereinzelte Kauf grüner Wertpapiere kann kaum zu unterschiedlichen Finanzierungsbedingungen für mehr oder weniger nachhaltige Unternehmen führen.
- Eine grüne Portfoliozusammenstellung kann lediglich dann einen Einfluss auf die Finanzierungskosten einzelner Unternehmen haben, wenn sich eine ausreichend große Mehrheit der Anlegenden dafür entscheidet.

Der Klimawandel ist eines der bestimmenden Themen und eine der großen Herausforderungen der Gegenwart. Er gefährdet die langfristige Sicherung der Existenzgrundlagen unserer Wirtschaft und Gesellschaft – wenn es der Menschheit nicht gelingt, durch massive Investition in nachhaltige Energiegewinnung und -verwertung und letztlich durch eine Veränderung ihrer Lebensgewohnheiten die Klimaveränderung einzudämmen.

Wie kann ausgehend von unserer heutigen Lebens- und Wirtschaftsform eine stabile Brücke gebaut werden hin zu einer zukünftigen „grünen“[1] Lebens- und Produktionsweise? Der Brückenbau von einer ökologisch belasteten Gegenwart zu einer nachhaltig gestalteten Zukunft wird im Folgenden gedanklich ausgemalt – und bildlich in Abbildung 1 erfasst. Unsere Transformations-Brücke soll auf drei Pfeilern ruhen, und einer von ihnen wird die Finanzseite darstellen – Kapitalmärkte, Banken und Fondsgesellschaften. Diese sollen am Ende die massiven Investitionen in Energie und Infrastruktur bereitstellen, die die Transformation benötigt. Welche Rolle spielen Anleger/-innenwünsche („grüne Finanzierung“), und inwieweit hängt der Erfolg einer Transformation von der zugrundeliegenden gesetzgeberischen Arbeit ab? Dieser Beitrag soll eine Orientierung geben zu dem notwendigen Zusammenspiel von Unternehmen, Finanzwirtschaft und Politik.

[1] Die Bezeichnung „grün“ steht hier und in weiten Teilen der Literatur stellvertretend für den nachhaltigen, ökologischen und klimaschützenden Charakter eines Unternehmens oder einer (wirtschaftlichen) Betätigung. Entsprechend steht die Bezeichnung „braun“ als Gegenbegriff für ein „nicht-grünes“, klimaschädigendes Wirtschaften.

Die Vision einer grünen, von Anleger/-innengetriebenen Investitionslenkung

Die Antworten auf diese Fragen sind nicht nur vielfältig, sie sind auch höchst kontrovers. So wird grünen Fonds oder grünen Bonds vielfach Schönfärberei („green washing“)[2] vorgeworfen. Und für Finanzinstitute droht demnächst möglicherweise eine Klagewelle, wenn Anlegende gerichtlich klären lassen, ob ein als grün angepriesenes Anlageinstrument auch tatsächlich grün ist. Weiterhin können Fondsgesellschaften und Banken möglicherweise wegen Verletzung ihrer Verpflichtung zur treuhänderischen Vermögensverwaltung belangt werden, falls grüne Finanzanlagen geringere Erträge versprechen als „normale“ Finanzanlagen.[3]

In diesem Beitrag wird versucht, das Einmaleins der Finanztheorie anzuwenden und dabei die Vision einer grünen, von Anleger/-innengetriebenen Investitionslenkung ein wenig zu korrigieren – und sie gewissermaßen vom hoffnungsvollen Wunschdenken zu einem nüchternen Marktrealismus weiterzuentwickeln. Wie wir sehen werden, bleiben dabei einige Illusionen auf der Strecke.

Diese Geschichte kann dennoch ein gutes Ende nehmen, weil sie eine klare politische Folgerung bereithält: Finanzmärkte und -institutionen werden eine bedeutende Rolle bei der grünen Transformation spielen, wenn sie die Grenzen ihrer eigenen Möglichkeiten erkennen und dabei eine Arbeitsteilung mit Politik und Regulierung nicht nur berücksichtigen, sondern sogar aktiv aufgreifen.

Beginnen wir mit einem Erklärungsversuch, was grüne Finanzierung („green finance“) für die verschiedenen Akteure und Akteurinnen in unserer Wirtschaft – konsumierende, produzierende, investierende Personen und Unternehmen – in Zukunft bedeuten könnte, um dem Klimawandel entgegenzuwirken. Oftmals sind hier die Erwartungen hoch gesteckt: Anlegende werden heute via Medien, Webseiten und Social Media umworben mit dem Hinweis auf nachhaltige Formen der Geldanlage, auf grüne Sparpläne und entsprechende Portfoliostrategien.[4] Kann Green Finance seine Versprechen halten?[5]

So wird beispielsweise argumentiert, dass durch eine gezielte Auswahl von Wertpapieren grüne Unternehmen und grüne Produktionsweisen unterstützt werden kön-

[2] „Green washing“ bezeichnet die gezielte Verbreitung von Desinformationen, um ein Image ökologischer Verantwortung zu schaffen.

[3] So berichtet die FAZ (20.10.22, S. 23) unter der Überschrift „Gegenwind für Blackrock“ über die Vorwürfe mehrerer amerikanischer Bundesstaaten, dass die Fondsgesellschaft ihren Fokus zu sehr auf die ESG-Nachhaltigkeit und zu wenig auf die Rendite der Anleger/-innen in diesem Fall die Pensionen der öffentlichen Bediensteten, legt. *https://www.faz.net/aktuell/finanzen/finanzmarkt/blackrock-und-esg-us-bundesstaaten-ziehen-gelder-ab-18399124.html.*

[4] Als Portfoliostrategie wird die Zusammenstellung eines optimalen Portfolios bezeichnet, das eine investierende Person nutzt, um selbst gesteckte finanzielle Ziele zu erreichen. Ein Portfolio beschreibt eine Sammlung mehrerer Investitionen und Geldanlagen.

[5] Dies sind drei Beispiele mit Hyperlink aus Deutschland, Stand Oktober 2022: (DWS, Privatbankensektor); (Union Investment, Genossenschaftssektor); (Deka, Sparkassensektor).

nen und sich Anleger/-innen damit zugleich gegen „braune“, und damit weniger nachhaltige Firmen entscheiden. Hierdurch, so wird weiter nahegelegt, erhalten Erstere bessere Finanzierungskonditionen, verfügen über mehr Finanzierungsspielraum und erhalten letztendlich bessere Wachstumsaussichten als die übrigen Firmen.

Beginnen wir mit der kritischen Hinterfragung der unmittelbaren Wirkung einer bestimmten, grünen Portfoliozusammenstellung. Zuerst einmal gilt es festzuhalten, dass die Konzentration einer Vermögensanlage auf grüne Unternehmen keineswegs bedeutet, dass andere Unternehmen, die nicht in diese Kategorie fallen, nun keine Finanzmittel mehr erhalten, also leer ausgehen.

Sofern Unternehmen ihre Finanzmittel in der Vergangenheit über den Kapitalmarkt aufgenommen haben, bewirkt ein Kauf oder Verkauf von Wertpapieren (Aktien oder Anleihen) auf dem sogenannten Sekundärmarkt lediglich einen Wechsel der Besitzer/-innen der Wertpapiere. Eine Auswirkung auf die den Unternehmen zur Verfügung gestellten Mittel ergibt sich aber nicht.

Wenn das Unternehmen die Mittel durch die Emission von Wertpapieren am sogenannten Primärmarkt beschafft, dann kann der Kauf grüner Wertpapiere positive Auswirkungen auf die Finanzierungskosten grüner Unternehmen haben. Dies ist allerdings nur dann der Fall, wenn sich eine ausreichend große Mehrheit der Anlegenden für grüne und damit gegen braune Wertpapiere entscheidet, sodass sich eine Übernachfrage und dadurch ein Preisdruck ergibt (De Angelis et al. (2022)).

Gibt es dagegen genügend Anleger/-innen, denen eine farbliche (grün/braun) Markierung der Wertpapiere egal ist, vielleicht weil es ihnen in erster Linie um Rendite und nicht um Klimaschutz geht, werden sich die Finanzierungsbedingungen von grünen und braunen Unternehmen weiter kaum unterscheiden. Dies gilt umso mehr, wenn es sich um einen großen und international offenen Wirtschaftsraum handelt.

Bei genauerem Nachdenken über die beabsichtigte Wirkung einer Finanzanlage kommt es gar nicht auf den Farbgehalt der jeweiligen Unternehmung an, sondern auf die *Veränderungsrate*, mit der eine bereits existente Unternehmung ihren ökologischen Fußabdruck im Zeitablauf verringert. Wenn also eine Klimawirkung durch eine Finanzanlage erzielt werden soll, dann müsste sich diese nicht auf den derzeitigen CO_2-Fußabdruck, sondern auf dessen Veränderung im Zeitablauf beziehen – und zwar unabhängig davon, ob die betrachtete Unternehmung zu Beginn braun oder grün gewesen ist.

So wäre zum Beispiel eine Unternehmenspolitik denkbar, bei der im Zuge der Aufnahme einer Finanzierung am Kapitalmarkt eine Zielvorstellung für die Veränderung des ökologischen Fußabdrucks angekündigt wird. Die tatsächlich zu zahlende Höhe der Kreditzinsen könnte dann von einer Zielerreichung abhängig gemacht werden. Auf diese Weise würden die Finanzierungsverträge mit einer vertragsähnlichen Vereinbarung (englisch: Covenants) mit der Unternehmensleitung über die Art des Investitionsprojektes verknüpft. Sofern bei Zielerreichung günstige Konditionen winken, kann hier über die Finanzierung samt Covenants eine Lenkungswirkung erreicht werden. Die Anlegenden wandeln sich damit von passiven zu aktiven Investorinnen und Investoren.

Einige Investorinnen und Investoren sind eventuell bereit, die hierbei zu erwartenden persönlichen Ertragsminderungen hinzunehmen, aber das Tempo einer Transformation hin zu einer nachhaltigen klimaneutralen Volkswirtschaft bliebe in diesem Fall davon abhängig, dass ein ausreichend großer Bevölkerungsanteil bereit ist, auf eine höhere Rendite zu verzichten (Heinkel et al. (2001), Barber et al. (2021), Pástor et al. (2021)).

Glücklicherweise muss eine grüne Transformation nicht allein auf die ökologischen Präferenzen der Investorinnen und Investoren aufbauen – es gibt nämlich eine für die Gesamtgesellschaft vernünftige, demokratisch legitimierte und alle Investierenden gleichermaßen einbindende Strategie hin zu einer klimaneutralen Wirtschaftsverfassung. Wir können uns diese Strategie bildlich als Brücke vorstellen, die den Weg eröffnet von der heutigen in eine zukünftige, natur-positive Welt.

Diese Brücke ruht auf drei Pfeilern, wie in Abbildung 1 veranschaulicht: (1) ein *einheitliches Messverfahren* auf Unternehmensebene, das verursachte Schäden zu erfassen vermag, (2) die darauf mit *regulatorischen Maßnahmen* reagierende Politik sowie (3) ein für die Verteilung der Investitionsmittel zuständiges *Finanzsystem*, bestehend insbesondere aus Banken und Kapitalmarkt. Schauen wir uns diese drei Pfeiler etwas näher an.

Umweltschäden einheitlich messen

Ziel einer auf Nachhaltigkeit ausgerichteten Wirtschaftspolitik ist es, die Umweltbelastung in der Natur, wie z. B. CO_2-Emissionen, einzudämmen. Dabei leiden neben dem Klima auch etwa die Biodiversität und andere Bereiche, wie sie üblicherweise in dem Kürzel ESG („environmental, social, governance“) beschrieben sind.

Um diese Umweltbelastungen messen zu können, sind vor allem Wissenschaftler/-innen mit ihrer Expertise gefragt. Sie könnten vorgeben, wie Auswirkungen auf die Umwelt *auf der Ebene einzelner Unternehmen* erfasst werden können. Bezüglich Auswirkungen auf das Klima können Unternehmen zum Beispiel Angaben zu ihren Treibhausgasemissionen machen und bezüglich Biodiversität zu ihrer Landnutzung. Eine derartige wissenschaftsbasierte Messtechnik lässt sich analog auch auf weitere Umwelt- und Sozialfaktoren übertragen. Von großer Relevanz ist dabei die Festlegung auf *einheitliche* Messverfahren und damit einhergehend eine einheitliche Beurteilung der Umweltbelastungen auf Unternehmensebene (Billio et al. (2021), Widyawati (2020)).

Weitgehend abgeschlossen von der Öffentlichkeit werden gegenwärtig die globalen Standards für die Kennziffern verhandelt, die die für den Transformationsprozess so entscheidende Datenproduktion bestimmen werden. Es stehen sich gegenüber die EFRAG (European Financial Reporting Advisory Group), die sich auf die Taxonomie der Europäischen Kommission bezieht, und die eher an naturwissenschaftlichen Messdaten orientierte Vorgehensweise des ISSB (International Sustainability Standards Board). Für interessierte Beobachter/-innen lohnt sich eine Betrachtung dieser Rivalität von EFRAG und ISSB, weil es am Ende bedeutsam sein wird, inwieweit sich ein Berichtsverfahren durchsetzen kann, das mit den üblichen Bewertungsverfahren des Kapitalmarktes direkt vereinbar ist.[6]

Allgemein gültige Regeln der Umweltnutzung schaffen

Auf die Bereitstellung zuverlässiger Daten zu Umweltbelastungen baut der zweite tragende Pfeiler auf: die politisch bestimmte und laufend aktualisierte Rahmensetzung für wirtschaftliches Handeln. Sie beschreibt die Gesamtmenge regulatorischer Vorgaben (Gebote, Verbote, Gültigkeitszeiträume usw.), mit deren Hilfe festgelegte Klimaziele erreicht werden sollen.

Im Bereich der CO_2-Belastung kann das Parlament beispielweise eine Zeitvorgabe festlegen, wann Net-Zero in einer bestimmten Branche oder einer einzelnen Region erreicht werden soll. Hieraus kann eine jährlich zu erreichende Verringerung der CO_2-Nutzung abgeleitet und deren Erreichung überprüft werden.[7] Für die betroffenen Unternehmen stellen solche gesetzgeberischen Rahmensetzungen feste Bestandteile des eigenen Handlungsrahmens dar. An ihnen orientieren sich zukünftige Investitionsentscheidungen und an ihnen richtet sich vielfach das ganze Geschäftsmodell von Unternehmen aus (Tuhkanen, Vulturius (2020)).

Finanzmittel für die Transformation bestmöglich verteilen

Es lässt sich nun leicht erkennen, dass das Finanzsystem als der dritte Pfeiler unseres Transformationsmodells eine zentrale *Kanalisierungsaufgabe* (englisch: Allocation) in der Volkswirtschaft übernehmen kann. Ersparnisse können in nachhaltige Investitionsprojekte geleitet werden. Sofern die beiden anderen Pfeiler belastbar sind, also (1) gute Daten über die verursachungsgerechte Zurechnung von Schäden erzeugt werden und (2) klare und langfristig geltende gesetzlich-regulatorische Regelungen von klimabezogenen Grenzwerten für Unternehmen festgelegt sind, bleibt für den Finanzsektor „nur" die reguläre Aufgabe des Pfeiler (3), nämlich die Auswirkungen der tatsächlichen Schadensbelastung einzelner Firmen auf deren finanziellen Erträge und Risiken abzuschätzen.

Mit anderen Worten: Wenn der Gesetzgeber, demokratisch legitimiert, klimabezogene Grenzwerte setzt, dann ist die Aufgabe des Finanzsektors, das hierfür benötig-

[6] Das übliche Bewertungsverfahren, mit dessen Hilfe die Preisbildung am Kapitalmarkt erklärt werden kann, konzentriert sich auf die Zeitreihe der Nettozahlungen, die ein bestimmtes Projekt oder eine bestimmte Entscheidung über ihr gesamtes Leben erzeugt. Diese Zeitreihe wird – unter Zuhilfenahme der jährlich zu erwartenden Zinsen – verwendet, um den sogenannten Gegenwartswert zu berechnen.

[7] Siehe beispielsweise das „Fit for 55"-Paket der Europäischen Union, das Richtlinien und Verordnungen enthält, um Europa bis 2050 klimaneutral zu machen (*www.consilium.europa.eu/de/policies/green-deal/fit-for-55-the-eu-plan-for-a-green-transition/*).

te Kapital zur „Grünung“ des Wirtschaftssystems zu mobilisieren und effektiv zu kanalisieren.

Die Schätzungen über zukünftige Schadensverursachung wiederum ermöglichen es den Banken, faire Kreditkonditionen festzulegen.[8] Ebenso erlauben sie, dass sich am Kapitalmarkt die angemessenen (fairen) Marktpreise bilden können. Diese Marktpreise wiederum sind die zentralen Steuerungssignale für die Mittelallokation einer Volkswirtschaft. Sofern sie die gewünschten nachhaltigen grünen Politikvorstellungen erfassen können, weil diese deutlich gesetzt sind und langfristig Bestand haben, beeinflussen sie Investitionsentscheidungen und damit die beabsichtigte grüne Transformation der Wirtschaft.

Diese „einfache” Rollenzuweisung an Banken und Finanzmärkte widerspricht der heute oft erhobenen Forderung nach einer Bevorzugung von Investitionen im Grün-Bereich der staatlich festgelegten Taxonomie.[9] Die Rollenzuweisung als neutrale Finanzierungsdrehscheibe ist deshalb die eigentliche „tiefe” Erkenntnis unserer bisherigen Überlegungen:

Es ist *nicht* die Aufgabe des Finanzsektors, eine grüne Transformation *aus eigenem Antrieb und damit jenseits des demokratisch-politisch festgelegten Transformationspfades* entweder zu beschleunigen oder zu verlangsamen. Stattdessen soll er möglichst effizient und in benötigtem Umfang Spar- und Anlagegelder mobilisieren und für deren Verteilung auf die ertragsstärksten Projekte sorgen. Der Finanzsektor leitet damit Investitionsmittel dahin, wo Unternehmen unter Beachtung einer gesetzlichen Rahmensetzung und einer Transparenz über verursachte Klima- und Umweltschäden möglichst hohe Gewinne erzielen können. Dadurch werden durch den Finanzmarkt schnelle, liquide und kostengünstige Investitionsmittel für den Transformationsprozess zur Verfügung gestellt. Ausmaß und Geschwindigkeit der Transformation werden durch den politischen Prozess der Setzung von Rahmenbedingungen vorgegeben – denn dieser beeinflusst maßgeblich, welche Aktivität ertragsstark sein kann, und welche nicht.

Die Bedeutung des politischen Prozesses bei der Zielsetzung kann daher kaum überbetont werden. „Die Politik“ ist demokratisch legitimiert (jedenfalls in unserem politischen System) und sie kann Regeln verbindlich für alle setzen. „Der Finanzmarkt“, dagegen, entwickelt aus sich heraus keine spezifische Zielsetzung, sondern aggregiert die

8 „Fair“ meint hier Kreditkonditionen, die angesichts der tatsächlichen Risiken angemessen sind, weil sie die Finanzierungskosten und die Risikokosten gerade abdecken.

9 Die Taxonomie ist eine auf EU-Ebene vorgenommene Einteilung wirtschaftlicher Aktivitäten in eine von zwei Qualitätsklassen: nachhaltig oder nicht nachhaltig. Diese Zweiteilung findet heute zunehmend Eingang in gesetzliche Regelungen, vgl. *www.bmuv.de/faq/was-ist-die-taxonomie*.

10 Der Art und Weise, wie „die Politik“ die Weichen zu einer grünen Transformation stellen kann, verdient eine eigene Abhandlung. Hierfür sei auf die Arbeit der Europäischen Kommission an einer grünen Taxonomie (EFRAG) ebenso wie auf die Arbeit des International Sustainability Standards Board (ISSB) hingewiesen. Beide zielen auf eine unternehmensbezogene Berichtspflicht mittels ESG-Indikatoren (Klima, Biodiversität, Sozialstandards usw.), die im nächsten Schritt Gegenstand staatlicher Regulierung und Subventionierung sein können.

Zielsetzungen der Investorinnen und Investoren – gewichtet mit dem jeweils eingesetzten Vermögen.[10]

Auf die eingangs gestellte Frage nach der Rolle von Banken und Kapitalmärkten für die grüne Transformation kann nun eine Antwort gegeben werden: Finanzinstitutionen und -märkte können und sollen gemeinsam mit der naturwissenschaftsbasierten Standardsetzung und der politischen Rahmensetzung ein tragender Pfeiler des notwendigen grünen Transformationsprozesses werden. Ihre Expertise kann möglicherweise auch helfen, eine Rahmensetzung so zu gestalten, dass sie tatsächlich wirksam ist, d. h. dass die klimabezogene Zielsetzung schnell und unter Inkaufnahme möglichst geringer Zusatzkosten erreicht werden kann.

Diese Überlegung führt uns zurück zu der Transformations-Brücke mit den drei Pfeilern, wie sie in Abbildung 1 dargestellt ist. Ihre Stabilität, sprich Leistungsfähigkeit, ergibt sich aus allen drei Pfeilern gemeinsam, die wir nun auch benennen können: Unternehmen (via wissenschaftsbasierte Messung), Politik (via Ordnungspolitik und Regulierung) und Finanzmärkte (via Kapitalmobilisierung und -verteilung) müssen zu einer konstruktiven Zusammenarbeit finden – so wie sie durch die Brücke symbolisiert ist.

Literatur

Barber, B.M., Morse, A. and Yasuda, A., 2021. Impact investing. *Journal of Financial Economics*, *139*(1), 162 – 185.

Billio, M., Costola, M., Hristova, I., Latino, C. and Pelizzon, L., 2021. Inside the ESG Ratings: (Dis) agreement and performance. *Corporate Social Responsibility and Environmental Management*, *28*(5), 1426 – 1445.

De Angelis, T., Tankov, P. and Zerbib, O.D., 2022. Climate impact investing. *Management Science*, *https://doi.org/10.1287/mnsc.2022.4472*.

Heinkel, R., Kraus, A. and Zechner, J., 2001. The effect of green investment on corporate behavior. *Journal of financial and quantitative analysis*, *36*(4), 431 – 449.

Krahnen, J. P., Rocholl, J. and Thum, M., 2021. A primer on green finance: From wishful thinking to marginal impact. *SAFE White Paper No. 87*.

Pástor, L., Stambaugh, R.F. and Taylor, L.A., 2021. Sustainable investing in equilibrium. *Journal of Financial Economics*, *142*(2), 550 – 571.

Tuhkanen, H. and Vulturius, G., 2020. Are green bonds funding the transition? Investigating the link between companies' climate targets and green debt financing. *Journal of Sustainable Finance & Investment*, 1 – 23.

Widyawati, L., 2020. A systematic literature review of socially responsible investment and environmental social governance metrics. *Business Strategy and the Environment*, *29*(2), 619 – 637.

Jan Pieter Krahnen ist Gründungsdirektor em. und Senior Fellow des Leibniz-Instituts für Finanzmarktforschung SAFE und war bis 2022 Professor an der Goethe-Universität Frankfurt.

Teil III:

Arbeitsmarkt und Lohnentwicklung

C. Katharina Spieß

„Bildung: Schlüssel für Wachstum und sozialen Aufstieg?"

Zusammenfassung

Bildung ist aus einer gesamtwirtschaftlichen wie individuellen Perspektive von zentraler Bedeutung, wobei Bildung vielfältige Aspekte umfasst: Formale Bildung findet z. B. in KiTas, Schulen und Hochschulen statt – informelle Bildung in der Familie oder am Arbeitsplatz. Die Erträge von Bildung misst die Ökonomie seit vielen Jahrzehnten bspw. über Löhne. Aber auch die Effekte von Bildung auf Gesundheit, das Demokratieverständnis oder die Bildung und Entwicklung der nächsten Generation sind wichtige Bildungserträge, die bedacht werden müssen. Allerdings sind in vielen Bereichen Bildungsungleichheiten festzumachen – angefangen beim frühen KiTa-Besuch bis zum Hochschulabschluss. In beiden Institutionen sind Kinder mit bildungsferneren Eltern unterrepräsentiert. Insofern können Maßnahmen, welche daran ansetzen, bildungsferneren Gruppen die Zugänge zu Bildungseinrichtungen zu erleichtern, besonders wirksam sein, um Bildungsungleichheiten abzubauen. Hierzu sind vielfältige Maßnahmen von einer öffentlichen Förderung bis hin zu Informationen über Bildungszugänge und -erträge erforderlich.

Schlüsselbegriffe:
- Bildung
- Kindertageseinrichtung
- Schule, Ausbildung
- Hochschulbildung
- lebenslanges Lernen
- Bildungserträge
- monetäre und nicht-monetäre Erträge

Bildung ist ein zentraler Faktor für die Zukunftsfähigkeit moderner Volkswirtschaften. Effektive und effiziente Investitionen in das Humankapital[1] tragen erheblich zu einer erhöhten Wettbewerbsfähigkeit bei und können den Wohlstand Einzelner sichern. In der Volkswirtschaftslehre wird Bildung als eine Investition in die Fähigkeiten von Menschen verstanden. Bildung kann die individuellen sprachlichen und numerischen Fähigkeiten ebenso wie viele andere sogenannte kognitive Fähigkeiten verbessern. Bildung wird aber auch als eine Investition in Motivation, Geduld und

[1] Als Humankapital wird die Gesamtheit der in einer Volkswirtschaft vorhandenen Fähigkeiten, Kenntnisse und menschlichen Verhaltensweisen bezeichnet.

andere Persönlichkeitsmerkmale von Menschen gesehen, dies wird als Investition in sogenannte nicht-kognitive oder sozio-emotionale Fähigkeiten bezeichnet. In welchem Ausmaß sich unterschiedliche Bildungsangebote auf die Fähigkeiten von Individuen auswirken, wird in zahlreichen bildungsökonomischen Studien empirisch untersucht. Es zeigen sich dabei unterschiedliche Ergebnisse in Abhängigkeit von Alter, Geschlecht, der elterlichen Bildung oder auch der Region und vielem anderen mehr.

Grundsätzlich wird zwischen formalen, informellen und non-formalen Bildungsangeboten unterschieden. Als formale Bildung wird die Bildung in der Kindertagesbetreuung (KiTa), Schulen, Hochschulen und die berufliche Bildung betrachtet. Informelle Bildung findet in der Familie oder auch im Betrieb statt. Non-formale Bildung umfasst unter anderem bildungsbezogene Freizeitaktivitäten, wie musische oder sportliche Angebote. Die ökonomische Forschung legte bislang vor allem einen Fokus auf die Effekte formaler Bildungsangebote, wie Schule und Hochschule oder der beruflichen Ausbildung. In den letzten Jahren wurden vermehrt auch die Wirkungen eines KiTa-Besuchs erforscht.

Monetäre und nicht-monetäre Erträge von Bildung

Bildungserträge werden traditionell in Form von monetären Erträgen, wie z. B. höheren Löhnen und höherem Wirtschaftswachstum, und nicht-monetären Erträgen, wie einer verringerten Arbeitslosigkeit, erfasst. Den Effekt von Bildung auf das individuelle Einkommen bezeichnet man als Bildungsrendite im engeren Sinne. Diese variiert zwischen den Ländern: Für Deutschland wird von einer Bildungsrendite von etwa 6 bis 10 Prozent ausgegangen[2] – allerdings zeigen differenziertere Analysen, dass sich große Unterschiede nach Geschlecht, Region, Ausbildung, Fachrichtung und anderen Merkmalen ergeben können. Außerdem belegen zahlreiche Studien, dass Individuen mit einem höheren Bildungsniveau ein deutlich geringeres Risiko haben, arbeitslos zu werden. Bei Personen ohne berufsbildenden Abschluss beträgt die Arbeitslosenquote über 19 Prozent, mit einer Berufsausbildung dagegen liegt sie nur noch bei 7 Prozent. Mit etwa 2,5 Prozent ist die Arbeitslosigkeit unter Hochschulabsolventinnen und -absolventen am niedrigsten. Die Forschung zeigt, dass ein geringeres Arbeitslosigkeitsrisiko auch dann noch vorliegt, wenn berücksichtigt wird, dass Hochschulabsolventinnen und -absolventen bereits eine selektive Gruppe sind, welche z. B. gute schulische Leistungen erzielt hat.

Neben individuellen Erträgen werden auch gesamtwirtschaftliche bzw. gesellschaftliche Erträge betrachtet: Höheres Humankapital in einer Volkswirtschaft geht mit höherer Produktivität und damit auch mit zunehmendem Wirtschaftswachstum einher. Darüber hinaus wird auch festgestellt, dass mehr Bildung die langfristige Wachstumsrate erhöht, da sie einen höheren technologischen Fortschritt ermöglicht.

[2] Dies ist der durchschnittliche prozentuale Anstieg des Bruttoerwerbseinkommens pro zusätzlichem Jahr Bildung unter der Berücksichtigung anderer Faktoren, die das Einkommen beeinflussen.

Nicht-monetäre Erträge von Bildung außerhalb des Arbeitsmarkts werden in unterschiedlichen Bereichen erfasst, wie z. B. Gesundheit, Wohlbefinden, Familiengründung, gesellschaftlicher und politischer Partizipation. Empirische Studien belegen, dass Bildung positive Effekte auf die physische und psychische Gesundheit haben kann, was dem Individuum und der gesamten Gesellschaft zugutekommt. Allerdings unterscheidet sich die Effekthöhe nach Methode, Datensatz und danach, wie Bildung erfasst wird. Darüber hinaus zeigen sich diese Effekte nicht nur auf die Individuen selbst, sondern die Bildung der Eltern hat auch Effekte auf die Gesundheit ihrer Kinder, selbst im Erwachsenenalter noch. Formale Bildung hat auch einen Effekt auf die Langlebigkeit von Menschen, d. h. je höher die Bildung, desto länger leben Menschen. Bildung beeinflusst aber nicht nur die Mortalität, sondern auch die Fertilität einer Bevölkerung. Auch Umzüge innerhalb Deutschlands, d. h. Binnenmigration, und Außenmigration hängen mit Bildung zusammen: Im Durchschnitt steigt mit dem Bildungsniveau die Wahrscheinlichkeit, innerhalb Deutschlands umzuziehen, und höher Gebildete wandern eher aus. Dies alles belegt, wie wichtig Bildung ist, wenn demografische Veränderungen untersucht und prognostiziert werden.

Darüber hinaus hat Bildung einen Effekt auf das gesellschaftspolitische Engagement von Individuen, wie ehrenamtliche Aktivitäten oder auch Spendenverhalten. Andere Studien zeigen, dass Bildung auch die Einstellung zur Immigration von Personen aus dem Ausland nach Deutschland beeinflusst: Menschen mit niedriger formaler Bildung betrachten die Einwanderung nach Deutschland eher mit Sorge. Auch hier sind intergenerationale Effekte festzustellen, d. h. die Bildung beispielsweise der Mutter wirkt sich darauf aus, ob sich ihre erwachsenen Kinder um Einwanderung nach Deutschland sorgen.

Wann sind Bildungsinvestitionen besonders effektiv?

Die Frage, in welcher Lebensphase Investitionen in Bildung besonders effektiv sind, untersucht die Ökonomie theoretisch und empirisch. Es zeigt sich, dass vor allem frühkindliche Bildungsangebote eine hohe Rendite versprechen, weil Kinder davon über ihr gesamtes Leben profitieren können und sich auch später beim Erlernen neuer Fähigkeiten leichter tun (vgl. Abbildung 1). Darauf weisen die Ergebnisse bildungsökonomischer Forschung der letzten Jahre hin – allerdings müssen es qualitativ hochwertige Bildungs- und Betreuungsangebote sein. Darüber hinaus zeigt die Forschung, dass die Wirkung für Kinder aus bildungsfernen Familien besonders hoch ist. Hierzu liegen inzwischen Befunde für flächendeckende und universelle frühkindliche Bildungs- und Betreuungsangebote vor, so z. B. auf der Basis norwegischer, britischer und deutscher Daten. Es zeigt sich, dass Investitionen in ein bedarfsgerechtes KiTa-Angebot dazu führen können, dass weniger Schülerinnen und Schüler spezifische Förderprogramme benötigen, mehr Schülerinnen und Schüler eine Hochschule besuchen und weniger Individuen im Erwachsenenalter auf soziale Fürsorgeleistungen angewiesen sind.

Sogar die Einkommensverteilung einer Gesellschaft wird durch mehr frühkindliche Bildungsangebote gleicher. Norwegische Daten belegen z. B., dass mit dem KiTa-Ausbau in den 70er Jahren des letzten Jahrhunderts eine Reduktion der Lohnunterschiede zwischen Männern und Frauen verbunden war. Gesamtwirtschaftlich steigt mit zunehmenden Einkommen das Einkommensteueraufkommen. Kosten-Nutzen-Analysen weisen darauf hin, dass diese frühen Investitionen nicht nur effektiv sind, sondern darüber hinaus langfristig betrachtet auch effizient. Dies heißt, dass die damit verbundenen Kosten insgesamt geringer sind als der langfristige monetär bewertete Nutzen. Kurzfristig übersteigen die Kosten guter Bildungsangebote allerdings häufig deren Nutzen. Dies wird auch als eine Erklärung dafür gesehen, dass für Ausgabensteigerungen im Bereich der frühen Bildung schwer politische Mehrheiten gefunden werden.

Investitionen vor dem Beginn der Schule versprechen nicht nur eine hohe Rendite und sind langfristig effizient, sondern können auch zu einer Reduktion sozialer Ungleichheiten beitragen: Die bildungsökonomische Forschung zeigt, dass insbesondere Kinder aus bildungsbenachteiligten Familien oder Haushalten, in denen nicht die Sprache der Mehrheitsbevölkerung gesprochen wird, davon profitieren. Frühe Bildung ist somit auch ein Instrument für eine gelungene Integration von Menschen mit Migrations- oder Fluchthintergrund. Andere Studien zeigen, dass durch eine KiTa-Nutzung nicht nur das Sprachvermögen von Kindern mit Migrationshintergrund steigt, sondern auch die Mütter besser integriert sind.

Abb. 1: Rendite von Bildungsinvestitionen über den Lebensverlauf

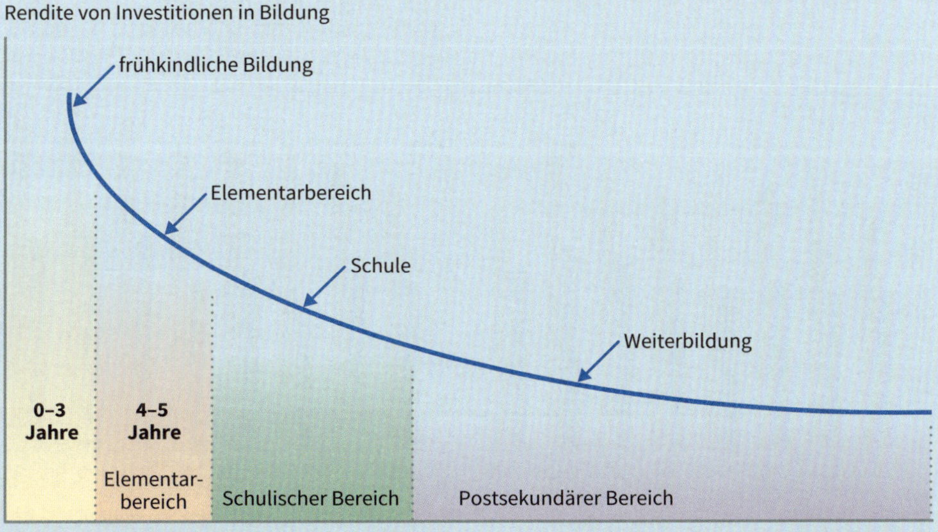

Quelle: Eigene Darstellung nach Heckman (2006): Skill Formation and the Economics of Investing in Disadvantaged Children. Science 312, S. 1900 – 1902.

Sozioökonomische Bildungsungleichheiten

Wenn vor dem Hintergrund dieser Befunde der Status quo der KiTa-Nutzung in Deutschland betrachtet wird, zeigt sich Folgendes: Jene Gruppen, die besonders von qualitativ hochwertigen Bildungsinvestitionen profitieren würden, sind in KiTas unterrepräsentiert – zumindest, wenn die ersten Lebensjahre eines Kindes betrachtet werden. Dazu gehören Kinder, deren Eltern keinen akademischen Abschluss oder beide einen Migrationshintergrund haben. Diese Unterschiede in der KiTa-Nutzung haben über die Zeit, d. h. mit dem Ausbau der KiTa-Angebote für Kinder unter drei Jahren, sogar weiter zugenommen (vgl. Abbildung 2). So sind zwischen 2013 und 2020 die bildungsbedingten Unterschiede in der KiTa-Nutzung von zwölf auf 15 Prozentpunkte gestiegen. In Hinblick auf die zu Hause gesprochene Sprache nahm die Differenz in den Nutzungsquoten im selben Zeitraum von zehn auf 14 Prozentpunkte zu.

Entsprechende Ungleichheiten in der Wahrnehmung von Bildungsangeboten, deren Besuch der Entscheidung der Eltern oder der Individuen selbst überlassen ist, finden sich auch im Hochschulbereich. Abiturienten, deren Eltern keinen akademischen Abschluss haben, sind seit vielen Jahren dort unterrepräsentiert. Demnach ist der Anteil derjenigen, die ein Hochschulstudium abschließen, unter Akademikerkindern immer noch höher als bei anderen Gruppen. Selbst bei guten Abschlussnoten nehmen

Abb. 2: KiTa-Nutzung von Kindern unter drei Jahren nach mütterlicher Bildung und hauptsächlich zu Hause gesprochener Sprache

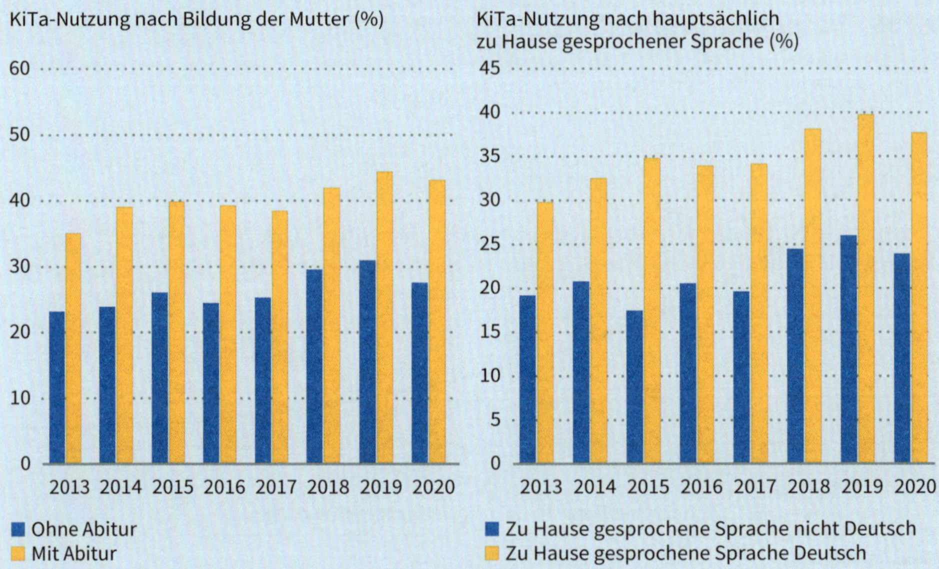

Quelle: Schmitz, Sophia, C. Katharina Spieß und Matthias Huebener (2023): Weiterhin Ungleichheiten bei der Kita-Nutzung, in: Bevölkerungsforschung Aktuell Nr. 2, S. 3 – 8.

Studienberechtigte aus nichtakademischen Elternhäusern seltener ein Studium auf als Studienberechtigte aus Akademikerfamilien (89 vs. 96 Prozent). Aber auch in anderen Bereichen zeigen sich entsprechende Unterschiede: Immer mehr Kinder aus bildungsnahen Familien nutzen beispielsweise Privatschulen. Dem grundsätzlichen Ziel, dass Schulen die Breite der Bevölkerung abdecken sollen, nähert man sich dadurch nicht an. Eltern mit akademischem Abschluss engagieren sich auch stärker in den Schulen ihrer Kinder als andere, sie gehen z. B. häufiger zu Elternabenden und Schulfesten.

Regionale Bildungsungleichheiten

Neben sozioökonomischen Bildungsungleichheiten zeigen sich in Deutschland – wie auch in anderen Ländern – große regionale Unterschiede (siehe Abbildung 3). Dies wird beispielsweise im Bereich der frühen Bildungs- und Betreuungsangebote sehr

Abb. 3: Nutzungsquote in Kindertageseinrichtungen von unter 3-Jährigen 2022 in %

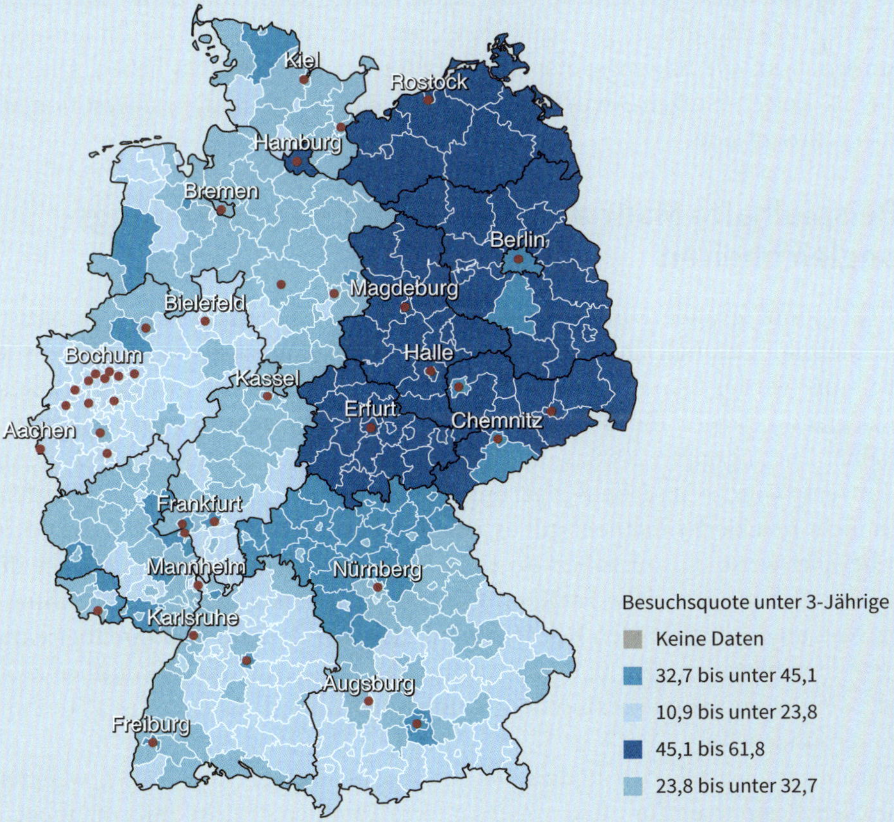

Quelle: © GeoBasis-DE / BKG 2023 / Quellenangaben und methodische Hinweise / Statistische Ämter des Bundes und der Länder, 2023.

deutlich, wo sich in den Angeboten für Kinder in den ersten drei Jahren große Unterschiede im regionalen KiTa-Angebot und damit auch der KiTa-Nutzung zeigen. Aber auch im Angebot von ganztägigen Bildungs- und Betreuungsangeboten zeigen sich große Unterschiede: Obwohl in Deutschland seit 2013 ein Recht auf einen KiTa-Platz ab dem zweiten Lebensjahr existiert und ab dem Jahr 2026 auch ein Rechtsanspruch auf eine ganztägige Betreuung von Kindern im Grundschulalter besteht, sind in beiden Bereichen große Unterschiede zwischen Kreisen und kreisfreien Städten zu beobachten. Hinzukommt, dass dies nicht nur für die Anzahl der Plätze und den damit verbundenen Betreuungsumfang gilt, auch die pädagogische Qualität der Bildungs- und Betreuungsangebote variiert zwischen den Regionen erheblich. (Auch) Aus diesem Grund werden immer wieder bundeseinheitliche Qualitätsstandards gefordert.

Ökonomisch betrachtet bedeuten die beschriebenen Bildungsungleichheiten, dass nicht alle vorhandenen Bildungspotenziale ausgeschöpft bzw. genutzt werden. Vor dem Hintergrund des demografischen Wandels und des damit verbundenen abnehmenden Erwerbspersonenpotenzials verdient dieser Befund besondere Aufmerksamkeit: Wenn Bildungsungleichheiten verringert werden sollen und damit auch dem zunehmenden Fachkräftemangel begegnet werden soll, dann sollte die Bildungspolitik daran ansetzen, *alle* Bildungspotenziale von Anfang an stärker zu heben. Dies umso mehr, als Kosten-Nutzen-Analysen nahelegen, dass frühe Bildungsinvestitionen besonders effizient sind.

Beispielhafte Maßnahmen zum Abbau von Bildungsungleichheiten

Die Ökonomie evaluiert mit unterschiedlichen methodischen Ansätzen Maßnahmen, die Bildungsungleichheiten reduzieren sollen. Zunächst wird in diesem Kontext immer wieder betont, dass Deutschland mehr in Bildung investieren muss. In Deutschland betragen die Bildungsausgaben etwa 7 Prozent des BIP – ein seit dem Dresdner Bildungsgipfel 2008 von Bund und Ländern anvisiertes Ziel sind allerdings 10 Prozent. Durch Ausgabensteigerung per se werden Bildungsungleichheiten jedoch nicht reduziert – vielmehr gilt es die Mittel zielgerichtet einzusetzen. Dies können beispielsweise die Ausgaben im KiTa-Bereich verdeutlichen: Eine Abschaffung von KiTa-Gebühren für alle Familien trägt nicht signifikant zu einer Abnahme von KiTa-Nutzungsunterschieden bei. Hier sind vielmehr gezielte Gebührenbefreiungen für Familien mit niedrigem Bildungshintergrund und geringem Einkommen zielführend. Mit zielgruppen*un*spezifischen Maßnahmen sind dagegen hohe Mitnahmeeffekte verbunden.

Darüber hinaus zeigt die bildungsökonomische Literatur, dass neben weiteren finanziellen Ressourcen für einkommensärmere Familien gezielte Informationen helfen können, Bildungsungleichheiten zu verringern. So können etwa spezifische Informationen die Ungleichheiten im Zugang zu KiTas und Hochschulen reduzieren. Dabei handelt es sich je nach Bildungsangebot um Informationen über Anmeldeverfahren, Zugänge, Finanzierungsmöglichkeiten und die mittel- bis langfristigen Erträge.

Auch die Information von jungen Eltern, z. B. darüber, dass sie ihrem Kind regelmäßig vorlesen sollen, kann mit dazu beitragen, Bildungsungleichheiten zu reduzieren, indem darüber die informelle Bildung in Familien gestärkt wird. Investitionen in „frühe Hilfen“, wie sie in Deutschland seit einigen Jahren existieren, können effektiv und effizient sein. Dabei geht es darum, Eltern, insbesondere sozioökonomisch benachteiligen Müttern, Informationen darüber zu geben, wie sie die Entwicklung ihrer Kinder fördern können. Der Fokus liegt auf Müttern, da sie nach wie vor die Hauptbetreuungspersonen von jungen Kindern sind. Entsprechende Maßnahmen sind mit relativ geringen Kosten verbunden und können einen hohen Nutzen erzielen – sie sind besonders effizient. Allerdings zeigen ökonomische Studien auch, dass es auf die konkrete Umsetzung der Maßnahmen ankommt. Auch Mentorenprogramme, welche bildungsbenachteiligte Familien unterstützen, können effektiv und effizient sein, wenn es darum geht, Bildungsungleichheiten zu reduzieren.

Literatur

Autorengruppe Bildungsberichterstattung (2022): Bildung in Deutschland 2020. Ein indikatorengestützter Bericht mit einer Analyse zum Bildungspersonal, Bielefeld, W. Bertelsmann Verlag.

Becker, M.; Brose, A.; Camehl, G.; Graeber, D.; Huebener, M.; von Keyserlingk, L.; Krekel, C.; Maaz, K.; Marcus, J.; Margaryan, S.; Möwisch, D.; Paul, A.; Peter, F.; Schmiedek, F.; Schnitzlein, D.; Schupp, J.; Spieß, C. K.; Siedler, T. (2019): Nicht-monetäre Erträge von Bildung in den Bereichen Gesundheit, nicht-kognitive Fähigkeiten sowie gesellschaftliche und politische Partizipation, *DIW Berlin – Politikberatung kompakt* Nummer 137, Berlin.

Cunha, F., J. J. Heckman; L. Lance; D. Masterov (2006): *Interpreting the Evidence on Life Cycle Skill Formation*. In E. A. Hanushek; Welch, F. (Hg.): *Handbook of the Economics of Education*, Volume 1, S. 697 – 812, North Holland, Amsterdam.

Gambaro, L.; Neidhöfer, G.; Spieß, C. K. (2021): The Effect of Early Childhood Education and Care Services on the Social Integration of Refugee Families, *Labour Economics* 72, 102053.

Havnes, T.; Mogstad, M. (2011): No child left behind: Subsidized child care and children's long-run outcomes, *American Economic Journal. Economic Policy* 3(2), 97 – 129.

Jessen, J.; Schmitz, S.; Waights, S. (2020): Understanding Day Care Enrolment Gaps, *Journal of Public Economics* 190, 104252.

Huebener, M.; Pape A.; Spiess, C. K. (2020): Parental Labour Supply Responses to the Abolition of Day Care Fees, *Journal of Economic Behavior & Organization* 180, 510 – 543.

Margaryan, S.; Paul, A.; Siedler, T. (2021): Does Education Affect Attitudes towards Immigration? Evidence from Germany, *Journal of Human Resources* 56 (2), 446 – 479.

OECD (2021), Education at a Glance 2021: OECD Indicators, OECD Publishing, Paris.

Ruhm, C. R.; Waldfogel, J. (2012): Long-Term Effects of Early Childhood Care and Education, *Nordic Economic Policy Review* 1(1), 23 – 51.

Oreopoulos, P.; Salvanes, K. G. (2011). Priceless: The nonpecuniary benefits of schooling, *Journal of Economic Perspectives* 25(1), 159–84.

Peter, F.; Spieß, C. K.; Zambre, V. (2021): Informing Students about College: An Efficient Way to Decrease the Socio-Economic Gap in Enrollment: Evidence from a Randomized Field Experiment, *Journal of Economic Behavior & Organization* (online first)

Spieß, C. K. (2021): Kita-Ökonomik – eine Perspektive für Deutschland, *Perspektiven der Wirtschaftspolitik* 22(3), 113.

Univ.-Prof. Dr. C. Katharina Spieß ist Direktorin des Bundesinstituts für Bevölkerungsforschung (BiB). An der Johannes Gutenberg-Universität Mainz hat sie die Professur für Bevölkerungsökonomie inne.

Eduard Brüll und Christina Gathmann

„Wie haben sich Lohn- und Einkommensungleichheit entwickelt?“

Zusammenfassung

Über wenige Themen wird so heftig und kontrovers diskutiert wie ökonomische Ungleichheit. Die Einkommensungleichheit in Deutschland hat in den letzten Jahrzehnten zugenommen, jedoch zeigt die Lohnungleichheit seit 2010 eine rückläufige Tendenz. Die wichtigsten Einflussfaktoren auf die Lohnungleichheit sind technologische Entwicklungen und Verschiebungen in der Industriestruktur, der Rückgang der Tarifbindung sowie die Einführung von Mindestlöhnen. Um ökonomischen Erfolg und gesellschaftlichen Zusammenhalt zu verbinden, sind vorausschauende Politiken notwendig, die eine Chancengleichheit für alle ermöglichen, aber auch die Resilienz und Anpassungsfähigkeit an ein sich wandelndes Umfeld stärken.

Schlüsselbegriffe:
- Lohnungleichheit
- Einkommensungleichheit
- Mindestlohn
- Tarifbindung
- Technologischer Fortschritt
- Handel
- Outsourcing
- Umverteilung

Motivation

Über wenige Themen wird so heftig und kontrovers diskutiert wie über die ökonomische Ungleichheit. In vielen Industrieländern, darunter auch Deutschland, hat die Einkommens- und Lohnungleichheit in den vergangenen Jahrzehnten zugenommen.[1] Was sind die Ursachen dieser Entwicklung und ergibt sich daraus die Notwendigkeit, dass der Staat noch stärker eingreift?

Im Folgenden diskutieren wir die Entwicklung der Lohnungleichheit in Deutschland und ihre Ursachen. Das Erwerbseinkommen ist nicht nur für die große Mehrheit der Haushalte die mit Abstand wichtigste Einkommensquelle; zudem lässt sich im Arbeitsmarkt viel darüber lernen, wie wirtschaftliche Kräfte wie Globalisierung,

[1] Die Entwicklung der Vermögensungleichheit wird in diesem Artikel nicht betrachtet.

technologischer Wandel, aber auch arbeitsmarktpolitische Maßnahmen die Ungleichheit beeinflussen.

Graphische Aufbereitung

Abbildung 1 zeichnet die Entwicklung der Lohnungleichheit für sozialversicherungspflichtig Vollzeitbeschäftigte in Ost- und Westdeutschland anhand dreier Ungleichheitsmaße nach: die Standardabweichung im inflationsbereinigten logarithmierten Tageslohn spiegelt die durchschnittliche prozentuale Streuung über alle Löhne wider. Dagegen veranschaulichen die Lohnunterschiede zwischen dem 90. Perzentil und dem Median (die 90-50-Lücke) die Entwicklung in der oberen Hälfte der Lohnverteilung, während die Lohnunterschiede zwischen dem Median und dem 10. Perzentil (die 50-10-Lücke) die Veränderungen in der unteren Hälfte der Lohnverteilung aufzeigen. Die 90-50-Lohnlücke misst den relativen Lohnunterschied zwischen einer Arbeitnehmerin/einem Arbeitnehmer mit einem Lohn, der höher ist als bei 90 % aller Beschäftigten, und einer Arbeitnehmerin/einem Arbeitnehmer mit einem Lohn, der genau in der Mitte der Verteilung liegt; und entsprechend für die 50-10-Lohnlücke. Beispielsweise steigt die 50-10-Lohnlücke in Ostdeutschland (die rote Kurve im linken Schaubild) zwischen 1995 und 2010 von 0,45 auf 0,60 an, was bedeutet, dass Beschäftigte in der Mitte der Lohnverteilung 2010 60 % mehr verdienen als Beschäftigte am unteren Rand (dem 10. Perzentil), während es 1995 nur 45 % mehr waren.

Die Graphik zeigt, dass die Lohnungleichheit insgesamt zwischen 1995 und 2010 sowohl in West- wie in Ostdeutschland angestiegen ist, während sie nach 2010 in etwa auf das Niveau von 2005 zurückgegangen ist. Vergleicht man die Entwicklungen in der oberen und unteren Hälfte der Lohnverteilung, so wird deutlich, dass die Umkehr des Ungleichheitstrends in erster Linie durch eine Verringerung der Ungleichheit am unteren Ende der Verteilung (die 50-10-Lohnlücke) bedingt ist, während sich die Ungleichheit am oberen Ende der Verteilung seit 2010 vergleichsweise wenig verändert hat.

Auffallend sind zudem zwei Unterschiede in der Entwicklung in Ost- und Westdeutschland, die auch 30 Jahre nach der Vereinigung noch unterschiedliche Arbeitsmarktstrukturen aufweisen. Zum einen hat die Lohnungleichheit an der Spitze der Verteilung zwischen 1995 und 2010 in Ostdeutschland (links) schneller zugenommen als in Westdeutschland (rechts). Die höhere Lohnspreizung an der Spitze ist umso bemerkenswerter, da die Löhne in Ostdeutschland im Durchschnitt etwa 30 Prozent niedriger sind als im Westen und die Lohnspreizung typischerweise mit dem Lohnniveau ansteigt. Zum anderen fällt die Trendumkehr nach 2010 im Osten deutlich stärker aus als im Westen. So sinkt etwa die 50-10-Lohnlücke 2017 mit 0,50 auf den Wert von 1998 ab.

Veränderungen im Arbeitsangebot

Da Löhne nur für Beschäftigte gemessen werden, können hohe Zuwächse oder Abgänge aus Beschäftigung einen großen Einfluss auf die beobachtete Lohnungleichheit in Abbildung 1 haben. Ein Rückgang in der Beschäftigung reduziert etwa die Ungleichheit am unteren Rand, wenn die ausgeschiedenen beschäftigten Personen vornehmlich niedrige Löhne verdient haben.

Gerade in Ostdeutschland kam es unmittelbar nach der Wiedervereinigung zu einem starken Rückgang in der Beschäftigung wie auch der Bevölkerung insgesamt. Vor allem durch Abwanderung in den Westen hat Ostdeutschland zwischen 1991 und 2010 etwa 10 % seiner Bevölkerung verloren. Die Beschäftigung in Ostdeutschland ging sogar zwischen 1991 und 2004 um fast 20 % zurück, da viele Arbeitsplätze und Betriebe im Zuge der Transformation verloren gingen. Gleichzeitig stagnierte die Beschäftigung im Westen, während die Bevölkerung um fast 5 % anstieg. Seit 2004 ist eine deutliche Umkehrung dieses Trends zu beobachten. Sowohl in Ost- als auch in Westdeutschland ist die Beschäftigung seither stark gestiegen. Bereits 2009 hatte die Beschäftigung in Ostdeutschland wieder 90 % ihres Niveaus von 1991 erreicht

Abb. 1: Lohnungleichheit in Ost- und Westdeutschland

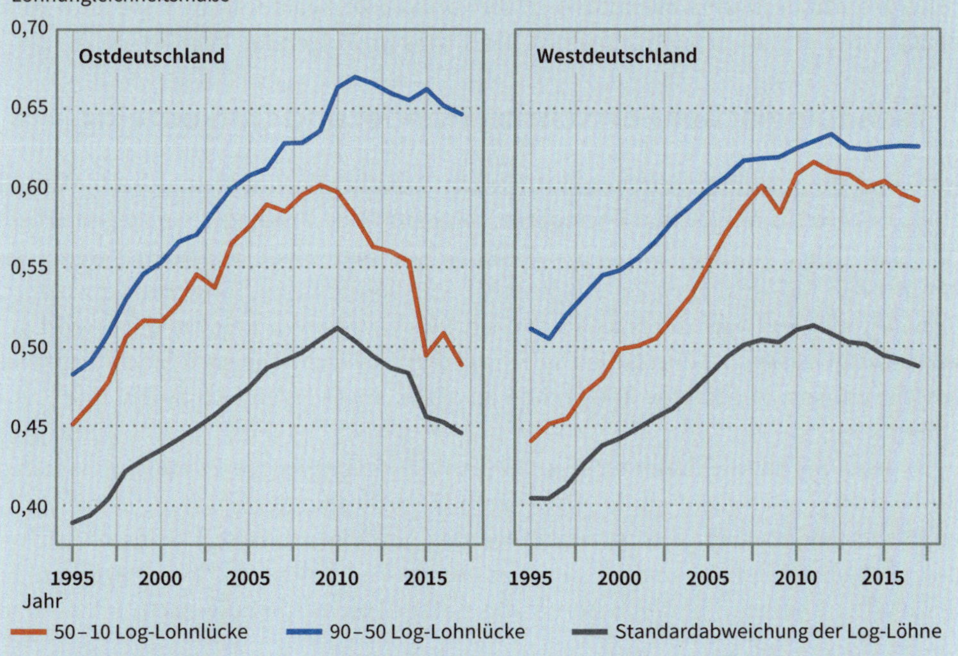

Quelle: Eduard Bruell and Christina Gathmann (2023): Evolution of the East German Wage Structure. Working Paper. LISER

und verläuft seitdem parallel zur Bevölkerungsentwicklung. In Westdeutschland war die Trendwende, die vielfach als die Verwandlung vom „kranken Mann Europas zum deutschen Arbeitsmarktwunder" tituliert wurde, sogar noch deutlicher: Die Beschäftigung lag 2019 um 20 % höher als 1991.

Analysen von Personen, die den Arbeitsmarkt vor 2004 verlassen haben, zeigen, dass diese im Durchschnitt Löhne zwischen dem 10. Perzentil und dem Median bezogen. Ebenso liegt der durchschnittliche Lohn eines neu im Arbeitsmarkt Beschäftigten nach 2004 zwischen dem 10. und 50. Perzentil der Lohnverteilung (Brüll und Gathmann, 2023). Berücksichtigt man diese Abgänger und Neueinsteiger im Arbeitsmarkt mit geschätzten Löhnen[2] in der Lohnverteilung, so zeigt sich, dass die beobachteten Beschäftigungsveränderungen nur einen geringen Einfluss auf die Ungleichheit im oberen Bereich der Verteilung hatten, die Ungleichheit im unteren Bereich der Verteilung geringer ausgefallen wäre. Verschiebungen in der Anzahl der beschäftigten Personen haben aber insgesamt nur einen geringen Einfluss auf die Lohnungleichheit in Deutschland gehabt.

Welche Faktoren beeinflussen die Lohnungleichheit?

Die Lohnungleichheit in Deutschland wird maßgeblich durch Veränderungen in der Arbeitsnachfrage, aber auch durch die abnehmende Tarifbindung und die Einführung des Mindestlohns beeinflusst. Dabei wirken die Faktoren in Ost- und Westdeutschland durchaus unterschiedlich. Dies wird im Folgenden kurz erläutert.

Technologischer Fortschritt, Handel und Outsourcing

Jobs und die dabei verrichteten Tätigkeiten unterliegen einem ständigen Wandel, etwa durch **technologischen Fortschritt**, der ganz neue Produktionsprozesse erlaubt oder aber den Arbeitskräften neue Hilfsmittel zur Seite stellt. So haben etwa die zunehmenden Möglichkeiten zur Automatisierung von Routine-Tätigkeiten etwa durch Roboter oder Software die Nachfrage nach Beschäftigten mit einem mittleren Lohn verringert. Dagegen ist durch die Digitalisierung die Nachfrage nach Hochqualifizierten, die zumeist analytische Tätigkeiten ausüben, angestiegen (Acemoglu und Autor 2011).

In den USA hat die durch technischen Fortschritt gestiegene Produktivität zudem die Nachfrage nach nicht-automatisierbaren Dienstleistungen, die zumeist von gering qualifizierten Beschäftigten verrichtet werden, ansteigen lassen. Daraus hat sich in den USA eine Polarisierung der Beschäftigungs- und Lohnentwicklung ergeben, bei der niedrig und hoch bezahlte Berufe ein starkes Wachstum aufweisen, während sie

[2] Geschätzte Löhne bedeutet, dass man z. B. Personen, die den Arbeitsmarkt verlassen, den Lohn aus ihrem letzten Job für die Jahre nach dem Ausscheiden aus dem Arbeitsmarkt zuweist.

in Berufen mit mittleren Gehältern zurückgehen. Im Gegensatz zu den USA lässt sich für Deutschland lediglich eine verstärkte Arbeitsnachfrage in hochqualifizierten Berufen feststellen, was vor allem für den Anstieg der Ungleichheit im oberen Teil der Lohnverteilung eine Rolle spielt (Dustmann, Ludsteck und Schönberg 2009).

Zusätzlich gab es in Ostdeutschland auch bis in die 2000er Jahre starke Veränderungen in der Industriestruktur. Der im Vergleich zum Westen sehr große Bausektor ist stark geschrumpft, während die Beschäftigung im Dienstleistungssektor deutlich angestiegen ist. Diese Verschiebungen in der Beschäftigtenstruktur haben besonders im oberen Bereich der Lohnverteilung zu einem Anstieg der Ungleichheit beigetragen.

Eine entscheidende Rolle für die Entwicklung der Lohnungleichheit in Deutschland kommt den Betrieben zu (Card, Heining und Kline 2013). Sowohl in West- wie auch Ostdeutschland bezahlen Betriebe ihre Belegschaft zunehmend unterschiedlich. Zum einen sortieren sich produktive Personen vermehrt in besonders produktive Betriebe, was einen Teil der betriebsspezifischen Lohnunterschiede und des damit verbundenen Anstiegs der Lohnungleichheit erklärt. Zum anderen sind betriebsspezifische Lohnunterschiede auch zwischen ähnlichen Beschäftigten etwa durch **Handel** und Outsourcing gestiegen. Es ist seit Langem bekannt, dass exportierende Betriebe höhere Löhne zahlen. Eine systematische Analyse zeigt, dass die Lohnprämien in exportierenden Firmen über die Zeit zugenommen haben: Waren es 1998 noch ca. 11 %, so sind es 2017 16 % (Schoof, Petersen und Felbermayr 2015). Gleichzeitig erhöht die steigende internationale Verflechtung aber auch den Wettbewerbsdruck durch Importe, die zu Lohnsenkungen in den betroffenen Branchen und Betrieben führen. Insgesamt zeigt sich, dass sich die Lohnverluste durch Importe und Lohngewinne durch Exporte im unteren und oberen Bereich der Lohnverteilung ähnlich auswirken. Daher tragen Handelsströme in Westdeutschland etwas zum Anstieg der Lohnungleichheit bei, in Ostdeutschland aufgrund des kleineren Exportsektors aber nur wenig (Brüll und Gathmann 2023).

Ein weiterer mit dem Handel verbundener Faktor ist das **Outsourcing** von Dienstleistungstätigkeiten. Ausgelagerte Arbeitsplätze zahlen im Vergleich zu ähnlichen Arbeitsplätzen, die nicht ausgelagert wurden, um etwa 10 – 15 % geringere Löhne (Goldschmied und Schmieder 2017). Die durch Auslagerung verursachten Lohnverluste von Reinigungs-, Sicherheits- und Logistikdienstleistungen sind in Westdeutschland für etwa 9 % des Anstiegs der Lohnungleichheit vor 2010 verantwortlich – vor allem im unteren Teil der Lohnverteilung.

Tarifbindung und Mindestlohn

Auch die institutionelle Gestaltung der Arbeitsmärkte spielt für die Entwicklung der Lohnungleichheit eine maßgebliche Rolle. Ein Faktor, der hier ins Auge springt, ist der Rückgang der **Tarifbindung**, der zwischen 1995 und 2005 besonders in Ostdeutschland stark ausgeprägt war.

Um den Einfluss der Tarifbindung zu untersuchen, wird die tatsächliche Lohnverteilung in Ost- und Westdeutschland mit einer alternativen Lohnverteilung verglichen, die die Tarifbindung auf die Werte von 1995 festschreibt (Di Nardo, Fortin und Lemieux 1996). Da Betriebe mit Tarifbindung typischerweise für einfachere Tätigkeiten höhere Löhne zahlen als Betriebe ohne Tarifbindung, verringert Tarifbindung tendenziell die Ungleichheit.

Der Rückgang der Tarifbindung hat in Westdeutschland erheblich zum Anstieg der Lohnungleichheit am unteren Rand beigetragen. Dies ist in Ostdeutschland jedoch nicht der Fall. Der Vergleich zeigt, dass der Rückgang der Tarifbindung zum Anstieg der Lohnungleichheit am unteren Ende der Verteilung in Westdeutschland in den 1990ern und frühen 2000ern beiträgt, aber kaum einen Einfluss auf die ostdeutschen Löhne am unteren Ende der Verteilung hatte. Dieses für Ostdeutschland überraschende Ergebnis lässt sich dadurch erklären, dass die Tarifbindung am unteren Ende der ostdeutschen Lohnverteilung, wo die meisten Beschäftigten im Dienstleistungssektor tätig sind, bereits zu Beginn des Beobachtungszeitraums deutlich geringer war als in Westdeutschland. Somit war der Spielraum für eine Wirkung des Rückgangs der Tarifbindung dort ohnehin gering (Brüll und Gathmann 2023).

Zum anderen wurden zwischen 2008 und 2014 in mehreren großen Branchen wie Leiharbeit, Sicherheitsdiensten oder Krankenpflege tarifliche Mindestlöhne festgelegt, gefolgt von der Einführung eines allgemeinen gesetzlichen **Mindestlohns** im Jahr 2015. Die Mindestlöhne haben vor allem in Ostdeutschland zu einem deutlichen Rückgang der Lohnungleichheit am unteren Rand beigetragen (Brüll und Gathmann, 2023).

Nach der Einführung des Mindestlohns 2015 zeigt sich eine erhebliche Verschiebung der Lohnverteilungen von Vollzeitbeschäftigten in Ost- und Westdeutschland. Die Lohnverteilungen in Abbildung 2 bilden Monatsbruttolöhne bis 3.000 € in 2014 (blaue Linie) und 2015 (rote Linie) ab. Der zu erwartende Mindestlohn bei Vollzeitarbeit von 1.440 € (8,50 € mal 39 Wochenstunden mal 4,345 Wochen pro Monat) ist in der Abbildung als gestrichelte schwarze Linie gekennzeichnet.

Die Lohnverteilungen in Ost und West zeigen 2015 eine deutliche Verringerung der Häufigkeit von Löhnen unterhalb des Mindestlohnes und einen deutlichen Anstieg der Häufigkeit von Löhnen direkt über dem Mindestlohn gegenüber 2014. Diese Verschiebung ging in einer Zeit mit einer hohen Arbeitsnachfrage ohne nennenswerte Arbeitsplatzverluste einher. Die Verschiebungen sind dabei in Ostdeutschland besonders ausgeprägt, was erklärt, warum die 50-10-Lohndifferenz in Ostdeutschland in Abbildung 1 deutlich stärker zurückgeht als in Westdeutschland.

Die Dynamik der Lohnungleichheit über die Zeit hat also sehr unterschiedliche Ursachen, die oben und unten in der Lohnverteilung unterschiedlich wirken. Mindestlohn, Tarifbindung und Outsourcing beeinflussen vor allem die Lohnungleichheit im unteren Bereich, während technologischer Wandel und betrieblicher Erfolg die Ungleichheit am oberen Rand treiben.

Abb. 2: Verteilung der Bruttomonatslöhne in Ost- und Westdeutschland

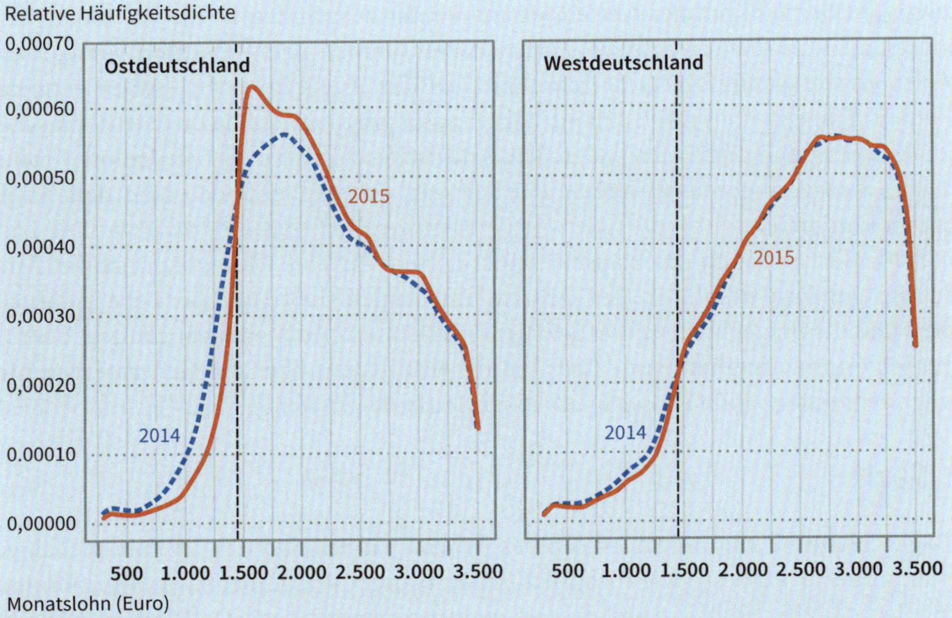

Quelle: Eduard Bruell and Christina Gathmann (2023): Evolution of the East German Wage Structure. Working Paper. LISER

Weitere Dimensionen von Ungleichheit

Lohnungleichheit unter Vollzeitbeschäftigten abstrahiert von anderen Formen der Ungleichheit, so etwa der Ungleichheit zwischen Vollzeitbeschäftigten und anderen Beschäftigungsformen, sei es Teilzeit, Minijobs, marginale oder saisonale Beschäftigung etc. Und während das Erwerbseinkommen die zentrale Einkommensquelle der Mehrheit aller Haushalte ist, tragen auch andere Einkommensarten zur Ungleichheit im Haushaltseinkommen bei. So zeigt sich etwa, dass seit 1995 die Ungleichheit von Kapitaleinkommen stark angestiegen ist, während die Ungleichheit in Renten abgenommen hat (Grabka 2021).

Betrachtet man die Ungleichheit der Haushaltseinkommen insgesamt, so fällt auf, dass die Markteinkommen der Haushalte vor Steuern und Transfers sehr viel ungleicher verteilt sind als das Haushaltsnettoeinkommen (Sachverständigenrat 2022).[3] Dies bedeutet, dass die staatliche Umverteilung durch den Fiskal- und Sozialstaat die Ungleichheit im Markteinkommen erheblich reduziert.

3 Um das Einkommen in Haushalten verschiedener Größe und Struktur vergleichbar zu machen, wird eine Gewichtung der Haushaltsmitglieder (unter Verwendung der angepassten OECD-Skala) vorgenommen.

Für das Haushaltseinkommen nach Berücksichtigung von Steuern und Transfers zeigt sich zwischen 1995 und 2018 ein moderater Anstieg, wobei der Anstieg im unteren Teil der Einkommensverteilung markanter ausgefallen ist als im oberen Teil. Insgesamt sind die verfügbaren Haushaltseinkommen aber weiterhin weniger ungleich verteilt als im OECD-Durchschnitt (OECD 2021). Im europäischen Vergleich ist die Ungleichheit in Deutschland stärker ausgeprägt als in einigen osteuropäischen (etwa Tschechien und Polen) oder skandinavischen Ländern (Schweden oder Dänemark), aber geringer als in Italien, der Schweiz, den Niederlanden oder dem Vereinigten Königreich.

Schließlich ist auch das Haushaltseinkommen nur eine Momentaufnahme. Mindestens genauso wichtig in der Debatte um Ungleichheit sind das Lebenseinkommen und die Frage, inwieweit es soziale Mobilität und Aufstiegschancen gibt oder ob die Einkommensverhältnisse – über die Lebenszeit und über die Generationen hinweg – zementiert sind (Wissenschaftlicher Beirat des BMF 2017).

Fazit

Ungleichheit(en) im und außerhalb des Arbeitsmarktes sind das Ergebnis vielfältiger ökonomischer Prozesse wie technologischer Wandel und Globalisierung, aber auch gesellschaftlicher Einflüsse wie etwa Wanderungsbewegungen. Staatliches Handeln hat einen erheblichen Einfluss auf Ungleichheit weit über direkte arbeitsmarktpolitische Maßnahmen wie den Mindestlohn, die Steuer- und Abgabenpolitik oder die Ausgestaltung des Sozialstaates hinaus. Schon heute sorgt Umverteilung durch Steuern und Transfers dafür, dass die Einkommensungleichheit in den Haushaltsnettoeinkommen in Deutschland sehr viel geringer ist als in den Haushaltseinkommen vor Steuern und Transfers – womit Deutschland unter dem OECD-Durchschnitt und auch in Europa im Mittelfeld liegt.

Weiterführende Literatur

Acemoglu, Daron und David Autor (2011), Skills, Tasks, and Technologies: Implications for Employment and Earnings, in Orley Ashenfelter and David Card (Hrsg.), *Handbook of Labor Economics*, Vol. 4B: Elsevier, North Holland, S. 1043 – 1171.

Eduard Brüll and Christina Gathmann (2023): Evolution of the East German Wage Structure. *Working Paper*. LISER

Card, David, Jörg Heining, and Patrick Kline (2013), Workplace Heterogeneity and the Rise of German Wage Inequality, *Quarterly Journal of Economics*, Vol. 128, S. 967 – 1015.

DiNardo, John, Nicole M Fortin, and Thomas Lemieux (1996), Labor Market Institutions and the Distribution of Wages, 1973 – 1992: A Semiparametric Approach, *Econometrica*, Vol. 64, S. 1001 – 1044.

Dustmann, Christian, Johannes Ludsteck, and Uta Schönberg (2009), Revisiting the German Wage Structure, *Quarterly Journal of Economics*, Vol. 124, S. 843 – 81.

Goldschmidt, Deborah und Johannes Schmieder (2017), The Rise of Domestic Outsourcing and The Evolution of the German Wage Structure, *Quarterly Journal of Economics*, Vol. 132, S. 1165 – 1217.

Grabka, Markus M. (2021), Ungleichheit der Haushaltsnettoeinkommen – Trends, Treiber, Politikmaßnahmen, *Wirtschaftsdienst*, Zeitgespräch, 101. Jahrgang, Heft 7, S. 508 – 515.

Organisation for Economic Cooperation and Development (OECD) (2022), „Earnings: Gross earnings: decile ratios“, *OECD Employment and Labour Market Statistics* (database), *https://doi.org/10.1787/data-00302-en*, Letzter Zugriff 7. November 2022.

Organisation for Economic Cooperation and Development (OECD) (2021), Income Inequality (indicator). doi: *10.1787/459aa7f1-en*. Letzter Zugriff am 7. November 2022.

Sachverständigenrat zur Begutachtung der gesamtwirtschaftlichen Entwicklung (2022), Transformation gestalten: Bildung, Digitalisierung und Nachhaltigkeit, Jahresgutachten 2021/22, *https://www.sachverstaendigenrat-wirtschaft.de/jahresgutachten-2021.html*.

Schoof, Ulrich, Thiess Petersen und Gabriel Felbermayr (2015), Lohnungleichheit in Deutschland – welche Rolle spielt der Handel? Policy Brief 2015 – 03, Zukunft Soziale Marktwirtschaft, Bertelsmann Stiftung.

Wissenschaftlicher Beirat des Bundesministeriums der Finanzen (2017), Einkommensungleichheit und soziale Mobilität, Gutachten des Wissenschaftlichen Beirats im Bundesministerium für Finanzen, Berlin.

Dr. Eduard Brüll ist Advanced Researcher am ZEW – Leibniz-Zentrum für Europäische Wirtschaftsforschung in Mannheim, spezialisiert auf die empirische Arbeitsmarktökonomie und die angewandte Mikroökonometrie. Zuvor promovierte er an der Universität Heidelberg. Seine Forschungsinteressen konzentrieren sich auf Arbeitsmarktinstitutionen und die Dynamiken regionaler Arbeitsmärkte.

Christina Gathmann ist Leiterin der Arbeitsmarktabteilung am Luxembourg Institute of Socio-Economic Research (LISER) und Professorin an der Universität Luxemburg. Sie ist außerdem Mitglied bei CEPR, CESifo, IZA und ZEW. Vorherige Stationen waren die Universitäten von Chicago, Stanford, Mannheim und Heidelberg.

Nicola Fuchs-Schündeln

„Warum sind Löhne und Einkommen immer noch vom Geschlecht abhängig?“

Zusammenfassung

Das durchschnittliche Bruttomonatseinkommen von Frauen in Deutschland beträgt 2.935 Euro, das von Männern 4.102 Euro (Werte vom Statistischen Bundesamt für das Jahr 2021). Damit verdienen Frauen in Deutschland 28 % weniger als Männer. Ein wichtiger Grund dafür ist, dass ein großer Anteil von Frauen in Teilzeit arbeitet, Männer dagegen weit überwiegend in Vollzeit. Aber selbst der durchschnittliche Stundenlohn von Frauen liegt 18 % unter demjenigen von Männern. Damit steht Deutschland im internationalen Vergleich schlecht da: Im EU-Durchschnitt liegt die Lohnlücke bei 13 %. Die Ursachen für die Lohnlücke sind vielfältig und reichen von Steueranreizen über Kinderbetreuung bis hin zu Normen und impliziten Verzerrungen.

Schlüsselbegriffe:
- Arbeitsstunden
- Ehegattensplitting
- Berufswahl
- Normen

Motivation

Die Bruttoarbeitseinkommen von Frauen liegen in Deutschland 28 % unter denjenigen der Männer (Statistisches Bundesamt). Da ein Großteil der Bevölkerung verheiratet ist, sagt das nicht unbedingt etwas über den Lebensstandard von Frauen aus. Allerdings spielt das relative Einkommen auch in der Ehe eine Rolle, nämlich bei Verhandlungen und Konflikten unter Ehepartnern. Zudem wachsen 14 % der Kinder in Deutschland bei alleinerziehenden Müttern auf. Für ihr Wohlergehen spielt daher das Einkommen der Mütter eine sehr große Rolle. Die Einkommenslücke ist ein internationales Phänomen, die meisten Gründe sind daher universell. Allerdings gibt es starke Unterschiede bei der Ausprägung der Effekte zwischen den Ländern, und in Deutschland sind die Effekte besonders groß. Woran also liegt es, dass Frauen immer noch weniger verdienen als Männer? Und warum steht Deutschland im internationalen Vergleich so schlecht da?

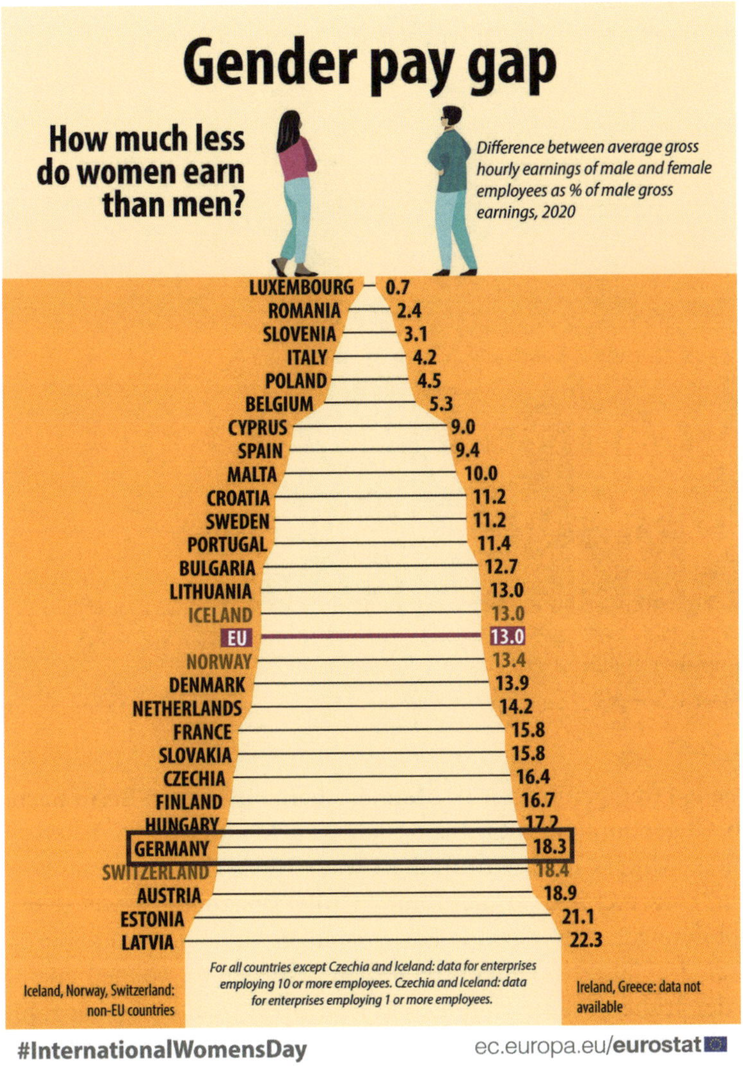

Die Rolle der Arbeitsstunden

Monatliche Arbeitseinkommen setzen sich zusammen aus Arbeitsstunden und Stundenlöhnen. Ein wichtiger Grund für die niedrigen Arbeitseinkommen von Frauen in Deutschland ist, dass sie weniger arbeiten als Männer. Vollzeit arbeitende Frauen sind nach wie vor in der Minderheit. Die durchschnittlichen wöchentlichen Arbeitsstunden liegen für Männer bei 39,8 Stunden, für Frauen bei nur 31,3 Stunden (alle Statistiken zum Arbeitsverhalten beziehen sich auf die 25- bis 54-jährige Bevölkerung). Mehr als 10 % der berufstätigen Frauen arbeiten weniger als 15 Stunden wöchentlich, und lediglich ein Drittel 40 Stunden oder mehr (siehe Abbildung 1).

Abb. 1: Häufigkeitsverteilung der Wochenarbeitszeit von Frauen

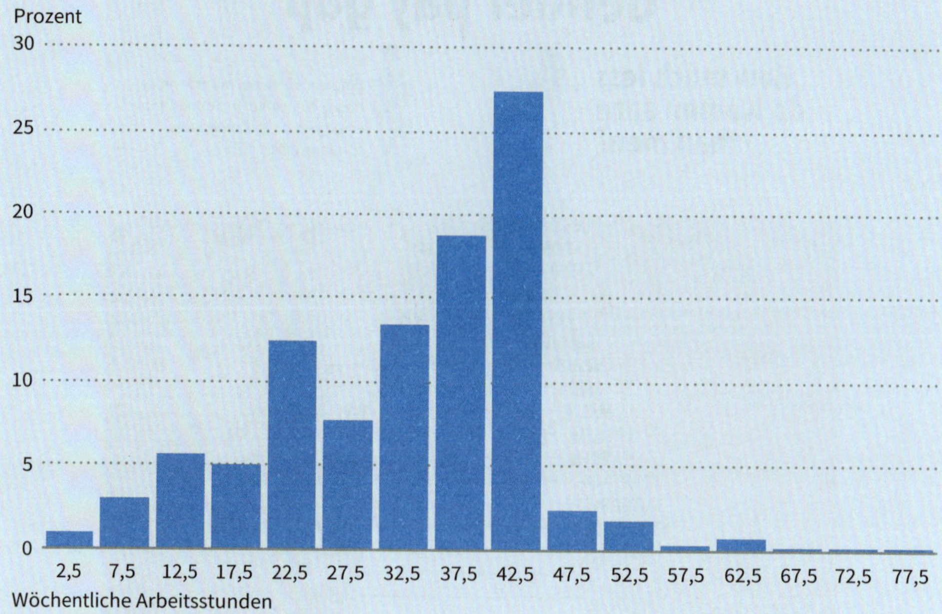

Quelle: European Labor Force Survey, Frauen im Alter von 25 bis 54, 2019, eigene Berechnungen.

Zudem gehen weniger Frauen als Männer überhaupt einem Beruf nach: So beträgt die Erwerbstätigenquote der 25- bis 54-jährigen Männer 89 %, diejenige der Frauen 81%. Dieser Unterschied wird in die Unterschiede der Arbeitseinkommen noch nicht einmal eingerechnet, da diese nur für die arbeitende Bevölkerung berechnet werden. Abbildung 2 zeigt, dass die Erwerbstätigenquote der Frauen in Deutschland in den letzten drei Jahrzehnten kontinuierlich gestiegen ist, von lediglich etwas mehr als 50 % in den frühen 1980er Jahren zu 81 % in 2019. Deutschland liegt hier im internationalen Vergleich inzwischen sogar mit an der Spitze. Allerdings sind die Arbeitsstunden pro erwerbstätiger Frau im gleichen Zeitraum stark gesunken: Der Anstieg der Erwerbstätigenquote ging einher mit einem Anstieg der Teilzeitarbeit. Zwar steigen die Arbeitsstunden pro erwerbstätiger Frau seit den späten 2000er Jahren wieder leicht an, liegen aber immer noch vier Stunden unter dem Wert der frühen 1980er Jahre und sind im internationalen Vergleich niedrig.

Jeder Mensch kann im Prinzip selbst entscheiden, ob er oder sie arbeiten möchte und wie viele Arbeitsstunden er oder sie arbeiten möchte. In Deutschland gibt es seit 2001 das Recht auf Teilzeitarbeit, und seit 2019 auch das Recht auf Rückkehr in Vollzeit, um die sogenannte „Teilzeitfalle" zu verhindern. Natürlich gibt es Jahre und Berufe, in denen es schwierig ist, eine (Vollzeit-)Stelle zu finden; dennoch betrachten Ökonominnen und Ökonomen die Wahl der Arbeitsstunden in erster Linie als eine

Wahl der Arbeitnehmer/-innen. Wenn Frauen weniger Stunden als Männer arbeiten wollen, so ist das ihr gutes Recht.

Allerdings sehen sich Frauen erstens spezifischen Einschränkungen bei der Wahl der Arbeitsstunden gegenüber, zweitens setzt der Staat durch die Besteuerung Anreize für Zweitverdiener, wenig zu arbeiten. Zum ersten Punkt: Der Hauptgrund für die niedrigen Arbeitsstunden von Frauen ist die Mutterschaft. So arbeiten 79 % der kinderlosen berufstätigen Frauen zwischen 25 und 39 Jahren in Vollzeit, aber nur 35 % der berufstätigen Mütter. Kleven et al. (2019) zeigen, dass Mütter in Deutschland zehn Jahre nach der Geburt des ersten Kindes 61 % weniger verdienen als im Jahr vor der Geburt des ersten Kindes. Auch in anderen Ländern hat die Mutterschaft einen Effekt auf das Einkommen, aber keinen so großen: So verdienen britische Mütter zehn Jahre nach der Geburt des ersten Kindes 44 % weniger als im Jahr vor der Geburt, und schwedische Mütter 26 % weniger. Die sogenannte „motherhood penalty“ ist also in Deutschland besonders groß. Ein Grund dafür liegt in der Kinderbetreuung, die in Deutschland erst seit den späten 2000er Jahren verstärkt ausgebaut wurde und wird. Kleven et al. (2019) zeigen aber auch, dass die „motherhood penalty“ stark mit sozialen Normen korreliert: Sie ist besonders in solchen Ländern hoch,

Abb. 2: Erwerbstätigenquote und wöchentliche Arbeitsstunden von Frauen im Zeitverlauf

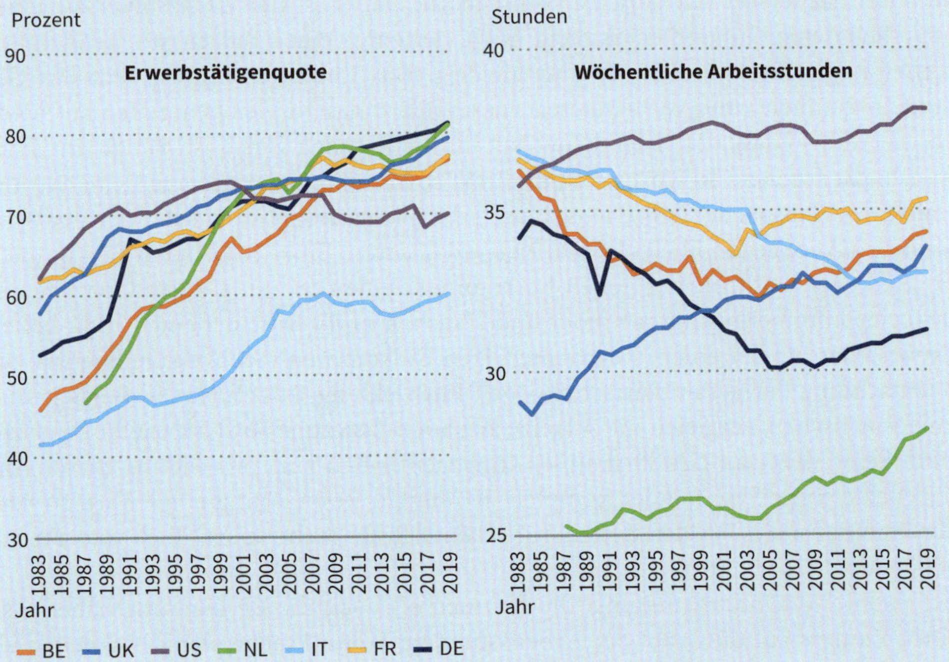

Quelle: European Labor Force Survey und CPS, Frauen im Alter von 25 bis 54, eigene Berechnungen.

in denen ein Großteil der Bevölkerung angibt, dass Mütter mit Kindern im Schulalter oder jünger besser zuhause bleiben sollten, anstatt einer Erwerbstätigkeit nachzugehen. Diese Normen sind in Deutschland noch recht konservativ: So gibt es interessanterweise im Deutschen keinen Begriff für „motherhood penalty", im Englischen aber keinen für „Rabenmutter".

Zum zweiten Punkt: Etwas mehr als die Hälfte der Bevölkerung im Arbeitsalter ist verheiratet. Im Gegensatz zu vielen anderen Ländern behandelt Deutschland Ehegatten in der Besteuerung als eine Einheit: Ein Ehepaar, dessen Gesamteinkommen zur Hälfte von beiden Partnern erwirtschaftet wird, zahlt die gleichen Steuern wie ein Ehepaar mit dem gleichen Einkommen, das vollständig vom Mann erbracht wird, während die Frau nicht arbeitet (natürlich ist das theoretisch auch andersrum der Fall, kommt aber in der Praxis selten vor, daher ist im Folgenden immer von dem Erstverdiener und der Zweitverdienerin die Rede). Das sogenannte Ehegattensplitting bringt einen Ehe-Bonus mit sich, da sich die Steuern von zwei Partnern nach der Hochzeit in der Regel verringern. Aus der Perspektive der einzelnen Partner setzt es darüber hinaus starke Anreizeffekte: Der Erstverdiener sieht sich nun einem geringeren „Grenzsteuersatz" als vor der Hochzeit gegenüber, die Zweitverdienerin aber einem höheren. Der Grenzsteuersatz ist der Steuersatz, mit dem ein zusätzlich verdienter Euro besteuert wird, und daher ausschlaggebend bei der Entscheidung, mehr zu arbeiten. Im deutschen progressiven Steuersystem steigt der Grenzsteuersatz mit dem Einkommen an: Daher ist der Grenzsteuersatz eines unverheirateten Gutverdieners recht hoch, derjenige einer Teilzeit arbeitenden unverheirateten Zweitverdienerin eher niedrig. Das Ehegattensplitting teilt das Gesamteinkommen eines verheirateten Paares allerdings zu gleichen Teilen auf beide Partner auf, so dass der Grenzsteuersatz für beide genau gleich ist. Fängt eine Ehefrau an, zu arbeiten, so wird sie dann direkt so besteuert, als verdiene sie bereits die Hälfte des Haushaltseinkommens. Durch das Ehegattensplitting setzt der deutsche Staat also Anreize für Eheleute, sich zu spezialisieren: Einer erwirbt ein Einkommen im Markt und hat trotz des hohen Einkommens einen recht niedrigen Grenzsteuersatz, eine kümmert sich um Kinder und Haushalt und vermeidet einen recht hohen Grenzsteuersatz bei einem relativ niedrigen Einkommen (Sachverständigenrat zur Begutachtung der gesamtwirtschaftlichen Entwicklung, 2013). Nur in Belgien sind im europäischen Vergleich die Anreize zur Spezialisierung so stark wie in Deutschland. Schweden und Großbritannien hingegen haben zur Vermeidung dieser Anreizeffekte sogar Systeme der komplett getrennten Besteuerung eingeführt, so dass der Familienstand bei der Besteuerung keine Rolle mehr spielt (Bick und Fuchs-Schündeln, 2017).

Sowohl die Kinderbetreuung, die Normen als auch die Besteuerung haben also einen Einfluss auf die Wahl der Arbeitsstunden. Wenn Frauen weniger arbeiten als Männer, entspricht das daher nicht unbedingt ihren Präferenzen, sondern diese Wahl wird durch die gesellschaftlichen Rahmenbedingungen erheblich beeinflusst.

Unterschiedliche Stundenlöhne

Neben den Arbeitsstunden spielen aber auch die Stundenlöhne eine Rolle für die Lohnlücke der Geschlechter: Auch Vollzeit arbeitende Frauen verdienen immer noch 13 % weniger als Vollzeit arbeitende Männer (Statistisches Bundesamt). Woran liegt das? Ein wichtiger Grund dafür ist die Berufswahl: Frauen finden sich häufiger in Berufen wieder, die relativ gering bezahlt werden. Das war in der Vergangenheit zum Teil auch dadurch zu erklären, dass weniger Frauen einen Hochschulabschluss aufweisen konnten. Aber selbst innerhalb der Lehrberufe oder innerhalb der akademischen Berufe ist das Durchschnittseinkommen in typischen „Frauenberufen“, die eher im sozialen Bereich oder Servicesektor angesiedelt sind, niedriger als in typischen „Männerberufen“. Das ist ein Grund für Initiativen, mehr Frauen für typisch männliche Berufe zu gewinnen, zum Beispiel im MINT-Bereich (Mathematik, Informatik, Naturwissenschaften, Technik).

Die ökonomische Theorie hat einige Erklärungen dafür, warum die Bezahlung in verschiedenen Berufen unterschiedlich ist. Dass ein höherer Frauenanteil in männlichen Berufen tatsächlich die Durchschnittseinkommen der Frauen erhöhen wird, stellt allerdings ein Befund in Frage, der in verschiedenen Ländern dokumentiert wurde: Wenn der Frauenanteil in einem Beruf wächst, sinkt der relative Lohn in dem Beruf sowohl für Männer als auch für Frauen (Levanon et al., 2009). Die soziologische Literatur spricht hier von einer „Abwertung“ von Berufen: Weibliche Tätigkeiten werden von der Gesellschaft weniger geschätzt als männliche, diese gesellschaftliche Wertschätzung überträgt sich auf die Löhne, und daher sinken die Löhne, wenn der Frauenanteil in einem Beruf steigt. Inzwischen gibt es erste Evidenz für kausale Zusammenhänge in diese Richtung. Dies würde den Effekt eines steigenden weiblichen Anteils in männlich geprägten Berufen auf die Lohnlücke abschwächen.

Neben der Berufswahl hat auch die Wahl der Arbeitsstunden einen Einfluss auf die Stundenlöhne: Teilzeit-Beschäftigte verdienen nicht nur deswegen weniger, weil sie weniger Stunden arbeiten, sondern auch, weil sie pro Stunde geringer entlohnt werden. Ein Grund dafür könnten zum Beispiel Fixkosten eines Arbeitsplatzes für Arbeitgeber sein: Werden diese Kosten teilweise auf die Angestellten übertragen, so führt das zu niedrigeren Stundenlöhnen für Teilzeit-Beschäftigte. Ein anderer Grund liegt darin, dass es schwierig ist, in Teilzeit befördert zu werden. Daher ist die Geschlechterlohnlücke der Stundenlöhne auch größer als die Geschlechterlohnlücke der Vollzeitbeschäftigten: Die Stundenlöhne von Frauen liegen in Deutschland im Jahr 2021 18 % unter denjenigen von Männern, im Vergleich zu 13 % niedrigeren Vollzeitverdiensten (Statistisches Bundesamt).

Aber selbst wenn man Frauen und Männer gleichen Alters, gleicher Ausbildung, im gleichen Beruf, mit gleichen Arbeitsstunden und mit gleicher Berufserfahrung vergleicht, bleibt eine Lohnlücke zwischen den Geschlechtern bestehen. Diese beträgt in Deutschland 6 % (Statistisches Bundesamt, für das Jahr 2018).

Weibliche Karrierehindernisse

Was könnte diese verbleibenden Unterschiede erklären? Oder anders ausgedrückt: Warum machen Frauen immer noch seltener Karriere als Männer? Verschiedene Gründe spielen dafür eine Rolle.

Erstens scheuen sich Frauen mehr als Männer, in Wettbewerb zu treten (Niederle und Vesterlund, 2007). Eine Karriere erfordert es aber immer wieder, sich dem Wettbewerb mit anderen auszusetzen. So zeigen zum Beispiel Hospido et al. (2022), dass Frauen sich bei gleicher Qualifikation weniger um Beförderungen bewerben; vielleicht werden sie allerdings auch weniger aufgefordert, den nächsten Karriereschritt zu gehen.

Zweitens treten Frauen in Gehaltsverhandlungen weniger fordernd auf als Männer. Ihre Gehaltsforderungen liegen bei gleicher Qualifikation im Durchschnitt unter denen von Männern (Babcock und Lascheler, 2007). Allerdings lässt sich dieses Problem nicht alleine dadurch lösen, dass man Frauen zu höheren Gehaltsforderungen coacht: Selbstbewusst auftretende Frauen werden in Gehaltsverhandlungen oft als arrogant empfunden, im Gegensatz zu Männern, und das wiederum kann sich negativ auf das Gehalt auswirken (Bowles et al., 2007).

Dies ist nur ein Beispiel von vielen dafür, wie – drittens – implizite Verzerrungen („implicit biases") eine Rolle dabei spielen, wie Frauen wahrgenommen und gefördert werden. So gibt es Evidenz dafür, dass die Leistungen von Frauen systematisch weniger wertgeschätzt werden, unabhängig davon, ob sie alleine oder in Teams mit Männern arbeiten. Dies schlägt sich dann im Endeffekt im Karriereerfolg nieder (Sarsons et al., 2021).

All diese (und weitere ähnliche) Gründe lassen sich vielleicht so zusammenfassen, dass Normen eine wichtige Rolle spielen, sowohl für die Ausprägung männlichen und weiblichen Verhaltens als auch für die unterschiedliche Entlohnung des gleichen Verhaltens. Normen sind Handlungsvorschriften, die der Orientierung dienen und das Miteinander regeln. Sie vereinfachen also durchaus das Leben. Allerdings können sie auch zu Ungerechtigkeiten führen. Frauen, die Karriere machen, insbesondere in männlich dominierten Berufen, brechen mit dem Normalfall, was als befremdlich wahrgenommen werden kann. Das Brechen von Normen ist auch mit ganz konkreten Kosten verbunden: Für verheiratete Frauen steigt die Scheidungswahrscheinlichkeit nach einem Karriereschritt, für Männer ist das nicht der Fall (Folcke und Rickne, 2020). Es scheint, dass diese Kosten und auch die geringeren Erträge im Falle einer Karriere Frauen bewusst sind, und sie daher ihr Verhalten von vornherein anpassen. So geben zum Beispiel unverheiratete Studentinnen weniger berufliche Einsatzbereitschaft an, wenn ihre männlichen Kommilitonen davon erfahren, als wenn sie anonym dazu befragt werden (Bursztyn et al., 2017). Und wenn verheiratete Frauen mehr verdienen als ihr Mann, stellen sie in anderen Bereichen sicher, dass sie dem weiblichen Stereotyp entsprechen, und erhöhen zum Beispiel ihren Arbeitseinsatz im Haushalt (Lippmann et al., 2020).

Alle diese aufgeführten Faktoren sind für sich genommen kleine Hürden. Aber akkumuliert über den Lebenszyklus können sie eine große Wirkung entfalten und können der Grund dafür sein, warum sich weniger Frauen in höheren Karrierestufen wiederfinden.

Was soll's?

Ist es überhaupt erstrebenswert, dass Frauen und Männer gleich viel verdienen? Zwei Gründe sprechen dafür, dass wir uns nicht einfach mit der Geschlechterlohnlücke abfinden sollten.

Zum einen zeigt die oben aufgeführte Forschung, dass Entscheidungen, zum Beispiel bezüglich der Arbeitszeit oder der Bewerbung um den nächsten Karriereschritt, von Politikmaßnahmen und Normen beeinflusst werden. Auch wenn die Entscheidungen natürlich freiwillig sind, so werden sie also innerhalb der gesellschaftlichen Rahmenbedingungen getroffen. Aus Gleichheits- und Fairnessgründen sollten diese Rahmenbedingungen Frauen nicht benachteiligen.

Geringere Einkommen von Frauen führen nicht nur zu einem niedrigeren Lebensstandard von alleinstehenden Frauen; auch deren Kinder sind davon betroffen. In Deutschland wachsen 14 % der Kinder bei alleinstehenden Müttern auf. Selbst in der Ehe spielt das relative Gehalt eine Rolle, wenn Konflikte entstehen und informelle Verhandlungen stattfinden: Der „Drohpunkt“ in solchen Verhandlungen ist die Scheidung, und in der Regel steht die Frau im Falle der Scheidung finanziell deutlich schlechter da als der Mann. Daher kann sie auch ihre Bedürfnisse in der Ehe weniger gut durchsetzen.

Aber auch unter Ausblendung von Gleichstellungs- und Fairnessgründen sollte es uns nicht egal sein, wenn Frauen nicht im gleichen Maße Karriere machen können wie Männer. So führen Hsieh et al. (2019) ein Viertel des gesamten Wirtschaftswachstums der USA über die letzten sechs Jahrzehnte auf den gestiegenen Frauenanteil in allen Berufen zurück. In den 60er Jahren waren zum Beispiel nur 5 % aller US-amerikanischen Anwälte Frauen, inzwischen sind es circa die Hälfte. Anscheinend haben Frauen also das notwendige juristische Talent, konnten ihm aber früher nicht nachgehen. Dadurch ging der Wirtschaft Wachstum verloren, denn für Wachstum ist es essentiell, dass Menschen ihre Talente in die Wirtschaft und Gesellschaft einbringen können. Kurz gesagt nutzen wir das vorhandene Wissen und die Talente der Frauen nicht so aus, wie es der Fall sein könnte, was das Wirtschaftswachstum hemmt.

Schlussfolgerungen für die Politik

Die Gründe für die geringeren Einkommen von Frauen sind vielfältig. Einige können von der Politik beeinflusst werden. So könnten durch eine Reform des Steuersystems in Richtung Einzelbesteuerung von Ehepartnern die Anreize erhöht werden, dass Männer und Frauen zu gleicheren Teilen am Berufsleben teilnehmen. Auch der weitere Ausbau der Kinderbetreuung und die Verbesserung der Qualität der Betreuung würden sich positiv auf Mütter auswirken und es ihnen ermöglichen, im größeren Maße einer Karriere nachzugehen.

Die Änderung von Normen stellt eine kompliziertere Hürde dar. Normen verändern sich nur sehr langsam, aber natürlich verändern sie sich stetig. Zudem beeinflusst die Politik durch ihre Maßnahmen wie die Besteuerung oder das Angebot von Kinderbetreuung nicht nur die direkten finanziellen Anreize und Rahmenbedingungen für Arbeit, sondern auch die Normen (Gangl und Ziefle, 2015). Die staatlichen Regelungen zu Mutterschutz- und Elternzeiten zum Beispiel beeinflussen eben auch, was gesellschaftlich als „normal" und „erwünscht" angesehen wird, wenn es darum geht, wie lange Mütter sich exklusiv um ihre Kinder kümmern sollten. Ein weiterer Ausbau der Vätermonate hin zu gleicherer Beteiligung von Müttern und Vätern an der Kindererziehung wäre eine geeignete Maßnahme, die Normen zu Geschlechterrollen bei der Kindererziehung vs. Erwerbsarbeit zu verändern. Zudem haben familienpolitische Maßnahmen, die in erster Linie von Müttern wahrgenommen werden, den unbeabsichtigten negativen Nebeneffekt, dass Unternehmen bei jungen Frauen oft befürchten, dass diese in der Zukunft für eine gewisse Zeit aussetzen. Das verringert die Anreize von Unternehmen, junge Frauen zu fördern und ihre Karriere aktiv zu unterstützen. Wären die Elternmonate in gleichen Teilen von Müttern und Vätern zu nehmen, so hätten die Unternehmen bei jungen Männern die gleichen Erwartungen.

Unternehmen und auch der Staat als Arbeitgeber können einiges tun, um Einstellungs- und Beförderungsverfahren so aufzusetzen, dass implizite Verzerrungen bei diesen Entscheidungen möglichst keine Rolle spielen. Es ist wichtig, dies durch gezielte Änderungen in Verfahren zu erreichen, denn die Menschen sind sich dieser Verzerrungen in der Wahrnehmung von weiblichen und männlichen Leistungen ja nicht bewusst. Iris Bohnet nennt dies „Gender equality by design" (Bohnet, 2016).

Die Rahmenbedingungen der Arbeitswelt stammen oft aus einer Zeit, in der die Alleinverdiener-Ehe die Norm war. Größere Flexibilität bezüglich Arbeitszeiten erlaubt es Müttern eher, erfolgreich am Berufsleben teilzunehmen (Goldin und Katz, 2016). Die Zunahme von Heimarbeit könnte eine gute Nachricht für Frauen sein, da diese in der Regel weniger Zeit zur freien Verfügung haben und daher das Pendeln zum Arbeitsplatz minimieren möchten. Hier bleibt aber die Frage, ob die für eine Karriere nötigen Netzwerke sich auch in Heimarbeit aufbauen lassen.

Es gibt also nicht die eine Lösung für die Aufhebung oder zumindest Verringerung der Geschlechtereinkommenslücke. Aber die gute Nachricht ist, dass es viele mögliche Stellschrauben gibt, an denen wir als Gesellschaft drehen können.

Literatur

Babcock, L. and S. Laschever (2007): Women Don't Ask: The High Cost of Avoiding Negotiation – and Positive Strategies for Change, Publisher: Bantam.

Bick, A. and N. Fuchs-Schündeln (2017): Quantifying the Disincentive Effects of Joint Taxation on Married Women's Labor Supply, American Economic Review Papers and Proceedings, 107(5), 100 – 104.

Bohnet, I. (2016): What Works: Gender Equality by Design, Publisher: Harvard University Press.

Bowles, H. R., L. Babcock and L. Lai (2007): Social Incentives for Gender Differences in the Propensity to Initiate Negotiations: Sometimes It Does Hurt to Ask, Organizational Behavior and Human Decision Processes, 103(1), 84 – 103.

Bursztyn, L., T. Fujiwara and A. Pallais (2017): 'Acting Wife': Marriage Market Incentives and Labor Market Investments, American Economic Review, 107(11), 3288 – 3319.

Folke, O. and J. Rickne (2020): All the Single Ladies: Job Promotions and the Durability of Marriage, American Economic Journal: Applied Economics, 12(1), 260 – 287.

Gangl, M. and A. Ziefle (2015): The Making of a Good Woman: Extended Parental Leave Entitlements and Mothers' Work Commitment in Germany, American Journal of Sociology, 121(2), 511 – 563.

Goldin, C. and L. F. Katz (2016): A Most Egalitarian Profession: Pharmacy and the Evolution of a Family-Friendly Occupation, Journal of Labor Economics, 34(3), 705 – 745.

Hospido, L., L. Laeven and A. Lamo (2022): The Gender Promotion Gap: Evidence from Central Banking, Review of Economics and Statistics, 104(5), 981 – 996.

Hsieh, C., E. Hurst, C. Jones and P. Klenow (2019): The Allocation of Talent and U.S. Economic Growth, Econometrica, 87(5), 1439 – 1474.

Kleven, H., C. Landais, J. Posch, A. Steinhauer and J. Zweimüller (2019): Child Penalties across Countries: Evidence and Explanations, American Economic Review Papers and Proceedings, 109(5), 122 – 126.

Levanon, A., P. England and P. Allison (2009): Occupational Feminization and Pay: Assessing Causal Dynamics Using 1950-2000 U.S. Census Data, Social Forces, 88(2), 865 – 891.

Lippmann, Q., A. Georgieff and C. Senik (2020): Undoing Gender with Institutions: Lessons from the German Division and Reunification, Economic Journal, 130(629), 1445 – 1470.

Niederle, M. and L. Vesterlund (2007): Do Women Shy Away From Competition? Do Men Compete Too Much?, The Quarterly Journal of Economics, 122(3), 1067 – 1101.

Sachverständigenrat zur Begutachtung der gesamtwirtschaftlichen Entwicklung (2013): Jahresgutachten 2013/14: Gegen eine rückwärtsgewandte Wirtschaftspolitik.

Sarsons, H., K. Gërxhani, E. Reuben and A. Schram (2021): Gender Differences in Recognition for Group Work, Journal of Political Economy, 129(1), 101 – 147.

Nicola Fuchs-Schündeln ist Professorin für Makroökonomie und Entwicklung an der Goethe-Universität Frankfurt. Im Jahr 2018 erhielt sie den Gottfried Wilhelm Leibniz-Preis der DFG. Sie ist in verschiedenen Beratungsgremien der Regierung aktiv.

Mario Bossler und Bernd Fitzenberger

„Hat die Einführung des gesetzlichen Mindestlohns in Deutschland zu einem Rückgang der Beschäftigung geführt?"

Zusammenfassung

Unter Ökonominnen und Ökonomen wurde die Beschäftigungswirkung des gesetzlichen Mindestlohns vor der Einführung im Jahr 2015 kontrovers diskutiert. Viele befürchteten einen deutlichen Verlust von Beschäftigungsverhältnissen. Arbeitsplätze gehen verloren, wenn der Mindestlohn höher ist als das, was Beschäftigte erwirtschaften, also ihre Produktivität übersteigt. Wenn dagegen die vom Mindestlohn betroffenen Beschäftigten zuvor unterhalb ihrer Produktivität entlohnt wurden (etwa weil die Arbeitgeber die Macht hatten, den Lohn festzulegen), wären von einem moderaten Mindestlohn keine Beschäftigungsverluste zu erwarten. Eine weitere Möglichkeit ist, dass sie zwar in ihrem bisherigen Beschäftigungsverhältnis nicht mehr genug erwirtschaften, aber in anderen Betrieben produktiver eingesetzt werden können, bei denen ein bislang ungedeckter Arbeitskräftebedarf besteht. Dadurch könnte eine negative Beschäftigungswirkung des Mindestlohns abgeschwächt oder ganz vermieden werden.

Schlüsselbegriffe:
- Mindestlohn
- Theorie
- Beschäftigungseffekte
- Lohneffekte
- Stundeneffekte

Mindestlöhne in Deutschland

Deutschland hatte lange Zeit keinen gesetzlichen Mindestlohn, weil hierzulande Löhne in der Regel in Tarifverhandlungen zwischen Arbeitgeberverbänden und Gewerkschaften festgelegt wurden. Traditionell hat ein Großteil der Betriebe in Deutschland nach Tarif bezahlt oder sich zumindest daran orientiert. Die abnehmende Bindung an Tariflöhne und der Anstieg der Lohnungleichheit, sowie anfangs die Konkurrenz durch ausländische Arbeitskräfte, die nicht nach Tariflöhnen entlohnt wurden, führte, beginnend 1997 im Bauhauptgewerbe, zur Einführung von Mindestlöhnen in einzelnen Branchen (Doerr/Fitzenberger 2016). 2015 wurde zusätzlich der gesetzliche Mindestlohn in Höhe von 8,50 Euro pro Stunde eingeführt, der bis 2021 in kleinen

Abb. 1: Verteilung der Bruttostundenlöhne vor und nach Einführung des gesetzlichen Mindestlohns

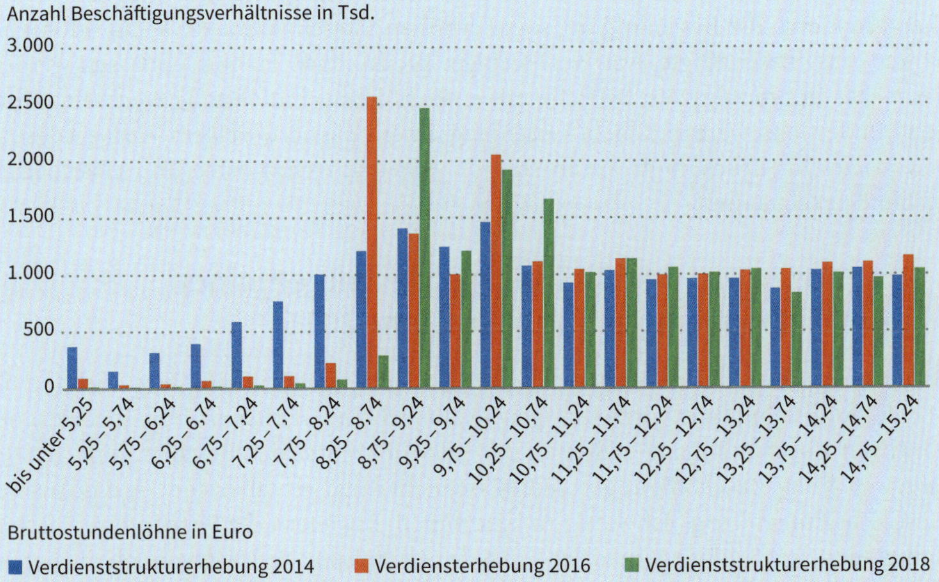

Quelle: Mindestlohnkommission (2020), Abb. 2.4.

Schritten auf 9,60 Euro erhöht wurde. Im Jahr 2022 erfolgte in mehreren Schritten eine starke Erhöhung auf 12 Euro pro Stunde.

Beschäftigungseffekte theoretisch nicht eindeutig

Theoretisch fragen Firmen zusätzliche Arbeitskräfte nach, solange diese höhere Erträge erwirtschaften, als sie kosten. Die Beschäftigung einer zusätzlichen Arbeitskraft muss also für die Firmen wirtschaftlich sein und darf nicht zu Verlusten führen. Müssen Firmen durch die Einführung eines Mindestlohns einen höheren Lohn zahlen, können die Lohnkosten für einige Arbeitskräfte über deren Produktivität hinaus ansteigen. In diesem Fall wäre es für die Firma nicht mehr rentabel, alle Arbeitskräfte weiter zu beschäftigen: Der Mindestlohn führte zu einem Rückgang der Beschäftigung dergestalt, dass Arbeitsplätze abgebaut oder die Arbeitsstunden reduziert würden.

Gegenüber dieser Überlegung ist jedoch kritisch einzuwenden, dass Firmen tatsächlich häufig die Löhne einseitig festsetzen und damit die Beschäftigten unterhalb ihrer Produktivität entlohnen können: Firmen können Marktmacht ausüben. Eine solche Marktmacht entsteht unter anderem dadurch, dass die Arbeitsuchenden nur einer kleinen Anzahl an Firmen gegenüberstehen. Auch Beschäftigte haben es deswegen nicht so einfach, einen neuen Job mit höherer Bezahlung zu finden. Firmen können dies nutzen, um Löhne unter die Produktivität ihrer Beschäftigten zu drücken. Ein Mindestlohn kann dieser Lohnsetzungsmacht entgegenwirken und, falls hinreichend moderat, die Beschäftigung sogar erhöhen. Zudem kann ein Mindestlohn bewirken, dass Beschäftigte zwar von weniger produktiven Firmen entlassen werden, dann aber in produktivere Betriebe mit einer höheren Entlohnung wechseln. Ohne den Mindestlohn wäre dies nicht – oder langsamer – passiert, weil ein Wechsel des Arbeitsplatzes für Beschäftigte kurzfristig mit Anpassungen, Kosten und Unsicherheit verbunden sein kann.

Prognosen vor der Einführung des allgemeinen gesetzlichen Mindestlohns im Jahr 2015

Die theoretischen Überlegungen erlauben es nicht, die Beschäftigungswirkung des Mindestlohns eindeutig vorherzusagen. Während die Arbeitsnachfragetheorie einen negativen Zusammenhang zwischen der Lohnhöhe und der Beschäftigung vorhersagt, weil einige Beschäftigungsverhältnisse nicht mehr rentabel sind, ist das Ausmaß dieses Zusammenhangs schwierig zu bestimmen. Inwiefern die Firmen ihre Beschäftigung reduzieren, hängt von vielen Faktoren ab, beispielsweise davon, ob Firmen als alternative Reaktion die höheren Lohnkosten an die Konsumenten in Form höherer Preise weitergegeben können. Das Ausmaß der Beschäftigungsreaktion muss deshalb empirisch aus beobachteten Daten bestimmt werden.

Die viel beachtete Prognose von Knabe u. a. (2014) hatte den Anspruch, eine empirisch ermittelte Reaktion der Arbeitsnachfrage der Firmen auf eine Lohnerhöhung zu verwenden. Auf dieser Basis ergab sich ein vorhergesagter Beschäftigungsverlust der Einführung des Mindestlohns 2015 in Höhe von rund 900.000 Jobs. Nach der Mindestlohneinführung zeigte sich in mehreren Studien, dass die Prognose deutlich zu pessimistisch war, und es erfolgte eine kritische Überprüfung ihrer Prämissen. Die von Knabe u. a. (2014) unterstellten negativen Beschäftigungseffekte waren deutlich größer als die in den Evaluationen von Mindestlöhnen in den USA ermittelten Werte (Bruttel 2019). Die verwendeten Annahmen könnten also für die Gruppe der Mindestlohnbeschäftigten unzutreffend sein, weil beispielsweise Firmen im Niedriglohnbereich eher Lohnerhöhungen verkraften als andere. Oder aber die unterstellten Zusammenhänge sind gar generell überschätzt.

Inzwischen konnten mehrere Gründe für die Überschätzung der Beschäftigungsverluste identifiziert werden. Erstens fiel der lohnerhöhende Effekt des Mindestlohns nur etwa halb so hoch aus wie von Knabe u. a. (2014) angenommen, was zum einen daran liegen kann, dass der Mindestlohn häufig umgangen wurde, und zum anderen daran, dass der tatsächliche Lohnanstieg überschätzt wird, wenn man sich auf Daten aus Befragungen stützt. Zweitens scheinen die negativen Arbeitsnachfrageeffekte insbesondere für die vom Mindestlohn besonders stark betroffenen Beschäftigungsformen der Teilzeit- und Minijob-Beschäftigung zu hoch angesetzt. Drittens fallen Beschäftigungseffekte bei der durch die boomende Wirtschaft bestehenden Arbeitskräfteknappheit niedriger aus, weil entlassene Personen leichter in anderen Firmen unterkommen. Zusammengenommen können diese Punkte fast vollständig die Diskrepanz zwischen den Prognosen von Knabe u. a. (2014) und den tatsächlichen Beschäftigungswirkungen erklären.

Empirische Evaluation des gesetzlichen Mindestlohns

Angesichts der theoretischen Uneindeutigkeit der Wirkungen eines Mindestlohns stellt sich die Frage, ob und inwieweit die Arbeitgeber tatsächlich ihre Arbeitsnachfrage verringerten. Zur Beantwortung dieser Frage können letztlich nur empirische Ergebnisse auf Basis von Beobachtungsdaten herangezogen werden. Ohne eine Evaluation der Effekte auf Löhne und Beschäftigung kann keine Beurteilung der Mindestlohnwirkungen erfolgen. Mit der Einführung des gesetzlichen Mindestlohns wurde – einer Forderung aus der Wissenschaft entsprechend – eine Mindestlohnkommission eingeführt, der die Aufgabe der wissenschaftlich unabhängigen empirischen Begleitforschung obliegt. Zudem macht die Kommission Vorschläge für die regelmäßigen Erhöhungen des Mindestlohns, denen die Bundesregierung bei allen Erhöhungsschritten bis vor der letzten Erhöhung am 1. Oktober 2022 gefolgt ist.

Die empirische Herausforderung besteht in der Isolation der kausalen Wirkung des Mindestlohns, die am Beispiel Beschäftigung durch folgende Frage beschrieben wird: *Wie hat sich die Beschäftigung durch den Mindestlohn entwickelt im Vergleich zur kontrafaktischen (nicht beobachteten) Situation, in der der Mindestlohn nicht eingeführt (oder erhöht) worden wäre.* Es geht also um den Unterschied zwischen der Entwicklung mit und ohne Mindestlohn, sprich: sämtliche Einflüsse auf die Beschäftigung, die auch ohne den Mindestlohn eingetreten wären, müssen herausgerechnet werden. Dies ist für die Beurteilung des gesetzlichen Mindestlohns 2015 von besonderem Interesse, weil trotz der positiven Entwicklung der aggregierten Gesamtbeschäftigung in Deutschland die Entwicklung möglicherweise noch besser hätte ausfallen können, wäre der Mindestlohn nicht eingeführt worden. In einem solchen Fall müsste trotz Beschäftigungszuwächsen von einem negativen Beschäftigungseffekt des Mindestlohns gesprochen werden.

Die Wirkung eines Mindestlohns wird meist mit einem Vergleichsgruppenansatz statistisch ermittelt. Seit den 1990er Jahren wurde dieser Ansatz intensiv genutzt, insbesondere nachdem eine Studie von Card und Krueger (1994)[1] damit in der Analyse des Mindestlohns in New Jersey (USA) große Beachtung erfuhr. In der Studie werden Schnellrestaurants im Bundesstaat New Jersey, wo der Mindestlohn erhöht wurde,

[1] David Card wurde unter anderem für diese Studie 2021 der Nobelpreis in Wirtschaftswissenschaften verliehen.

mit Schnellrestaurants im benachbarten Pennsylvania verglichen, wo der Mindestlohn unverändert blieb. Es erfolgt ein Vergleich der Veränderungen nach der Mindestlohnerhöhung zwischen einer sogenannten Behandlungsgruppe von Betroffenen (in New Jersey) und einer Vergleichsgruppe von Nichtbetroffenen (in Pennsylvania). Die Vergleichsgruppe zeigt auf, wie sich die Behandlungsgruppe entwickelt hätte, wäre der Mindestlohn nicht angehoben worden.

Demgegenüber konnte sich die Mindestlohnforschung in Deutschland nicht auf einen Vergleich in regionaler Nachbarschaft beziehen, da sowohl die Branchenmindestlöhne als auch der gesetzliche Mindestlohn jeweils flächendeckend in Deutschland eingeführt wurden – wenn man von Ost-West-Unterschieden in den Branchenmindestlöhnen absieht (Doerr/Fitzenberger 2016).

Als erste Evaluationsstudie eines Branchenmindestlohns in Deutschland verwenden König/Möller (2008) einen alternativen Vergleichsgruppenansatz, mit ursprünglich unter dem Mindestlohn entlohnten Beschäftigten als Behandlungsgruppe und den etwas über dem Mindestlohn entlohnten Beschäftigten als Vergleichsgruppe. Die Beschäftigungseffekte unterscheiden sich zwischen Ostdeutschland (leicht negativ) und Westdeutschland (leicht positiv). Das ist ein plausibler Befund, wenn man sich vergegenwärtigt, dass der Mindestlohn in Westdeutschland relativ zur bisherigen Entlohnung moderater als in Ostdeutschland ausfiel.

Vorbild für weitere Evaluationsstudien ist die Studie von Card (1992), die unterschiedlich stark vom Mindestlohn betroffene Regionen vergleicht. Aufgrund von

Abb. 2: Lohn- und Beschäftigungseffekte des gesetzlichen Mindestlohns 2015 für die vom Mindestlohn betroffenen Beschäftigten

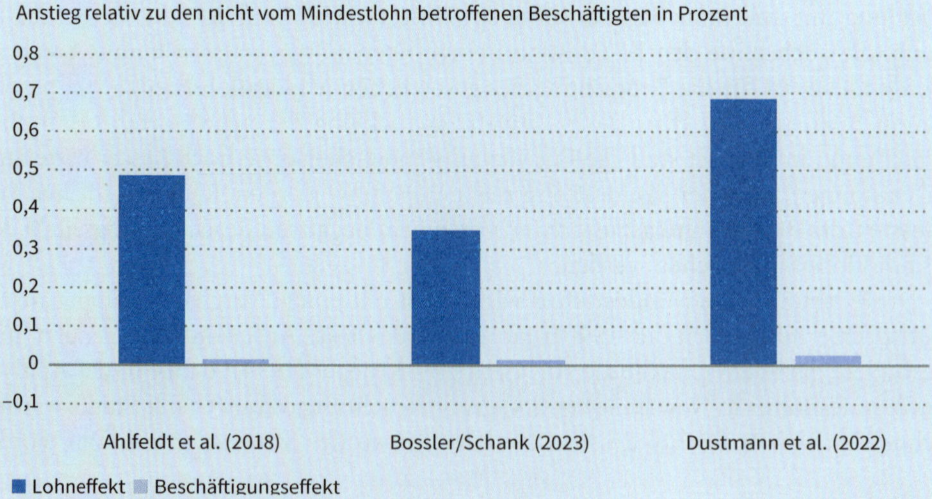

Quelle: Eigene Darstellung in Anlehnung an Börschlein/Bossler (2019).

Strukturunterschieden (bspw. hinsichtlich der Industriestruktur, der Qualifikation der Erwerbspersonen oder auch im Preisniveau) unterscheidet sich das Lohnniveau zwischen den Regionen, weshalb diese unterschiedlich von einem Mindestlohn betroffen sind, auch wenn der Mindestlohn deutschlandweit einheitlich ist. Regionen mit einem hohen Anteil vom Mindestlohn betroffener Beschäftigungsverhältnisse bilden dann die Behandlungsgruppe, Regionen mit einem niedrigen Anteil die Vergleichsgruppe. Hierfür berücksichtigen einige Evaluationsstudien auch die Betroffenheit von Betrieben oder Branchen. Überwiegend zeigen die Evaluationen der Branchenmindestlöhne keine oder sehr geringe negative Beschäftigungseffekte (Doerr/Fitzenberger 2016). Stärkere negative Effekte zeigen sich in Einzelfällen bei sehr hoher Betroffenheit.

Die Evaluationen des gesetzlichen Mindestlohns 2015 verwenden ebenfalls die Mindestlohnbetroffenheit als Behandlungsstärke. Abbildung 2 beschreibt Ergebnisse aus drei aktuellen Studien. Obwohl unterschiedliche Datenquellen zur Definition der regionalen Betroffenheit von Mindestlohn verwendet werden, zeigt sich das gleiche Muster: Der Mindestlohn hatte eine positive Lohnwirkung und keinen statistisch nachweisbaren Effekt auf die Gesamtbeschäftigung.

Weitere Erkenntnisse sind eine Angleichung der Löhne zwischen den Regionen (Ahlfeldt u. a. 2018, Bossler/Schank 2023) und ein Rückgang der Ungleichheit in den monatlichen Arbeitseinkommen (Bossler/Schank 2023). Schließlich stellen Dustmann u. a. (2022) fest, dass einige Mindestlohnbeschäftigte zu besser entlohnenden, vermutlich produktiveren Betrieben gewechselt sind.

Zusätzlich werden die Beschäftigungseffekte auf der Regionalebene, auf der Betriebsebene oder auf der Berufsebene betrachtet, unter Verwendung unterschiedlicher Datensätze (Bruttel u. a. 2019, Börschlein/Bossler 2019). Insgesamt ergeben sich allenfalls geringe negative Beschäftigungseffekte, allerdings findet sich ein Rückgang der Minijobs, die besonders häufig vom Mindestlohn betroffen waren. Das Ergebnis bedeutet jedoch nicht, dass diese Beschäftigten alle arbeitslos wurden. Vielmehr fand in nennenswertem Umfang eine Umwandlung von Minijobs in sozialversicherungspflichtige Jobs statt. Auf Basis von Betriebsdaten zeigen Biewen u. a. (2022), dass Stundenlöhne unter dem Mindestlohn nach der Mindestlohneinführung kaum noch vorkommen und auch die Stundenlöhne oberhalb des Mindestlohns sich erhöht haben. Ein negativer Effekt auf die Arbeitszeit lässt sich hier, im Gegensatz zu Ergebnissen auf Basis von Personenbefragungen (Caliendo u. a. 2019), nicht nachweisen.

Fazit

Empirisch zeigt sich, dass die Verdienste und Stundenlöhne im Niedriglohnsektor durch Mindestlöhne in Deutschland deutlich angestiegen sind. Gleichzeitig haben sich die Prognosen von drastischen Beschäftigungsverlusten bislang nicht bewahrheitet. Diese Befunde sprechen dafür, dass es Lohnsetzungsmacht der Arbeitgeber gibt. Die Ergebnisse lassen sich jedoch nicht auf eine weitere Mindestlohnerhöhung übertragen, bei der sich der Kosteneffekt in den Betrieben stärker auswirkt und die Zahl der Beschäftigten, deren Lohn die Produktivität übersteigt, höher ausfällt. Für die Mindestlohnerhöhung auf 12 Euro im Oktober 2022 liegen noch keine Evaluationsergebnisse vor. Die Wirkungen jeder Mindestlohnerhöhung müssen neu empirisch überprüft werden. Die bisherige Wirkungsanalyse zu den Wirkungen von Mindestlöhnen ist zweifelsohne ein Lehrstück für eine evidenzbasierte Politikberatung in Deutschland.

Literatur

Ahlfeldt, G. M., Roth, D. und Seidel, T. (2018). The regional effects of Germany's national minimum wage. Economics Letters, 172, 127 – 130.

Biewen, M., Fitzenberger, B. und Rümmele, M. (2022). Using distribution regression difference-in-differences to evaluate the effects of a minimum wage introduction on the distribution of hourly wages and hours worked. IZA Discussion Paper, No. 15534, Bonn.

Börschlein, B. und Bossler, M. (2019). Eine Bilanz nach fünf Jahren gesetzlicher Mindestlohn: Positive Lohneffekte, kaum Beschäftigungseffekte. IAB-Kurzbericht 24/2019, Nürnberg.

Bossler, M. und Schank, T. (2022). Wage inequality in Germany after the minimum wage introduction. Journal of Labor Economics, online first.

Bruttel, O., Baumann, A. und Dütsch, M. (2019). Beschäftigungseffekte des gesetzlichen Mindestlohns: Prognosen und empirische Befunde. Perspektiven der Wirtschaftspolitik, 20(3), 237 – 253.

Caliendo, M., Wittbrodt, L. und Schröder, C. (2019). The causal effects of the minimum wage introduction in Germany – an overview. German Economic Review, 20(3), 257 – 292.

Card, D. (1992). Using regional variation in wages to measure the effects of the federal minimum wage. Industrial and Labor Relations Review, 46(1), 22 – 37.

Card, D. und Krueger, A. B. (1994). Minimum wages and employment: A case study of the fast-food industry in New Jersey and Pennsylvania. The American Economic Review, 84(4), 772 – 793.

Doerr, A. und Fitzenberger, B. (2016). Konzeptionelle Lehren aus der ersten Evaluationsrunde der Branchenmindestlöhne in Deutschland. Journal for Labour Market Research, 49(4), 329 – 347.

Dustmann, C., Lindner, A., Schönberg, U., Umkehrer, M. und Vom Berge, P. (2022). Reallocation effects of the minimum wage. The Quarterly Journal of Economics, 137(1), 267 – 328.

Knabe, A., Schöb, R. und Thum, M. (2014). Der flächendeckende Mindestlohn. Perspektiven der Wirtschaftspolitik, 15(2), 133 – 157.

König, M. und J. Möller (2008). Mindestlohneffekte des Entsendegesetzes? Eine Mikrodatenanalyse für die deutsche Bauwirtschaft. Zeitschrift für ArbeitsmarktForschung 41(2-3), 327 – 346.

Mindestlohnkommission (2020). Dritter Bericht zu den Auswirkungen des gesetzlichen Mindestlohns. Bericht der Mindestlohnkommission an die Bundesregierung nach § 9 Abs. 4 Mindestlohngesetz, Berlin.

Dr. Mario Bossler leitet die AG Mindestlohn am Institut für Arbeitsmarkt- und Berufsforschung und ist Vertretungsprofessor für Arbeitsmarktforschung an der Julius-Maximilians-Universität Würzburg.

Prof. Bernd Fitzenberger, PhD, ist Direktor des Instituts für Arbeitsmarkt- und Berufsforschung und Professor für Quantitative Arbeitsökonomik an der Universität Erlangen-Nürnberg.

Alexandra Spitz-Oener

„Wie verändert sich unsere Arbeitswelt?“

Zusammenfassung

Entgegen vieler Erwartungen haben Automatisierung und Digitalisierung nicht dazu geführt, dass Beschäftigte in großen Teilen durch Maschinen ersetzt wurden. Maschinen übernehmen stattdessen meist spezielle Aufgaben: repetitive und programmierbare Tätigkeiten. Daneben unterstützen sie die Menschen bei analytisch-kommunikativen Tätigkeiten. Gleichzeitig hat sich in den vergangenen 30 Jahren eine Knappheit an Arbeitskräften herausgebildet, und es ist wahrscheinlich, dass die Zahl der Erwerbspersonen in Deutschland weiter sinkt.

Um das derzeitige Wohlstandsniveau zu halten, sollten die Vorzüge der Automatisierung künftig stärker genutzt werden. Digitalisierungs- und Bildungspolitik sollten daraufhin ausgerichtet werden, dass Menschen für die Arbeit mit modernen Technologien fit gemacht werden. Zudem sollte Deutschland für gut ausgebildete ausländische Fachkräfte attraktiv sein.

Schlüsselbegriffe:
- Beschäftigung
- Digitalisierung
- Automatisierung
- demografischer Wandel
- Erwerbspersonenpotenzial

Was stimmt denn nun: Geht uns die Arbeit aus, oder fehlen uns die Arbeitskräfte?

Die Debatte rund um den deutschen Arbeitsmarkt wird derzeit vor allem vom Thema Fachkräfteknappheit bestimmt. Die Beschäftigung in Deutschland steigt, und Unternehmen haben Schwierigkeiten, freie Stellen zu besetzen. Davon ist das ganze Land betroffen: Flüge und Bahnfahrten fallen aus, Restaurants schränken ihre Öffnungszeiten ein – all das, weil Personal fehlt.

Gleichzeitig sind immer wieder Stimmen zu hören, die fürchten, dass Digitalisierung und Automatisierung Arbeitsplätze vernichten. Eine Robotersteuer wird diskutiert, und der Verweis auf die Sorge um Arbeitsplätze dient als eine der Rechtfertigungen für die Forderung nach einem bedingungslosen Grundeinkommen.

Zwei Megatrends auf dem Arbeitsmarkt

Auf den ersten Blick wird nicht klar, wie beides zusammenpasst: einerseits die hohe Nachfrage nach Beschäftigten und die Knappheit an Personal und andererseits die Sorge vor dem Verlust von Arbeitsplätzen aufgrund von Automatisierung und Digitalisierung. Es handelt sich hierbei um zwei sogenannte Megatrends – Entwicklungen, die einen tiefgreifenden, komplexen Wandel der Arbeitswelt über Jahrzehnte hinweg beschreiben.

Diese Megatrends haben in den vergangenen Jahrzehnten den Arbeitsmarkt und die Art und Weise, wie wir arbeiten, stark beeinflusst. Bis zum Jahr 2020 gingen die Veränderungen in kleinen Schritten vonstatten, die lediglich bestimmte Bereiche des Arbeitsmarkts betrafen. Allerdings führen die Coronapandemie und der Krieg in der Ukraine ebenso wie der Anstieg der Energiepreise und die Engpässe bei Zwischenprodukten dazu, dass sich die vielfältigen Veränderungen am Arbeitsmarkt beschleunigen. Die Bedeutung der Digitalisierung rückt weiter in den Vordergrund. Die Engpässe in den Lieferketten führen dazu, dass auch wieder über mehr heimische Produktion nachgedacht wird. Insgesamt spürt man die Auswirkungen der beiden Megatrends nun in großen Bereichen der Gesellschaft.

Spektrum der Anwendungsbereiche für Maschinen erweitert sich

Die Anfänge des ersten Megatrends, der Digitalisierung, reichen zurück in die 1980er Jahre, als sich die Produktion mit der Computerisierung und Roboterisierung stark wandelte. Maschinen übernahmen systematisch Tätigkeiten, die bisher von Menschen ausgeübt worden waren. Im Laufe der Jahrzehnte erweiterten und intensivierten sich die Anwendungsbereiche von Maschinen, zum Beispiel auch durch neuere Entwicklungen im Bereich der Künstlichen Intelligenz (KI). Für die Beschäftigten bedeuten diese Entwicklungen eine große Umstellung. Jedoch sind nicht alle Personen in gleichem Maße betroffen – sondern jeweils abhängig von der Zusammensetzung ihrer Tätigkeit.

Maschinen ersetzen Menschen insbesondere bei repetitiv-programmierbaren Tätigkeiten

Grundsätzlich ist festzustellen, dass alle Berufe in gewissem Ausmaß aus einigen repetitiv-programmierbaren sowie aus einigen analytisch-kommunikativen Tätigkeiten bestehen. Die Größe des jeweiligen Anteils am gesamten Tätigkeitsprofil bestimmt, wie stark Menschen in diesen Berufen durch Maschinen ersetzt werden können oder wie stark Menschen ihr Tätigkeitsprofil verändern müssen.

Egal ob im Büro oder in der Produktion: Maschinen übernehmen immer stärker den repetitiv-programmierbaren Teil der Arbeit. Menschen hingegen führen weiterhin die Tätigkeiten aus, in denen Kommunikation, Flexibilität, Anpassungsfähigkeit, Kreativität und Problemlösungskompetenz gefragt sind.

Maschinen eignen sich hervorragend für Tätigkeiten etwa in der Produktion, die aus der Wiederholung immer gleicher Handgriffe bestehen. Hier können sie Aufgaben von Arbeitskräften übernehmen und diese präziser, schneller und ausdauernder ausführen als jeder Mensch. Bei allem technologischen Fortschritt gilt aber nach wie vor, dass Computer oder computerbasierte Maschinen Menschen nur in bestimmten Bereichen ersetzen können.

Hinzukommt, dass jede Maschine und jede Software nur für die eine, spezielle Tätigkeit geeignet ist, für die sie programmiert wurde. Klassisches Beispiel sind Schachcomputer: Man kann hervorragend gegen sie Schach spielen, und Menschen verlieren diese Partien regelmäßig. Doch im Gegensatz zum Computer können sich Menschen anschließend völlig anderen Tätigkeiten zuwenden, etwa ein Menü kochen. Auch wenn neuere technologische Entwicklungen die Vielseitigkeit von Maschinen erhöht haben, kommen sie noch lange nicht an die Vielseitigkeit von Menschen heran.

Menschen sind Maschinen bei analytisch-kommunikativen Tätigkeiten überlegen

Der zweite wesentliche Bestandteil von Produktionsprozessen sind die sogenannten analytisch-kommunikativen Tätigkeiten. Hier können Maschinen Menschen nicht ohne Weiteres ersetzen: Menschen sind bei Eigenschaften wie Flexibilität und Kreativität sowie der Fähigkeit, zu kommunizieren und Probleme zu lösen, den Maschinen deutlich überlegen. Auch wenn KI und lernende Algorithmen hier in den vergangenen Jahren Fortschritte gemacht haben, gilt dieser Zusammenhang nach wie vor.

Maschinen können allerdings Menschen auch bei Berufen mit einem hohen Anteil analytisch-kommunikativer Tätigkeiten bei ihrer Arbeit unterstützen. Durch die Zusammenarbeit werden die Beschäftigten produktiver. Gerade in Büroberufen gibt es zahllose Beispiele, wie spezialisierte Computerprogramme die menschliche Arbeitskraft produktiver machen, angefangen bei Textverarbeitungsprogrammen bis hin zu Software für die Planung und Steuerung von Projekten.

Sehr weit entwickelt ist die Mensch-Maschine-Zusammenarbeit auch in der Produktion. Zum Beispiel sind Industrieroboter immer häufiger so konstruiert, dass sie Menschen in ihrer Arbeit direkt unterstützen und dass Menschen leichter und sicherer mit ihnen umgehen können. Es gibt kollaborative Roboter, sogenannte Cobots, die quasi Hand in Hand mit Menschen arbeiten.

Die „Arbeitsteilung“ zwischen Mensch und Maschine ist entscheidend: Bei der Herstellung jedes Guts und jeder Dienstleistung werden die unterschiedlichsten Tätigkeiten kombiniert. Wenn ein Teil davon automatisiert wird, so bleibt der andere, menschliche Teil trotzdem essenziell. So gibt es auch allen Befürchtungen zum Trotz, dass der Mensch allmählich durch Maschinen ersetzt wird, bisher keine empirischen

Anzeichen sogenannter technologischer Arbeitslosigkeit, die durch vermehrten Einsatz von Maschinen hervorgerufen ist.

Tätigkeitsprofile im Wandel der Zeit

Neben anderen Faktoren deutet auch die Entwicklung der gesamtwirtschaftlichen Beschäftigung in den vergangenen Jahrzehnten nicht darauf hin, dass technologische Veränderungen zu einer insgesamt geringeren Nachfrage nach Arbeitskräften geführt haben. Mittlerweile belegen vielfältige Forschungsarbeiten aber, dass sich Tätigkeitsprofile von Menschen im Zuge von Computerisierung und Automatisierung verschoben haben – hin zu Tätigkeiten, die nicht von Maschinen ausgeübt werden können. Die Menschen haben sich somit an die neuen technologischen Möglichkeiten angepasst, so dass sich Mensch und Maschine ergänzen und gemeinsam Güter und Dienstleistungen herstellen.

Gleichzeitig kam es zu einer Verschiebung in der beruflichen Beschäftigungsstruktur. Die Beschäftigungsanteile von Berufen, in denen analytische und kommunikative Tätigkeiten eine wichtige Rolle spielen, sind stark gestiegen. Dies sind überwiegend Berufe, in denen auch hohe Löhne gezahlt werden, wie Berufe im Gesundheitswesen, Ingenieurberufe und Berufe im Bereich der Unternehmensführung. Darüber hinaus gibt es neue Berufe (Kaufmann/-frau E-Commerce oder Webdesigner/-innen). Die veränderte Berufsstruktur zeigt aber auch, dass die Bedeutung von Berufen im unteren Bereich der Entlohnung gestiegen ist, zum Beispiel von Berufen im Bereich Reinigung oder Sicherheit.

Von der Fachkräfteknappheit zur Arbeitskräfteknappheit

Erste Anzeichen für den zweiten Megatrend, die Knappheit an Fachkräften, finden sich bereits Mitte der 1990er Jahre. Zunächst stiegen nur die Löhne Beschäftigter mit Hochschulabschluss, und zwar erheblich stärker als die anderer Beschäftigtengruppen. Bald begannen auch die Löhne für Fachkräfte allgemein zuzunehmen, also für Beschäftigte, die besondere berufsspezifische Kenntnisse haben. Diese umfassen – neben Hochschulabsolventen/-absolventinnen – auch Personen mit einer Berufsausbildung, etwa Elektriker/-innen oder Pflegepersonal. Es zeigte sich erst langsam, dann immer deutlicher, dass die Unternehmen seit Mitte der 1990er Jahre spürbar mehr Fachkräfte einstellen. Der gleichzeitige Anstieg von Löhnen und Beschäftigung seit dieser Zeit ist ein Zeichen dafür, dass Fachkräfteknappheit in Deutschland kein neues Phänomen ist: Relativ zum Angebot nimmt die Nachfrage nach Fachkräften stetig zu.

Seit etwa 2010 zeigen die Daten der sozialversicherungspflichtig Beschäftigten, dass nicht nur bei Fachkräften Löhne und Beschäftigung steigen, sondern auch bei weniger qualifizierten Beschäftigten. Diese Entwicklung begann also noch vor der Einführung des gesetzlichen Mindestlohns in Deutschland im Jahr 2015. Die Anzeichen von Engpässen umfassen immer mehr Beschäftigtengruppen, entsprechend spricht man zunehmend nicht mehr von *Fachkräfte*knappheit, sondern von *Arbeitskräfte*knappheit. Eine Entwicklung, die von Seiten der Arbeitgeber/-innen eher beklagt wird, die aus Sicht der Beschäftigten und Arbeitssuchenden aber durchaus positiv ist, da für sie die potenziellen Beschäftigungsmöglichkeiten steigen und sie einen höheren Arbeitslohn erzielen können.

Arbeitsmarktanspannung hat seit Beginn der 2000er Jahre zugenommen

Abbildung 1 verdeutlicht die beschriebene Entwicklung. Sie zeigt erstens, wie seit 2005/06 die Beschäftigung am deutschen Arbeitsmarkt rasant gewachsen ist (grüne Linie, linke Skala „Erwerbstätigkeit in Millionen“). Zweitens bildet sie die zunehmende Anspannung oder Knappheit am Arbeitsmarkt ab (blaue Linie, rechte Skala „Offene Stellen je 10 Arbeitslose“). Die Unternehmen versuchen demnach, trotz steigender Löhne noch deutlich mehr Arbeitskräfte einzustellen.

Zwar gab es immer wieder konjunkturelle Schwankungen, die auch in der Grafik erfasst sind. Trotzdem zeigt die Grafik auf deutlich sichtbare Weise, in welchem Um-

Abb. 1: Erwerbstätigkeit und Arbeitsmarktanspannung 1991 – 2019

Quelle: Klinger und Fuchs, 2020

fang sich die Nachfrage im Arbeitsmarkt verändert hat. Vor 2009 entfiel im Durchschnitt etwa eine offene Stelle auf zehn Arbeitslose – die Konkurrenz um Arbeitsplätze war groß und die Unternehmen konnten sich in der Regel entscheiden, wen sie aus einem Pool an Bewerber/-innen einstellen wollten. Seither ist dieser Wert stetig gestiegen und lag 2019 bereits bei knapp vier. Aktuelle Berechnungen zeigen, dass er im ersten Quartal 2022 sieben betrug. Heutzutage können die Bewerber/-innen aus einer siebenmal größeren Anzahl offener Stellen wählen als in den 1990er Jahren.

Verändertes Kräfteverhältnis zwischen Arbeitsanbietern und -nachfragern

Die Zahlen werden untermauert durch Umfrageergebnisse, in denen Unternehmen von immer größeren Schwierigkeiten berichten, offene Stellen zu besetzen. Entsprechend der Situation spricht man von einem Arbeitsanbietermarkt: Die potenziellen Beschäftigten (Arbeitsanbieter) können sich zwischen mehreren offenen Arbeitsstellen entscheiden; das heißt die Unternehmen „bewerben“ sich bei den potenziellen Beschäftigten, nicht umgekehrt.

Die Engpässe am Arbeitsmarkt sind aber nicht mehr nur ein abstraktes Phänomen; die konkreten Folgen sind auch für die Konsumenten/Konsumentinnen zu spüren: Gaststätten, Bahngesellschaften, Flughäfen, Handwerksbetriebe oder Krankenhäuser schränken ihre Dienstleistungen ein, da sie nicht genug Personal finden.

Hier lohnt ein Blick auf die Zahl der Personen im erwerbsfähigen Alter, das sogenannte Erwerbspersonenpotenzial. Zwischen 1990 und 2020 war es von etwa 43 Millionen auf etwa 47 Millionen Menschen gestiegen. Dem Arbeitsmarkt standen also – vor allem aufgrund von Zuwanderung und steigender Erwerbsbeteiligung von Frauen – immer mehr Erwerbstätige zur Verfügung. Diesen stetigen Anstieg bis 2020 stellt in Abbildung 2 die graue Linie dar.

Geburtenstarke Jahrgänge gehen bald in Rente

Allerdings ist seitdem das Erwerbspersonenpotenzial zurückgegangen, und es wird wohl auch künftig weiter sinken. Der Grund: In den nächsten 15 Jahren erreichen 12,9 Millionen Erwerbspersonen das Rentenalter, wenn die Menschen der geburtenstarken Jahrgänge 1957 bis 1969 in den Ruhestand gehen. Das entspricht etwa 30 Prozent aller Erwerbspersonen, die 2021 dem Arbeitsmarkt zur Verfügung standen. Wie wird es dann weitergehen?

Abbildung 2 zeigt vier mögliche Zukunftsszenarien auf, angefangen im Jahr 2020. Sie geben Hinweise darauf, wie sich das Erwerbspersonenpotenzial bis 2060 entwickeln könnte, und zwar abhängig davon, wie die Zuwanderung nach Deutschland und die Erwerbsbeteiligung in der Bevölkerung verlaufen.

Nur unter bestimmten Bedingungen sinkt das Erwerbspersonenpotenzial nicht

In Szenario 1 wird angenommen, dass es bis 2060 keine Nettozuwanderung nach Deutschland gibt und dass sich das Erwerbsverhalten von Frauen und Älteren nicht verändert. Tritt beides ein, wird das Erwerbspersonenpotenzial stark sinken und bei nur knapp 31 Millionen Personen liegen.

Szenario 2 setzt voraus, dass es bis 2060 ebenfalls keine Nettozuwanderung nach Deutschland gibt, dass jedoch die Erwerbsbeteiligung von Frauen und Älteren steigt. Bei deutschen Frauen wird beispielsweise angenommen, dass sich ihr Erwerbsverhalten dem der deutschen Männer angleicht. Bei den Älteren wird der Einfluss der Rentengesetzgebung auf die Erwerbsquote modelliert, insbesondere der Anstieg des gesetzlichen Rentenalters auf 67 Jahre bis 2031. Auch unter diesen Annahmen sinkt das Erwerbspersonenpotenzial, allerdings um zwei Millionen Personen weniger als in Szenario 1, auf etwa 33 Millionen Menschen.

Abb. 2: Szenarien für die Entwicklung des Erwerbspersonenpotenzials bis 2060 (in Mio. Erwerbspersonen)

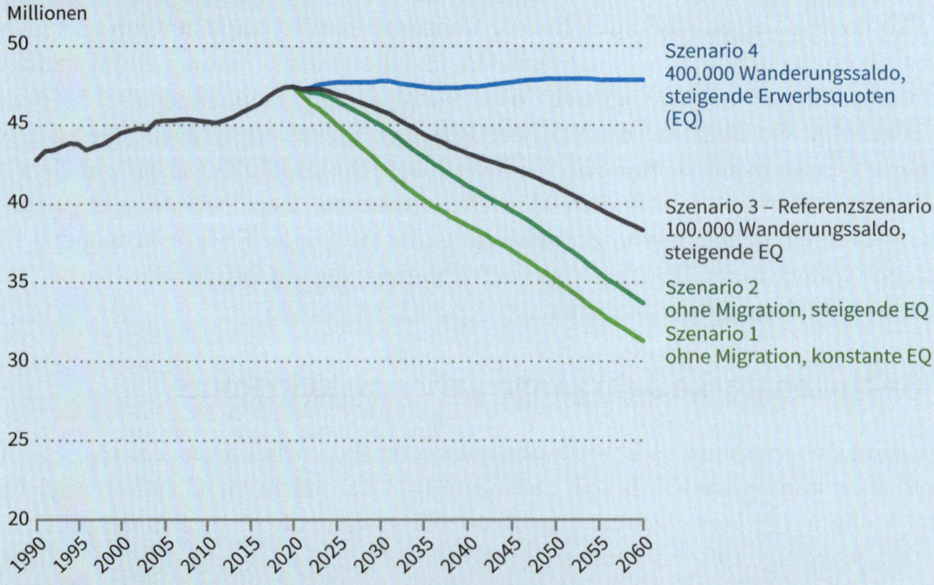

Anmerkung: Das Erwerbspersonenpotenzial (EP) umfasst die Gesamtheit aller Erwerbspersonen (Erwerbstätige + Erwerbslose) einschließlich einer geschätzten stillen Reserve (Personen, die im Prinzip Arbeit suchen, aber nicht kurzfristig verfügbar sind). Veränderungen im EP resultieren maßgeblich aus demografischen Veränderungen und Wanderungen. Der Wanderungssaldo in Szenario 3 und 4 ist die jährliche Differenz aus Zu- und Fortzügen von Personen.

Quelle: Fuchs, Söhnlein und Weber, 2021

Szenario 3 berücksichtigt zusätzlich zur höheren Erwerbsbeteiligung von Frauen und Älteren auch eine Nettozuwanderung von 100.000 Personen im Jahr. Treffen diese Annahmen ein, sinkt das Erwerbspersonenpotenzial bis 2060 auf etwa 38 Millionen Personen.

Damit wie in Szenario 4 im Jahr 2060 das Erwerbspersonenpotenzial auf dem heutigen Stand bei etwa 47 Millionen Menschen verbleibt, müsste die Erwerbsbeteiligung von Frauen und Älteren steigen, und es wäre eine Nettozuwanderung von 400.000 Personen im Jahr notwendig.

Insgesamt wird deutlich, welch umfangreiche Bedingungen vorliegen müssten, damit das Erwerbspersonenpotenzial auf dem heutigen Niveau verbleibt. Es ist nach dem jetzigen Stand viel wahrscheinlicher, dass es in den kommenden Jahrzehnten sinken wird – und mit ihm auch die Zahl der Arbeitskräfte.

Moderne Technologien und gut ausgebildete Menschen sichern das Wohlstandsniveau

Rückwirkend betrachtet haben sich die Vorhersagen aus den 2010er Jahren, dass Deutschland aufgrund der Automatisierung die Arbeit auszugehen drohe, nicht bewahrheitet. Da, wie beschrieben, das Erwerbspersonenpotenzial und die Zahl der Arbeitskräfte voraussichtlich abnehmen werden, wäre es sinnvoll, alles an Automatisierung zu nutzen, was technisch möglich ist. Denn die Produktivität der verbleibenden Arbeitskräfte muss so stark steigen, dass sie den demografischen Wandel auffängt. Neben dem beschriebenen Rückgang des Erwerbspersonenpotenzials führt er auch dazu, dass der Anteil der Bevölkerung steigt, der im Ruhestand ist und eine Altersrente bezieht. Der sogenannte Altersquotient, das heißt die Anzahl der älteren Bevölkerung (über 65 Jahre) relativ zur Anzahl der Bevölkerung im erwerbsfähigen Alter (20 – 64 Jahre), steigt bereits seit Jahren kontinuierlich und wird unter den beschriebenen Szenarien auch in Zukunft kontinuierlich weiter steigen. Nur durch eine steigende Produktivität kann Deutschland das derzeitige Wohlstandsniveau aufrechterhalten.

Die Politik sollte Mensch und Maschine als Partner sehen: Maschinen erreichen ihre volle Produktivität nur dann, wenn sie von gut ausgebildeten Fachkräften bedient werden. Umgekehrt gilt aber auch, dass Menschen ihr volles Potenzial erst entfalten können, wenn sie mit modernen Technologien arbeiten. Aus-, Fort- und Weiterbildung sind hier zentrale Faktoren. Daher sollten Digitalisierungs- und Bildungspolitik nicht voneinander getrennt betrachtet, sondern gemeinsam vorangetrieben werden.

Wichtig ist weiterhin, dass Deutschland Möglichkeiten im In- und Ausland nutzt, um das Arbeitsangebot zu steigern. So können im Inland zum Beispiel Teilzeitbeschäftigte Stunden aufstocken oder Langzeitarbeitslose in eine Anstellung zurückkehren. Die Zuwanderung gut ausgebildeter ausländischer Fachkräfte hilft ebenfalls.

Deutschland steht dabei aber im globalen Wettbewerb um die sogenannten „global talents“, die nicht nur hierzulande, sondern in vielen Ländern weltweit stark nachgefragt sind.

Ausblick: Löhne und Preise werden steigen

Die gestiegene Inflation ist bereits ein großes Thema, ohne dass Lohnsteigerungen nennenswert zur Inflationsentwicklung beigetragen hätten. Da Arbeitskräfte knapp sind und sich diese Entwicklung, wie oben dargestellt, in Zukunft allen Prognosen nach weiter fortsetzen wird, werden die Löhne weiter steigen – und zwar nicht nur für Hochqualifizierte, sondern für alle Beschäftigten. Für Beschäftigte ist das zunächst eine gute Nachricht. Um überlebensfähig zu sein, müssen Unternehmen jedoch die höheren Produktionskosten für ihre Produkte und Dienstleistungen in Form von höheren Preisen an die Konsumenten/Konsumentinnen weitergeben. Im Endeffekt entscheiden dann wir alle als Konsumenten/Konsumentinnen, ob wir die Produkte und Dienstleistungen zu den höheren Preisen erwerben wollen.

Literatur:

Autor, David H. (2015), Why are there still so many jobs? The history and future of workplace automation, Journal of Economic Perspectives, Vol. 29 (3), 3 – 30.

Atalay, Enghin, Phai Phongthiengtham, Sebastian Sotelo, and Daniel Tannenbaum (2020), The evolution of work in the United States. American Economic Journal: Applied Economics 12 (2), 1 – 34.

Fuchs, Johann und Sabine Klinger (2020), Wie sich der demografische Wandel auf den deutschen Arbeitsmarkt auswirkt, IAB-Forum 2. Juni 2020.

Fuchs, Johann, Doris Schönlein und Brigitte Weber (2021), Demografische Entwicklung lässt das Arbeitskräfteangebot stark schrumpfen, IAB-Kurzbericht 25|2021.

Spitz-Oener, Alexandra (2006), Technical change, job tasks, and rising educational demands: looking outside the wage structure. Journal of Labor Economics 24 (2), 235 – 270.

Alexandra Spitz-Oener ist Professorin für Volkswirtschaftslehre an der Humboldt-Universität zu Berlin. Sie ist langjähriges Mitglied im Verein für Socialpolitik. Ihre Forschungsinteressen liegen im Bereich der Arbeitsökonomik.

Gabriel Ahlfeldt

„Stadt oder Land – wo ist mein Lebensort der Zukunft?"

Zusammenfassung

Der optimale Urbanisierungsgrad ist theoretisch schwer zu bestimmen. Offensichtlich ist jedoch, dass sich hohe Immobilienpreise in deutschen Städten, in Verbindung mit niedrigen Eigentumsquoten, zum Problem entwickeln. Telearbeit ermöglicht eine Zukunft, in der sich Menschen bezahlbaren Wohnraum in den Lebensräumen leisten können, in denen sie sich wohlfühlen. Um dieses Potential zu heben, werden ein flächendeckender Breitbandausbau und schnelle Stadt-Land-Verbindungen benötigt – aber auch kompakte, transit-orientierte Flächennutzungspläne, die einer Zersiedlung vorbeugen.

Schlüsselbegriffe:
- Stadtökonomie
- Stadt
- Land
- Immobilienpreise
- Infrastruktur
- Agglomeration

Weltweit wohnen bereits mehr als die Hälfte der Menschen in Städten, Tendenz steigend. In Deutschland ist die Urbanisierungsrate mit 77 % noch einmal deutlich höher, wobei hier auch viele Kleinstädte mitzählen (OECD, 2013). Warum zieht es so viele Menschen in die Städte? Das ist eine Frage, die Stadtökonomen/-ökonominnen schon lange beschäftigt.

Unstrittig ist, dass Löhne in Städten höher sind. Vergleicht man zwei Städte, von denen die eine eine doppelt so hohe Bevölkerung hat wie die andere, so hat die größere einen im Schnitt um etwa 4 % höheren Durchschnittslohn. Selbst wenn man Unterschiede in der Qualifikation der Bevölkerung berücksichtigt, ist der Effekt immer noch etwa halb so groß (Combes & Gobillon, 2015). Ein wichtiger Grund dafür ist, dass die Produktivität nicht überall gleich ist: Weil Unternehmen in Städten mit der gleichen Anzahl von Mitarbeitern und Mitarbeiterinnen mehr Waren und Dienstleistungen produzieren, können sie selbst bei gleichem Gewinn höhere Löhne zahlen. Doch wie entstehen solche regionalen Produktivitätsunterschiede? Ein wichtiger Grund sind sogenannte Agglomerationskräfte. In größeren Städten finden Arbeitsuchende leichter eine Stelle, die genau dem eigenen Qualifikationsprofil entspricht.

Abb. 1: Immobilienpreisentwicklung nach Siedlungstyp

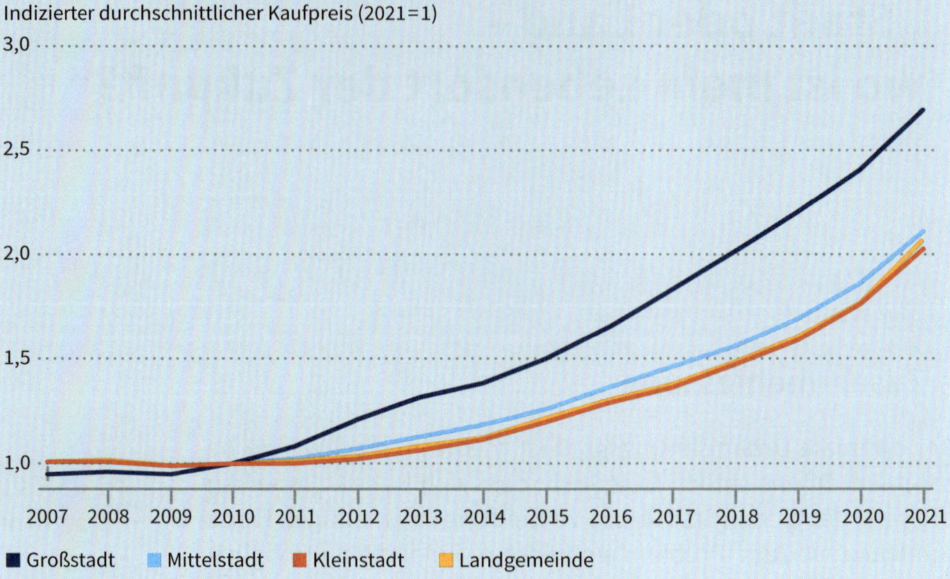

Quelle: Ahlfeldt et al. (2022).

Außerdem kommt es da, wo viele kreative Köpfe zusammenkommen, zum Austausch von Erfahrungen und Ideen, was zu Innovationen führt, die sich wiederum positiv auf die Produktivität auswirken. Neben produktivitätsbedingt höheren Löhnen gibt es auch noch weitere Faktoren, die das Leben in der Stadt attraktiv machen: Kinos, Theater, Museen oder auch exotische Restaurants profitieren von einem größeren Kunden-/Kundinnenkreis; deshalb gibt es in größeren Städten generell eine größere Auswahl an Freizeitangeboten.

Großstädte werden immer beliebter – und teurer

Aber natürlich hat das Leben in der Stadt auch Schattenseiten: Luftverschmutzung, Lärm und Verkehrsstaus sind typische Beispiele. Außerdem sind die Immobilienpreise höher, das Leben in der Stadt ist also teurer. Abbildung 2 zeigt deutlich, dass die Immobilienpreise gerade in Großstädten besonders hoch sind. Um solche Unterschiede zu erklären, greifen Ökonomen und Ökonominnen auf das räumliche Gleichgewichtsmodell zurück. Als Gleichgewicht bezeichnet man in der Stadt- und Regionalökonomie eine Situation, in der niemand einen Anreiz hat umzuziehen. Ist eine Region, ob Stadt oder Land, auf Grund hoher Löhne oder Lebensqualität besonders attraktiv, ziehen Menschen in diese Region. Die gestiegene Nachfrage trifft auf ein begrenztes Wohnungsangebot, so dass die Immobilienpreise steigen. Irgendwann sind die Immobilienpreise dann so hoch, dass niemand mehr einen Anreiz zum Umzug hat. Das Gleichgewicht ist wiederhergestellt. In der Wirklichkeit brauchen solche Anpassungsprozesse natürlich ihre Zeit. Auch gibt es viele sehr persönliche Gründe umzuziehen, so dass es immer Zu- und Fortzüge gibt, selbst wenn sich die Attraktivität einer Region objektiv nicht verändert hat. Trotzdem ist das räumliche Gleichgewicht ein relevantes und nützliches Konzept – die Wirkung unzähliger Standortfaktoren auf Immobilienpreise ist vielfach empirisch nachgewiesen. So ist in Abbildung 2 mit bloßem Auge erkennbar, dass auf Grund ihrer natürlichen Schönheit beliebte Urlaubsregionen wie die Nordseeinsel Sylt (am oberen Bildrand) oder die Alpenregionen (am unteren Bildrand) besonders hohe Immobilienpreise aufweisen.

Mit Hilfe des räumlichen Gleichgewichtmodells lässt sich auch die in Abbildung 1 dargestellte Entwicklung der Wohnungspreise interpretieren: Großstädte müssen in den letzten 15 Jahren relativ zu anderen Siedlungstypen an Attraktivität gewonnen haben. Das kann verschiedene Gründe haben. Zum einen gibt es immer mehr Jobs in technologieorientierten Industrien und wissensbasierten Dienstleistungen, für die Agglomerationskräfte besonders wichtig sind. Gleichzeitig sind einige Nachteile des Stadtlebens kleiner geworden. Beispielsweise haben Luftverschmutzung und Krimi-

Abb. 2: Wohnimmobilienpreise in Deutschland

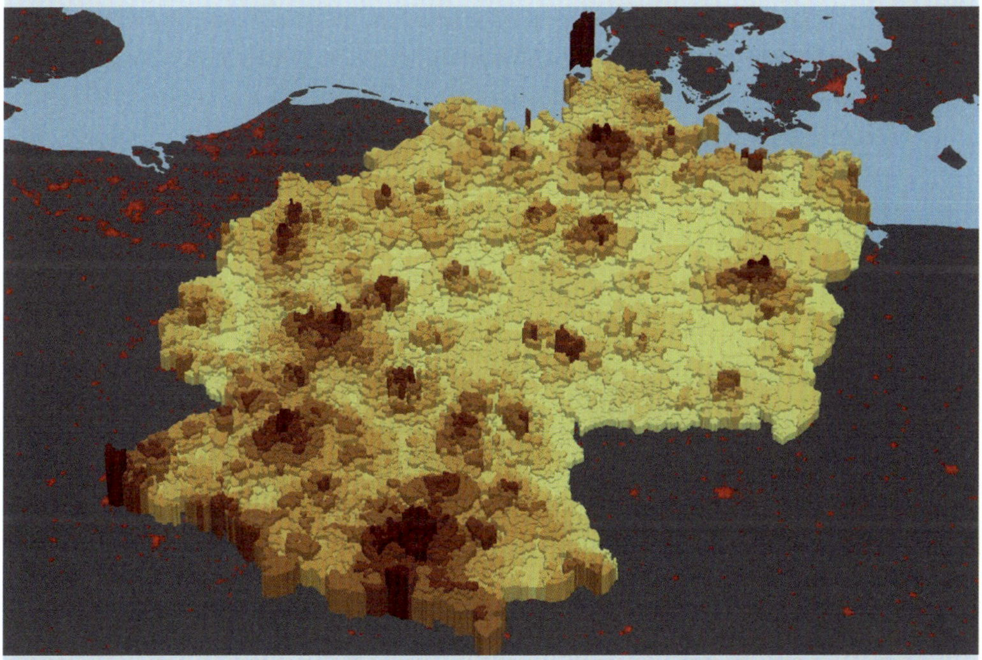

Quelle: Eigene Darstellung auf Grund des Kaufpreisindex für 2018 in Ahlfeldt et al. (2022). Dunkle Farben und hohe Balken bedeuten hohe Quadratmeterpreise.

Das räumliche Gleichgewicht ist ein zentrales Konzept in der räumlichen Volkswirtschaftslehre. Es basiert auf der Annahme, dass sich langfristig die Vor- und Nachteile von Standorten ausgleichen müssen, da es sonst zu Wanderungsbewegungen kommt, die wiederum zu Preisanpassungen auf Arbeits- und Immobilienmärkten führen. Aus der Gleichgewichtsannahme folgt, dass besonders attraktive Orte hohe Immobilienpreise aufweisen. Viele für die Politik wichtige Güter, für die es keinen Markt gibt, können unter Annahme eines räumlichen Gleichgewichts über beobachtete Effekte auf Immobilienpreise bewertet werden, darunter saubere Luft, gute öffentliche Schulen oder eine gute Anbindung an den öffentlichen Personennahverkehr.

nalität relativ zu ländlichen Gebieten im Zeitverlauf abgenommen. Außerdem üben die Lebendigkeit und Diversität des Stadtlebens auf viele gut ausgebildete junge Leute eine zunehmende Attraktivität aus.

Städte können aus volkswirtschaftlicher Perspektive zu groß und zu teuer werden

Wenn das Gleichgewichtsmodell nun besagt, dass die Immobilienpreise nur ein Abbild der Attraktivität der Städte sind, könnte man geneigt sein zu argumentieren, dass hohe Immobilienpreise kein Problem darstellen. So einfach ist es aber nicht, und zwar aus Gründen der Gerechtigkeit *und* Effizienz.

Der Gerechtigkeitsaspekt ist schnell erkennbar, wenn man bedenkt, dass Immobilieneigentümer/-innen bei steigenden Immobilienpreisen keine Erhöhung der Lebenshaltungskosten erfahren. Eigentümer/-innen, die schon vor längerer Zeit Wohneigentum gebildet haben, können also auch weiterhin in großen Wohnungen in teuren Städten leben. Die gestiegenen Immobilienpreise bedeuten einen Vermögenszuwachs – bei einem Umzug in eine günstigere Region fällt z. B. ein monetärer Gewinn an. Die Besonderheiten des deutschen Mietrechts bedeuten außerdem, dass auch Mieter/-innen, die sich vor längerer Zeit noch günstige große Wohnungen gesichert haben, sich diese auch weiterhin leisten können. Weil die Mieten bei Neuvermietung stärker gestiegen sind, als es der gesetzliche Rahmen für Mieterhöhungen in bestehenden Mietverhältnissen erlaubt, haben sich die Angebots- und Bestandsmieten auseinanderentwickelt. Die bestehenden Mietverträge werden daher nur selten gekündigt.

Wenn aber nun Eigentümer/-innen und langfristige Bestandsmieter/-innen pro Kopf viel Wohnraum konsumieren, bleibt in wachsenden Städten für junge Menschen, die größere Wohnungen benötigen, weil sie eine Familie gründen wollen, nicht mehr viel übrig. Es entsteht eine Wohnungsknappheit, welche die verschiedenen Generationen sehr unterschiedlich trifft. Ein weiterer wichtiger Gerechtigkeitsaspekt ist, dass die oben genannten Agglomerationskräfte für verschiedene Berufe sehr unterschiedlich ausfallen. Von steigender Produktivität und höheren Löhnen in wachsenden Städten profitieren nämlich vor allem gut ausgebildete Arbeitnehmer/-innen, die in technologieorientierten Industrien und wissensbasierten Dienstleistungen arbeiten. Für alle anderen wird die Lage auf dem Wohnungsmarkt umso schwieriger.

Neben Gerechtigkeitsaspekten stellt sich aber auch die Frage nach der ökonomischen Effizienz des räumlichen Gleichgewichts. Tatsächlich ist die geltende Lehrmeinung unter Ökonomen/Ökonominnen , dass Städte dazu neigen, aus Sicht der Bewohner/-innen zu groß (und zu teuer) zu werden. Das liegt daran, dass Menschen bei ihrer Wohnortentscheidung die eigenen erwarteten Nutzen und Kosten abwägen, nicht aber die Wirkung auf die Mitmenschen berücksichtigen, die bereits am künftigen Wohnort wohnen. So trägt man, wenn man in eine neue Stadt zieht, zu agglomerationsbedingen Kosten wie Verkehrsstaus und insbesondere höheren Immobilienpreisen bei. Davon sind dann auch alle anderen betroffen, ohne dass das im eigenen Kalkül berücksichtigt wird. Unter Ökonomen/Ökonominnen spricht man von einem externen Effekt. Da beim Vorliegen von externen Effekten individuell rationale Entscheidungen nicht kollektiv rational sind, kann das freie Spiel der Märkte zu einem aus volkswirtschaftlicher Sicht ineffizienten Ergebnis führen. Im konkreten Fall bedeutet das, dass jede individuelle Entscheidung, in einer attraktiven Stadt mit hohem Lohnniveau zu wohnen, nachvollziehbar ist; insgesamt wäre es aber besser, wenn sich die Bevölkerung nicht zu stark in Ballungsräumen konzentrieren würde, da das Wohnen dann im Durchschnitt günstiger wäre.

Sowohl aus Gründen der Gerechtigkeit als auch der Effizienz lässt sich aus hohen Immobilienpreisen in Städten also politischer Handlungsbedarf ableiten. Doch was kann konkret getan werden? Die typische Reaktion der Politik besteht in dem Versuch, das Wachstum der Mieten zu begrenzen. In angespannten Wohnungsmärkten müssen sich Vermieter/-innen seit dem Inkrafttreten der Mietpreisbremse auch bei Neuvermietungen an den ortsüblichen Vergleichsmieten orientieren, die meist deutlich unterhalb des markträumenden Preises liegen. Auf Grund der relativ niedrigen Wohneigentümer/-innenquote sind solche Politikmaßnahmen in Großstädten bei vielen beliebt. Von den meisten Ökonomen/Ökonominnen werden sie aber kritisch gesehen, weil niedrige Preise ein Knappheitsproblem nicht lösen, sondern verstärken. Für die, die eine Wohnung finden, entstehen Anreize, in größeren Wohnungen zu leben. Für die anderen wird es umso schwerer, eine Wohnung zu finden. Lange Schlangen bei Wohnungsbesichtigungen sind die Folge. Solche Nebenwirkungen wunden z. B. für New York empirisch nachgewiesen (Gyourko & Linneman, 1989).

Beliebter ist unter Ökonomen/Ökonominnen der Gedanke, dass eine verstärkte Bautätigkeit der beste Weg ist, die Immobilienpreise in wachsenden Städten langfristig im Rahmen zu halten. Das ist erst einmal intuitiv plausibel: Trifft ein vergrößertes Wohnungsangebot auf unveränderte Nachfrage, müssen die Preise fallen. Unter

Berücksichtigung des räumlichen Gleichgewichts ist es aber nicht mehr so einfach. Sinken die Immobilienpreise in einer beliebten Stadt auf Grund erhöhter Bautätigkeit, schafft dies Anreize für weiteren Zuzug, wodurch die Preise wieder steigen. Landesweit hat das Wohnungsangebot zwar zugenommen, aber die Preiswirkung entfaltet sich dann nicht unbedingt dort, wo gebaut wurde, sondern an den Orten, wo die Menschen weggezogen sind. Es ist daher nicht so einfach, erfolgreich gegen hohe Immobilienpreise in besonders beliebten Städten anzubauen (Ahlfeldt & Barr, 2022).

Telearbeit im ländlichen Raum kann zu Entlastung der städtischen Wohnungsmärkte führen

Eine verlockende Alternative besteht darin, Menschen, die gar nicht in der Stadt leben wollen, das Leben außerhalb der Stadt zu erleichtern. Könnten Menschen, die nur in der Stadt wohnen, weil sie da ihre Arbeitsstelle haben, auf das Land ziehen, würden auch die verbliebenen Stadtbewohner/-innen von niedrigeren Immobilienpreisen profitieren. Im klassischen stadtökonomischen Modell wird diese verlockende Utopie aber durch Pendelkosten verhindert. Die Zeit und das Geld, das für den Weg zur Arbeit aufgewendet wird, müssen natürlich gegen alternative Verwendungsmöglichkeiten abgewogen werden, die sogenannten Opportunitätskosten. Deshalb sind Immobilienpreise umso geringer, je weiter man sich von Beschäftigungszentren entfernt – auch hier ist das räumliche Gleichgewicht am Werk. Stadtrandlagen sind z. B. für viele Menschen noch attraktiv, da man nicht zu weit pendeln muss. Aber ein richtiges Landleben ist für die meisten, die in einem städtischen Ballungsraum arbeiten, logistisch nicht machbar. Deshalb sind im klassischen stadtökonomischen Modell die Entscheidungen für Wohn- und Arbeitsorte auch nie unabhängig.

Die Telearbeit, die im Zuge der Coronapandemie auch unter dem Begriff des Homeoffice Verbreitung gefunden hat, stellt aus stadtökonomischer Perspektive daher eine regelrechte Revolution dar. Wenn Menschen nicht mehr jeden Tag die Arbeitsstätte aufsuchen müssen, müssen Wohn- und Arbeitsorte nicht mehr zusammenfallen. Eine gut bezahlte Arbeit in der Stadt und ein entspanntes Leben auf dem Land rücken in greifbare Nähe – genauso wie entspannte städtische Wohnungsmärkte.

Telearbeit auf dem Land funktioniert nur mit der richtigen Infrastruktur

Ganz so einfach ist das in der Praxis aber nicht. Viele Telearbeiter/-innen werden auch in Zukunft zwar nicht jeden Tag, aber doch regelmäßig ihre Arbeitsstelle aufsuchen müssen. Und auch aus anderen Gründen kann der Besuch in der Stadt erforderlich oder gewünscht sein, z. B. um kulturelle Angebote wahrzunehmen oder aus Gründen der Gesundheitsversorgung. Gefragt sind dann schnelle Verkehrsverbindungen zwischen Stadt und Land. Bei der Versorgung ländlicher Gebiete mit öffentlichem Personennahverkehr ist in den vergangenen Jahrzehnten aber viel gespart worden, so dass es hier Defizite gibt. Zwar wird es nicht möglich sein, jede Siedlung mit einem Regionalexpress zu verbinden. Schnelle Schienenverbindungen und eine geeignete Infrastruktur für die letzte Meile, z. B. zum Abstellen und Laden von Elektroautos und E-Bikes, müssen sich ergänzen. Ganz ohne einen Ausbau der schon jetzt häufig überlasteten Verbindungen aus den Städten in das ländliche Umland wird aber kaum gehen.

Noch wichtiger ist, dass es auf dem Land auch ein schnelles und verlässliches Internet gibt, denn ohne dieses funktioniert Telearbeit nicht. Auch hier gibt es, trotz deutlicher Fortschritte, noch Defizite. Zwar lag die deutschlandweite Verfügbarkeit in der Breitbandklasse ab 100 Mbit/s in 2021 schon bei 90 %, in ländlichen Gebieten lag die Quote aber noch unter 70 %. Bei der Zukunftstechnologie Glasfaser konnte in ländlichen Gebieten sogar nur 23 % der Haushalte ein Angebot gemacht werden (BMVI, 2021). Um den Ausbau in ländlichen Gebieten voranzubringen, wird kräftig investiert – der Bund stellt dafür immerhin 12 Mrd. € zur Verfügung (Deutscher Bundestag, 2021). Diese Subventionen sind aber durchaus umstritten. Der Breitbandausbau in ländlichen Gebieten ist pro Kopf deutlich teurer als in Städten. Gleichzeitig ist die Nachfrage nach schnellem Internet geringer. Wenn die Bereitstellungskosten nicht nur die Marktpreise, sondern auch den Nutzen, den die Menschen aus schnellem Internet auf dem Land beziehen, übersteigen, kommt zu Recht die Frage nach der volkswirtschaftlichen Rechtfertigung auf.

Allerdings fällt die volkswirtschaftliche Kosten-Nutzen-Rechnung ganz anders aus, wenn erst einmal viele Telearbeiter/-innen auf dem Land wohnen, die auf ein schnelles Internet dringend angewiesen sind. Und dabei sind die externen Effekte noch gar nicht berücksichtigt: Wenn sich urbane Wohnungsmärkte entspannen, profitieren wie beschrieben auch Städter/-innen. Und wenn schnelles Internet dazu beiträgt, dass sich der Bevölkerungsschwund in ländlichen Regionen verlangsamt oder gar umkehrt, bedeutet dies nicht zuletzt einen wirtschaftlichen Impuls, der die Daseinsvorsorge erleichtert – also die staatliche Verpflichtung, notwendige öffentliche Dienstleistungen in der Breite zu erbringen.

Wo es Chancen gibt, gibt es natürlich auch Herausforderungen. Aus volkswirtschaftlicher Sicht ist einer der großen Vorteile des Stadtlebens die Energiebilanz. Zum einen wird in der Stadt auf Grund der kurzen Wege weniger Auto gefahren. Zum anderen sind Mehrfamilienhäuser energieeffizienter. Deshalb trägt das Leben in der Stadt grundsätzlich weniger zum Klimawandel und den damit einhergehenden Folgekosten bei. Außerdem wird, wenn viele Menschen wie in der Stadt auf engem Raum leben, pro Kopf weniger Fläche versiegelt. Soll das Landleben erleichtert werden, muss daher einiges beachtet werden. Insbesondere bedarf es der Flächennutzungspläne, die Zersiedlung vermeiden und die Entwicklung in den Bestand lenken. Neubau sollte nur da entstehen, wo es wirklich nötig ist, und dann auch nur in guter Erreichbarkeit von Verkehrsknotenpunkten. Wird die ökologische Nachhaltigkeit aber mitgedacht, kann es in einem hoch urbanisierten Land wie Deutschland durchaus Sinn ergeben, eine gleichmäßigere Bevölkerungsverteilung anzustreben, damit die Städte am Ende nicht Opfer ihres eigenen Erfolgs werden. Die Erleichterung der Telearbeit im ländlichen Raum mittels Förderung geeigneter Infrastruktur ist dafür ein vielversprechender Weg.

In der Zukunft sollten Menschen dort wohnen, wo sie wollen, nicht dort, wo sie müssen

Wenn das alles so klappt, dann ist der Blick in die Zukunft hinsichtlich der Entscheidung für das Leben in der Stadt oder auf dem Land durchaus erfreulich. Rücken durch Telearbeit und eine geeignete Infrastruktur die Pendelkosten in den Hintergrund, entscheiden sich die Menschen im stadtökonomischen Modell für die Standorte, wo sie relativ zu anderen eine höhere Zahlungsbereitschaft für das Wohnumfeld haben. Mit anderen Worten, sie leben dort, wo sie wollen, und nicht dort, wo sie aus beruflichen Gründen wohnen müssen. Im räumlichen Gleichgewicht bedeutet das dann mehr wirtschaftliche Dynamik in ländlichen Regionen, weniger angespannte Wohnungsmärkte in den Städten und somit im Schnitt eine höhere Lebensqualität für alle.

Literaturverzeichnis

Ahlfeldt, G. M., Heblich, S., Seidel, T. (2022): Micro-geographic property price indices. Regional Science and Urban Economics, *https://doi.org/10.1016/j.regsciurbeco.2022.103836* (online first).

Ahlfeldt, G. M., Barr, J. (2022): The economics of skyscrapers: A synthesis. Journal of Urban Economics, 129, *https://doi.org/10.1016/j.jue.2021.103419* (online first).

Bundesministerium für Verkehr und digitale Infrastruktur (BMVI), (2021): Aktuelle Breitbandverfügbarkeit in Deutschland. *www.breitbandatlas.de*. Stand Mitte 2021.

Combes, P., Gobillon, L. (2015): The empirics of agglomeration economies. Hrsg. G. Duranton, V. Henderson, W. Strange, Handbook of Regional and Urban Economics, volume 5. Elsevier, Amsterdam, S. 247 – 348.

Deutscher Bundestag (2021). Status quo des Glasfaserausbaus in Deutschland. Antwort der Bundesregierung. Bundestag Drucksache 19/32558.

Gyourko, J., Linneman, P. (1989): Equity and efficiency aspects of rent control: An empirical study of New York City. Journal of Urban Economics 26(1), S. 54 – 74.

OECD (2013): Urban population in OECD countries, in OECD Regions at a Glance 2013, OECD Publishing, Paris. DOI: *https://doi.org/10.1787/reg_glance-2013-6-en*.

Gabriel Ahlfeldt ist Professor für Volkswirtschaftslehre an der Humboldt-Universität zu Berlin und Herausgeber der Fachzeitschrift „Regional Science and Urban Economics".

Teil IV:

Zukunft des Sozialstaats

Martin Werding

„Der demografische Wandel: Überlastung für die Jungen?“

Zusammenfassung

Die Zahl der Erwerbspersonen wird in Deutschland in den kommenden Jahren voraussichtlich mehr und mehr sinken. Die Zahl der Personen im Rentenalter wird dagegen stark steigen. Diese Entwicklung könnte die Position der Jüngeren im Arbeitsmarkt stärken und zu einem verringerten Arbeitslosigkeitsrisiko sowie zu attraktiveren Arbeitsbedingungen führen. Der demografische Wandel wirkt sich aber auch auf die öffentlichen Finanzen, vor allem das gesetzliche Rentensystem, aus: Wenn weniger Beschäftigte in das System einzahlen und mehr Renten ausgezahlt werden, erhöhen sich die Rentenbeiträge. Ohne Reformen könnten die steigenden Abgaben die zukünftige Arbeitsmarktentwicklung beeinträchtigen. Die Beiträge zum Rentensystem können vom erwarteten Anstieg der Rentenausgaben nur abgekoppelt werden, wenn mehr ergänzende Altersvorsorge über Kapitalmärkte betrieben wird. Hierfür benötigt man allerdings Zeit, bis ausreichende Zusatzrenten erwirtschaftet werden. Daher sind dringend Entscheidungen über eine ergänzende Altersvorsorge und über angemessene Reformen des bisherigen Rentensystems notwendig.

Schlüsselbegriffe:
- demografischer Wandel
- Alterungsprozess
- Fachkräftemangel
- Rentenfinanzierung
- Tragfähigkeit der öffentlichen Finanzen

Das Problem

Deutschland steht direkt vor einer akuten Phase des demografischen Wandels, in der die Zahl der Erwerbspersonen zu sinken beginnt, während die Zahl der Personen im Rentenalter stark steigt. Dieser Prozess vollzieht sich in den nächsten 20 Jahren schneller und stärker als in den meisten anderen EU- oder OECD-Staaten. Er führt aller Voraussicht nach zu einer dauerhaften Verschiebung der Altersstruktur der Wohnbevölkerung, die bei der Finanzierung von Renten, Gesundheitssystem und Pflege große Spannungen erzeugen wird. Gleichzeitig werden junge, vor allem gut ausgebildete Arbeitskräfte immer dringender gesucht werden.

Diese Entwicklungen sind seit rund vierzig Jahren absehbar, auch wenn sich das genaue Ausmaß des demografischen Wandels erst im Lauf der Zeit immer klarer abgezeichnet hat. Die Politik hat in den letzten 30 Jahren verschiedene Reformen ergriffen, um die Folgen des demografischen Wandels abzumildern. Ohne die dabei vorgenommenen Änderungen des Zuwanderungs-, Arbeits- oder Rentenrechts wären die Perspektiven für die nächsten 20 Jahre noch herausfordernder. Eine Strategie, mit der sich die Entstehung von Spannungen in den Sozialfinanzen frühzeitig hätte eindämmen lassen, wurde allerdings nicht entwickelt. Darum kann jetzt nur noch versucht werden, die entstandenen Belastungen fair zu verteilen.

Demografischer Wandel: Ursachen und Verlauf

Die demografische Entwicklung lässt sich für lange Zeiträume recht verlässlich vorausberechnen (Statistisches Bundesamt 2019). Die Größe und Altersstruktur der Wohnbevölkerung Deutschlands wird noch viele Jahre maßgeblich von der heutigen Bevölkerungszahl und -zusammensetzung bestimmt. Die meisten Menschen, die 2040 in Deutschland leben werden, sind heute bereits Einwohnerinnen und Einwohner dieses Landes.

Unsicherheiten betreffen vor allem die zukünftige Entwicklung der Zu- und Abwanderungen und in geringerem Maß die Entwicklung von Geburten- und Sterberate. So können Zu- und Abwanderungen binnen kurzer Zeit stark schwanken und Veränderungen der Bevölkerung durch Geburten und Todesfälle in die eine oder andere Richtung modifizieren. Die Zahl der jährlichen Geburten und jene der Sterbefälle unterliegen dagegen relativ stabilen Trends, die seit Jahrzehnten anhalten (Statistisches Bundesamt 2022).

Wegen der großen Trägheit solcher demografischer Entwicklungen werden diese in Deutschland auf Sicht vor allem von starken Veränderungen der Geburtenzahlen zwischen 1955 und 1975 bestimmt. Hinzu kommt ein anhaltender Anstieg der Lebenserwartung. Nach einem im internationalen Vergleich relativ späten und eher schwachen „Babyboom“ in den 1960er Jahren sanken die Geburtenzahlen anschließend schneller und stärker als in praktisch allen vergleichbaren Ländern (Cigno und Werding 2007, Kap. 1), mit annähernd identischen Verläufen in West- und Ostdeutschland. Seitdem verharrte die Fertilität in Westdeutschland rund 40 Jahre lang auf einem unverändert niedrigen Niveau, während sie in Ostdeutschland zunächst wieder anstieg, nach der Wiedervereinigung dagegen für einige Jahre noch deutlich niedriger ausfiel.

Die anhaltend geringen Geburtenzahlen erklären mehr als 70 Prozent des bis 2040 erwarteten demografischen Alterungsprozesses, die steigende Lebenserwartung rund 15 Prozent und vorübergehende Effekte des Babybooms gut 10 Prozent (Wissenschaftlicher Beirat beim BMWi 2021). Längerfristig wird die demografische Alterung nicht wieder zurückgehen. Unter günstigen Annahmen bleibt die verschobene Alters-

Abb. 1: Die Altersstruktur der Wohnbevölkerung verschiebt sich bis 2035 stark und dauerhaft

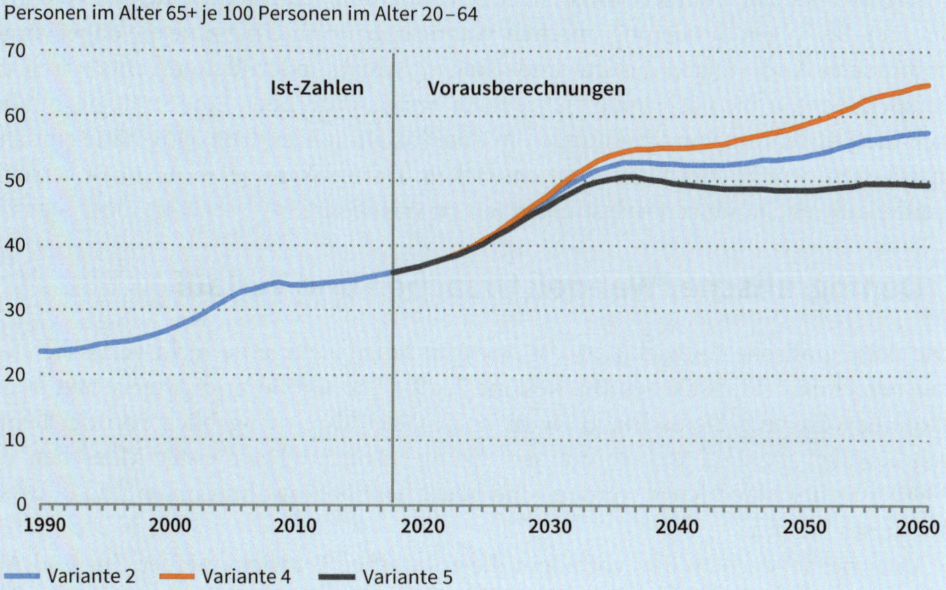

Quelle: Statistisches Bundesamt (2022)

struktur nach 2040 konstant, unter ungünstigen Annahmen geht der Alterungsprozess langsam weiter (vgl. Abb. 1; Statistisches Bundesamt 2019).

Auswirkungen auf den Arbeitsmarkt

Wegen der niedrigen Geburtenzahlen fängt die Zahl der Personen im Erwerbsalter in Deutschland demnächst an zu schrumpfen. Selbst eine hohe Zuwanderung kann dies in Zukunft nicht mehr ausgleichen. So ist bis zum Jahr 2040 mit einem Rückgang der Erwerbspersonenzahl um rund 10 Prozent, bis 2060 mit einem Rückgang um rund 20 Prozent zu rechnen – trotz ständiger Zuwanderung und steigender Erwerbsbeteiligung (Fuchs u. a. 2021).

Vorausschätzungen dieser Art sind mit größerer Unsicherheit behaftet als Vorausberechnungen zur demografischen Entwicklung. Die Erwerbsbeteiligung ist verhaltensabhängig und wird von vielen Faktoren beeinflusst. Bei der Abschätzung der Zahl der tatsächlich Erwerbstätigen ist zudem noch die Entwicklung der Arbeitslosigkeit zu berücksichtigen, die konjunkturellen Schwankungen und längerfristigen Trends in wechselnde Richtungen unterliegen kann.

Insgesamt ist jedoch damit zu rechnen, dass sich in Deutschland in den nächsten zwanzig Jahren ein allgemeiner Fachkräftemangel herausbildet. Bereits heute bestehen für manche Branchen und Berufe – solche mit höheren und auch solche mit mittleren Qualifikationen – spürbare Fachkräfteengpässe (Bundesagentur für Arbeit 2022). Wenn die Nachfrage nach Arbeitskräften nicht im gleichen Maße sinkt wie das Angebot, stärkt diese Entwicklung die Position jüngerer Arbeitskräfte im Arbeitsmarkt und könnte zu einem verringerten Arbeitslosigkeitsrisiko und attraktiveren Arbeitsbedingungen führen.

Bis Anfang der 2000er Jahre ist die Arbeitslosenquote in (West-)Deutschland in ihrer Tendenz, mit gewissen konjunkturellen Schwankungen, kontinuierlich gestiegen (s. Abb. 2). Im Jahr 2005 erreichte sie einen Spitzenwert bei 11,7 Prozent. Nach einer bemerkenswerten Trendwende ist sie anschließend aber wieder deutlich zurückgegangen, auf aktuell unter 6 Prozent. Unternehmen haben mittlerweile oft große Mühe, freie Stellen zu besetzen, während qualifizierte Arbeitskräfte die Wahl zwischen mehreren Jobs haben. Beides könnte sich in Zukunft noch verstärken.

Sinkende Erwerbspersonenzahlen sind aber kein Garant dafür, dass die Arbeitsmarktlage in den nächsten Jahren und Jahrzehnten für alle günstig bleibt, die neu auf den Arbeitsmarkt kommen oder ihre Beschäftigung wechseln. Die Demografie liefert wichtige Ausgangsdaten für das Zusammenspiel von Angebot und Nachfrage in den Arbeitsmärkten. Ein Wiederanstieg der Arbeitslosigkeit wird von dieser Seite her weniger wahrscheinlich. Gleichzeitig liefert der demografische Wandel aber auch Gründe, sich um die Beschäftigungschancen und Nettoeinkommen jüngerer und zukünftiger Arbeitskräfte Sorgen zu machen.

Abb. 2: Die Arbeitsmarktentwicklung hat sich seit 2005 spürbar verbessert

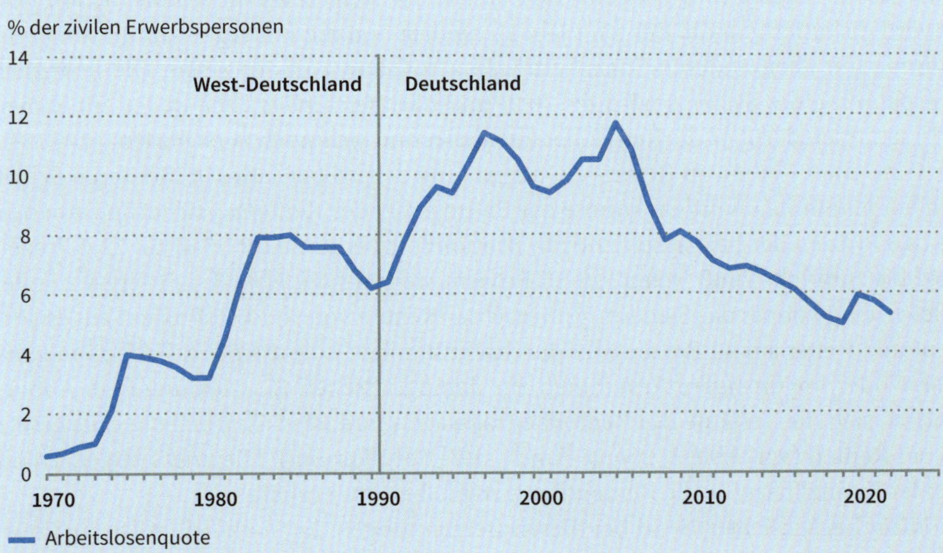

Quelle: Statistik der Bundesagentur für Arbeit (2022)

Auswirkungen auf öffentliche Finanzen und Rentensystem

Die öffentlichen Ausgaben eines Landes werden stark von der Größe der Gesamtbevölkerung bestimmt. Diese sinkt in Deutschland aber wesentlich langsamer als die Erwerbspersonenzahl, wegen der steigenden Anzahl älterer Menschen. Zu den Einnahmen des Staates tragen dagegen die Erwerbstätigen weit überproportional bei. Die demografische Alterung erzeugt daher eine große Herausforderung für die öffentlichen Finanzen (Bundesministerium der Finanzen 2020, Werding u. a. 2020).

Besonders deutlich wird die absehbare Spannung zwischen Ausgaben und Einnahmen bei den gesetzlichen Sozialversicherungen. Diese werden fast vollständig im sogenannten „Umlageverfahren“ finanziert. Das heißt, dass die gezahlten Beiträge jedes Jahr direkt wieder für anfallende Versicherungsleistungen ausgegeben werden und dass die Beitragssätze nötigenfalls an steigende Ausgaben angepasst werden müssen. Die Leistungen der Renten-, Kranken- und Pflegeversicherung werden stark von der Altersstruktur der Versicherten beeinflusst. Beiträge zur Rentenversicherung zahlen dagegen praktisch nur Personen im Erwerbsalter. Bei der Kranken- und Pflegeversicherung zahlen sie den größten Teil davon.

In der Rentenversicherung ist ohne Anpassungen des heute geltenden Rechts für die nächsten Jahre und Jahrzehnte mit ständig steigenden Beitragssätzen zu rechnen, obwohl das Sicherungsniveau der Renten sukzessive sinkt (s. Abb. 3). Als „Sicherungsniveau“ bezeichnet man – grob ausgedrückt – das Verhältnis zwischen der Rente langzeitversicherter Durchschnittsverdienender und dem aktuellen Durchschnittslohn aller Beitragszahlerinnen und Beitragszahler. Ein sinkendes Niveau bedeutet somit, dass die Renten im Lauf der Zeit langsamer steigen als die Löhne. Schon heute wird diskutiert, ob die Renten nicht zu niedrig und die Beiträge – zumindest in der Summe mit allen anderen Sozialbeiträgen – trotzdem zu hoch seien. Die finanzielle Anspannung des Systems wird bis 2040 und darüber hinaus aber weiter zunehmen. Diskussionen darüber dürften daher andauern und sich noch verschärfen.

Trotz einer Reihe von Reformen, die Anfang der 2000er Jahre in mehreren Schritten vorgenommen wurden, könnte der Beitragssatz der Rentenversicherung von heute 18,6 Prozent der beitragspflichtigen Bruttolöhne bis zum Jahr 2040 auf 22,6 Prozent und bis zum Jahr 2060 weiter auf 25 Prozent steigen (vgl. Abb. 3, mittlere Variante). Gleichzeitig könnte das Sicherungsniveau der Renten von rund 49 Prozent auf 46 Prozent und weiter auf 44 Prozent der durchschnittlichen Löhne sinken. Trifft man günstigere oder ungünstigere Annahmen zur demografischen Entwicklung (vgl. Abb. 1), ändern sich die Verläufe des Rentenbeitragssatzes und des Sicherungsniveaus gesetzlicher Renten (vgl. Abb. 3, „junge“ und „alte“ Bevölkerung). Die ungünstigen Trends beider Kennziffern für die Rentenfinanzen bleiben aber erhalten.

Nicht berücksichtigt wird bei diesen Berechnungen die in aktuellen Diskussionen häufig geforderte Einführung einer dauerhaften „Haltelinie“ für das Sicherungsniveau der Renten. Würde man beschließen, dass das Sicherungsniveau dauerhaft nicht unter 48 Prozent fallen darf, müsste der Rentenbeitragssatz bis zum Jahr 2040 auf 23,5 Prozent und bis zum Jahr 2060 sogar auf rund 27 Prozent steigen.

Die Summe aller Sozialversicherungsbeiträge, die aktive Versicherte und ihre Arbeitgeberinnen und Arbeitgeber zahlen müssten, könnte unter solchen Umständen – ausgehend von derzeit 40 Prozent der beitragspflichtigen Bruttolöhne – ungefähr im Jahr 2040 die 50-Prozent-Grenze überschreiten und bis zum Jahr 2060 weiter auf 60 Prozent anwachsen (Werding 2021). Bei den Beiträgen zur Kranken- und Pflegeversicherung ist im Zuge des demografischen Wandels nämlich ebenfalls mit einem Anstieg zu rechnen. Wenn so hohe Beitragssätze die Beschäftigungsentwicklung beeinträchtigen, ergeben sich auch noch höhere Beiträge zur Arbeitslosenversicherung. Dass die Erwerbstätigen von ihren Löhnen neben den Sozialbeiträgen auch noch Steuern zahlen müssen, ist in den genannten Belastungen noch nicht enthalten.

Einschränkungen

Die hier genannten Werte für Beitragssätze und Sicherungsniveau dürfen nicht als exakte Vorhersagen verstanden werden. Sie sind mit noch größeren Unsicherheiten behaftet als die Vorausschätzungen zum zukünftigen Erwerbspersonenpotenzial, weil

Abb. 3: Die Beitragssätze zur Rente müssen deutlich steigen, obwohl das Sicherungsniveau der Renten sinkt

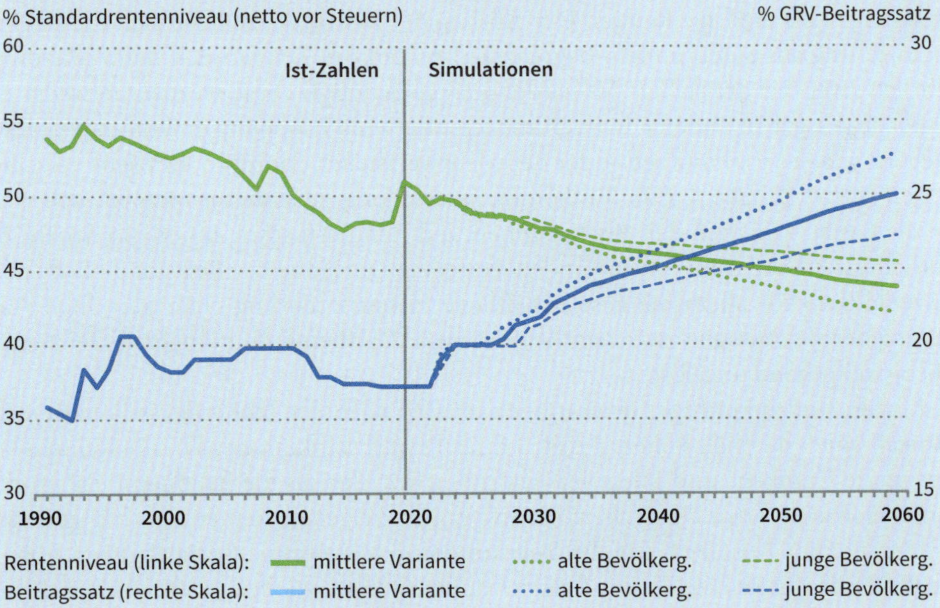

Quelle: Deutsche Rentenversicherung (2022); SIM.19 (Werding 2021)

sie von zahlreichen weiteren, im Vorhinein unbekannten Faktoren abhängen. Solche Simulationen haben jedoch dann eine gewisse Aussagekraft, wenn unterschiedliche Annahmen immer zu mehr oder weniger ungünstigen Ergebnissen führen (etwa in Werding u. a. 2020; Werding 2021). In diesem Fall erlauben sie klare Trendaussagen zu den Auswirkungen des demografischen Wandels auf die Finanzierung von Renten und anderen öffentlichen (Sozial-)Ausgaben und geben eine aus heutiger Sicht plausible Vorstellung von der Größenordnung dieser Effekte.

Schlussfolgerungen

Simulationen mit abweichenden Annahmen zeigen, dass eine höhere Zuwanderung von Arbeitskräften, eine stärker steigende Erwerbsbeteiligung von Frauen und älteren Arbeitskräften und sehr langfristig auch ein Wiederanstieg der Geburtenzahlen Beiträge dazu leisten können, die Effekte des demografischen Wandels zu mildern. Es existiert jedoch keine einzelne „Stellschraube" im Bereich der Rentenfinanzen und ihrer Grundlagen, mit der diese Effekte vollständig ausgeglichen werden könnten. Selbst eine Kombination vieler günstiger Entwicklungen und Einzelmaßnahmen würde die negativen Auswirkungen des bevorstehenden Alterungsprozesses nicht vollständig abwenden.

Unter dem geltenden Recht erzeugt der demografische Wandel im Rentensystem Belastungen in Form steigender Beitragssätze und eines sinkenden Sicherungsniveaus. Beide Arten von Belastungen lassen sich anders aufteilen. So könnte durch unterschiedliche Rentenanpassungen dafür gesorgt werden, dass hohe Renten langsamer steigen als niedrige Renten. Der Anstieg der Beitragssätze ließe sich durch Umfinanzierung aus Steuermitteln begrenzen. Im Lauf der Zeit würden dafür allerdings jährlich zwei- bis dreistellige Milliardenbeträge benötigt. Diese würden entweder öffentliche Ausgaben anderer Art verdrängen oder eine Erhöhung aufkommensstarker Steuern wie der Einkommen- oder der Mehrwertsteuer erfordern, mit sehr verschiedenen Auswirkungen auf die Einkommensverteilung. Jede dieser Maßnahmen würde die Lasten zwischen den Rentnerinnen und Rentnern sowie innerhalb der Bevölkerung im Erwerbsalter (etwas) anders verteilen. Die Höhe der Belastung bliebe aber unverändert. Vor allem die gesellschaftliche Herausforderung einer gerechten Aufteilung der Belastungen zwischen Angehörigen der älteren und jüngeren Generation bliebe weitgehend ungelöst.

Jüngere und zukünftige Generationen müssen nach den hier vorgestellten Berechnungen einen deutlich höheren Anteil ihres Erwerbseinkommens in die Renten- sowie in die Kranken- und Pflegeversicherung einzahlen als die heutigen Beitragszahler. Gleichzeitig wäre das Sicherungsniveau ihrer eigenen Renten spürbar geringer. Wenn sie zum Ausgleich für die Belastung durch steigende Sozialabgaben höhere Bruttolöhne durchsetzen, zum Beispiel durch Streiks, werden in Deutschland produzierte Güter und Dienstleistungen teurer. Sie könnten im Ausland wie im Inland dann weniger gekauft werden als bisher. Wenn die Lohnentwicklung dagegen moderat bleibt, werden in Deutschland erzielbare Nettoeinkommen weniger attraktiv. Anstelle der erhofften Zuwanderung könnten junge Arbeitskräfte dann anfangen auszuwandern. So oder so trüben die absehbaren Entwicklungen die eigentlich günstigen Aussichten für die zukünftige Arbeitsmarktsituation.

Angesichts dieser Perspektiven kommt der ergänzenden Altersvorsorge eine besondere Bedeutung zu: Wenn Beitragsmittel zunächst mit möglichst hoher Rendite an den Kapitalmärkten angelegt und erst später für Renten ausgegeben werden, kann die Entwicklung der Beitragssätze von der Höhe der jährlichen Rentenausgaben entkoppelt werden. Sobald sich daraus in angemessenem Umfang zusätzliche Altersrenten finanzieren lassen, könnte das Niveau der Umlagerenten (weiter) reduziert werden. Effektiv würde so ein Teil des für die Zukunft erwarteten Anstiegs der Beiträge zur Alterssicherung vorgezogen, um ihn langfristig zu begrenzen. Der Aufbau kapitalgedeckter Altersvorsorge erfordert allerdings Zeit und wäre daher besser schon früher konsequent eingeleitet worden.

Spätestens von 2030 an wird die Rentenfinanzierung aus heutiger Sicht für alle Beteiligten zunehmend schwierig werden. Daher sind nun dringend Entscheidungen fällig, ob und gegebenenfalls wie jüngere und zukünftige Erwerbspersonen von den Effekten des demografischen Wandels entlastet werden sollen. Nur so ließe sich der ständig steigende Druck auf Beitragssätze und Renten dämpfen und langfristig unter Umständen sogar überwinden.

Literatur:

Bundesagentur für Arbeit (2022), Fachkräfteengpassanalyse 2021, BA: Nürnberg. [*https://statistik.arbeitsagentur.de/SiteGlobals/Forms/Suche/Einzelheftsuche_Formular.html?topic_f=fachkraefte-engpassanalyse*].

Bundesministerium der Finanzen (2020), Tragfähigkeitsbericht 2020, BMF: Berlin. [*https://www.bundesfinanzministerium.de/Content/DE/Downloads/Broschueren_Bestellservice/2020-03-11-tragfaehigkeitsbericht.html*].

Cigno, A. und M. Werding (2007), Children and Pensions, MIT-Press: Cambridge, MA, London. [*https://mitpress.mit.edu/9780262537247/children-and-pensions/* NB: Kein kostenloser Download des Buchs verfügbar].

Deutsche Rentenversicherung (2022), Rentenversicherung in Zeitreihen, DRV: Berlin. [*https://statistik-rente.de/drv/extern/zeitreihen/*].

Fuchs, J., D. Söhnlein und B. Weber (2021), Projektion des Erwerbspersonenpotenzials bis 2060, IAB-Kurzbericht Nr. 25/2021, IAB: Nürnberg. [*https://doku.iab.de/kurzber/2021/kb2021-25.pdf*].

Statistik der Bundesagentur für Arbeit (2022), Arbeitslosigkeit im Zeitverlauf: Entwicklung der Arbeitslosenquote (Jahreszahlen) 2022, BA: Nürnberg. [*https://statistik.arbeitsagentur.de/Statistikdaten/Detail/Aktuell/iiia4/laender-heft/laender-heft-dl-0-xlsx.xlsx?__blob=publicationFile&v=4*].

Statistisches Bundesamt (2019), Bevölkerung im Wandel: Annahmen und Ergebnisse der 14. Koordinierten Bevölkerungsvorausberechnung, Statistisches Bundesamt: Wiesbaden. [*https://www.destatis.de/DE/Presse/Pressekonferenzen/2019/Bevoelkerung/presse-broschuere-bevoelkerung.pdf?__blob=publicationFile*].

Statistisches Bundesamt (2022), Bevölkerung und Erwerbstätigkeit: Zusammenfassende Übersichten Eheschließungen, Geborene und Gestorbene 1946–2021, Statistisches Bundesamt: Wiesbaden. [*https://www.destatis.de/DE/Themen/Gesellschaft-Umwelt/Bevoelkerung/Eheschliessungen-Ehescheidungen-Lebenspartnerschaften/Publikationen/Downloads-Eheschliessungen/zusammen-eheschliessungen-geborene-gestorbene-5126102217004.pdf?__blob=publicationFile*].

Werding, M., K. Gründler, B. Läpple, R. Lehmann und N. Potrafke (2020), Modellrechnungen für den Fünften Tragfähigkeitsbericht des BMF, ifo Institut: München. [*https://www.ifo.de/publikationen/2020/monographie-autorenschaft/modellrechnungen-tragfaehigkeitsbericht*].

Werding, M. (2021), Demografische Alterung und öffentliche Finanzen: Wie geht es nach der Covid-19-Krise weiter?, Bertelsmann Stiftung: Gütersloh. [*https://www.bertelsmann-stiftung.de/fileadmin/files/user_upload/Studie_MT_Werding_Demografische_Alterung_und_oeffentliche_Finanzen_2021.pdf*].

Wissenschaftlicher Beirat beim Bundesministerium für Wirtschaft und Energie (2021), Vorschläge für eine Reform der gesetzlichen Rentenversicherung (Gutachten), BMWi: Berlin. [*https://www.bmwk.de/Redaktion/DE/Publikationen/Ministerium/Veroeffentlichung-Wissenschaftlicher-Beirat/wissenschaftlicher-beirat-vorschlaege-reform-gutachten.html*].

Weiterführende Literatur:

Eine wissenschaftliche Bestandsaufnahme aus der Zeit der letzten größeren Rentenreformen, mit größtenteils noch aktuellen Befunden: Hamm, I., H. Seitz und M. Werding (Hrsg.; 2007), Demographic Change in Germany: The Economic and Fiscal Consequences, Springer: Berlin, Heidelberg, New York. [*https://link.springer.com/book/10.1007/978-3-540-68137-3*].

Der Endbericht der „Rentenkommission“, die in der Legislaturperiode 2017-21 von der damaligen Bundesregierung eingesetzt wurde: Kommission Verlässlicher Generationenvertrag (2021), Bericht der Kommission, BMAS: Berlin. [*https://www.bmas.de/DE/Soziales/Rente-und-Altersvorsorge/Kommission-Verlaesslicher-Generationenvertrag/Bericht-der-Kommission/bericht-der-kommission.html*].

Tagungsbeiträge zum uneingelösten Reformbedarf vor der letzten Bundestagswahl: Deutsche Rentenversicherung (Hrsg., 2020), Sonderheft „Rentenpolitik vor Zukunftsentscheidungen“, Deutsche Rentenversicherung, 75. Jg., Heft 1/2020 (diverse Beiträge). [*https://www.deutsche-rentenversicherung.de/SharedDocs/Downloads/DE/Zeitschriften/DRV_Hefte_deutsch/2020/heft_1.pdf?__blob=publicationFile&v=1*].

Martin Werding ist Professor für Sozialpolitik und öffentliche Finanzen an der Ruhr-Universität Bochum und seit 2022 zudem Mitglied im Sachverständigenrat zur Begutachtung der gesamtwirtschaftlichen Entwicklung.

Christian Bayer[1]

„Vermögen für alle?“

Zusammenfassung

Die reichsten zehn Prozent der deutschen Haushalte haben ein Vermögen, das im Schnitt 150-mal so groß ist wie das durchschnittliche Vermögen der ärmsten 50 Prozent. Im europäischen Vergleich haben insbesondere die armen Haushalte in Deutschland auffallend wenig Vermögen. Eine Ursache hierfür liegt in den geringen Anreizen zur Vermögensbildung am unteren Ende der Verteilung. Verstärkend kommt hinzu, dass arme Haushalte in Deutschland vor allem in Anlageformen sparen, die besonders niedrige Renditen aufweisen. Ein Staatsfonds, der Renditedifferenzen ausnutzt, Staatsschulden ausgibt und dafür Kapital erwirbt, könnte Abhilfe schaffen, indem er Vermögen für alle aufbaut.

Schlüsselbegriffe:
- Vermögensverteilung
- Ungleichheit
- Haushaltsportfolios
- Rentenversicherung
- Staatsschulden

Die Vermögen in Deutschland sind ungleich verteilt. Während das reichste Zehntel aller Haushalte im Durchschnitt über ein Vermögen von knapp 1,25 Mio. € verfügt, besitzen die 50 Prozent ärmsten Haushalte im Durchschnitt nur etwa 8.200 € (Daten aus dem Jahr 2017, HFCS, der EU-weiten Vermögensbefragung der Haushalte). Die Gründe für die großen Unterschiede im Vermögen sind so vielfältig, wie Vermögen unterschiedlichen wirtschaftlichen Zwecken dient.

Aus ökonomischer Sicht bedeutet „über Vermögen zu verfügen“ primär, die Möglichkeit zu haben, in der Zukunft Ausgaben zu tätigen, ohne über ein entsprechendes Einkommen verfügen zu müssen. Daher ist zum Beispiel die Vorsorge für das Alter oft ein zentrales Motiv in der Vermögensbildung. Aber auch andere Situationen, in denen Einkommen und Ausgabenwünsche auseinanderfallen, spielen eine wichtige Rolle für die Entscheidung, auf heutigen Konsum zu verzichten und Vermögen zu

[1] Ich danke Sebastian Hildenbrand für seine großartige Hilfe bei der Aufbereitung und Darstellung der HFCS-Daten.

bilden. Solche Situationen, für die man vorsorgen will, können zum Beispiel Zeiten von Arbeitslosigkeit oder Teilzeitbeschäftigung sein.

Was die Vermögensverteilung treibt

Wie sehr ein Haushalt dem Wunsch nachgehen kann, sich gegen Einkommensänderungen abzusichern, hängt natürlich zentral vom Einkommen des Haushalts ab. Junge Haushalte verfügen in der Regel über geringere Vermögen, da sie schlicht weniger Zeit und Ressourcen hatten, Vermögen zu bilden. Dementsprechend sind die ärmeren Haushalte in Deutschland deutlich jünger und kleiner als die vermögendsten. Die Menschen in ärmeren Haushalten sind aber auch im Schnitt schlechter gebildet und haben häufiger einen prekären Arbeitsmarktstatus, siehe Tabelle 1.

Eine weitere wichtige Motivation von Haushalten zur Vermögensbildung ist, dass bestimmte, besonders lohnenswerte Investitionen ebenso wie eine selbstständige Tätigkeit oft ein höheres Vermögen voraussetzen. Ein wichtiges Beispiel ist der Kauf einer Immobilie. Aber auch viele Geschäftsideen lassen sich nur mit einem gewissen Eigenkapital verwirklichen. Dies wiederum führt dazu, dass Selbstständige überproportional häufig unter den besonders Vermögenden anzutreffen sind.

Hinzu kommt, dass die Altersversorgung abhängig Beschäftigter nicht in der Statistik als Vermögen erfasst wird, obgleich über ein Erwerbsleben substanzielle An-

Tabelle 1: Soziodemografische Charakteristika nach Haushaltsvermögen

Haushalte gegliedert nach Vermögen	Ärmste 50 %	Nächste 40 %	Reichste 10 %
Haushaltsgröße (Zahl der Personen)	1,8	2,2	2,4
Alter des Haushaltsvorstands	49	57	59
Mit tertiärer, d. h. (Fach-)Hochschulbildung	22 %	41 %	58 %
Selbstständig	4 %	8 %	24 %
Arbeitslos oder Nichterwerbstätig	11 %	0 %	0 %
Rentner/-in/Pensionär/-in	25 %	31 %	31 %
Mieter/-in	92 %	24 %	8 %

Anmerkungen: Durchschnittliche soziodemografische Charakteristika der Haushaltsgröße bzw. Haushaltsvorstände im HFCS (2017). Die Haushalte sind nach ihrem Nettovermögen gegliedert. Die zweite Spalte gibt die Durchschnitte der ärmsten 50 Prozent, die dritte Spalte die Durchschnitte für Haushalte zwischen dem 50. und 90. Vermögensperzentil und die letzte Spalte für die reichsten 10 Prozent der Haushalte wieder.

Abb. 1: Vermögens- und Haushaltsportfolios in Deutschland

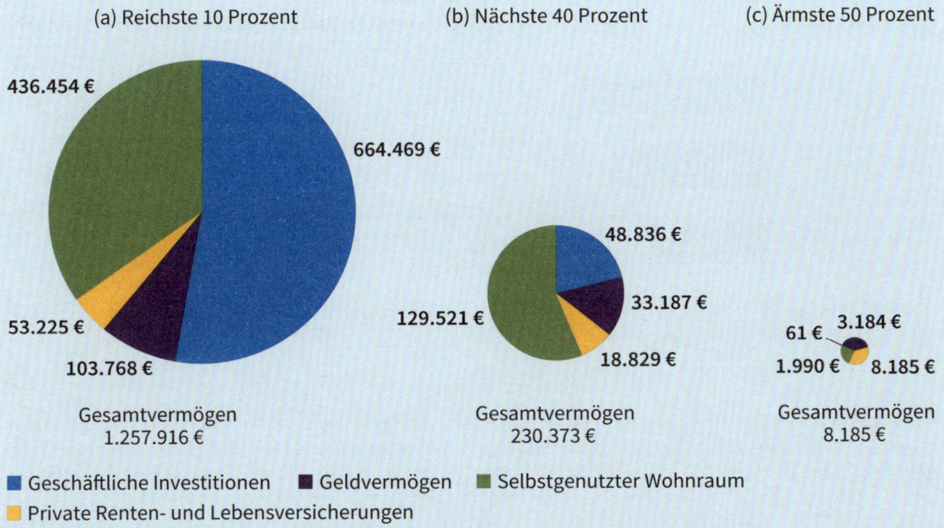

Anmerkungen: Durchschnittliche Haushaltsnettovermögen der reichsten 10 % aller Haushalte, der nächst ärmeren 40 % und der ärmsten 50 %; gegliedert nach Anlagearten. Geldvermögen umfasst Sparguthaben und Anleihen. Geschäftliche Investitionen umfassen vermietete Immobilien, Geschäftsvermögen und GmbH-Anteile sowie Aktien und Investmentfondsanteile.

Quelle: HFCS (Household Finance and Consumption Survey), eigene Berechnungen.

sprüche erworben werden, die aber nicht handelbar sind. Selbstständige hingegen betreiben ihre Altersvorsorge oft privat und nicht nur in Form von Rentenversicherungen, so dass diese ins Vermögen zählt und sie so, schon aus statistischen Gründen, über ein größeres Vermögen verfügen.[2]

Verschiedene Lebensumstände, verschiedene Haushaltsportfolios

Es ist leicht ersichtlich, dass die verschiedenen Motive, Vermögen zu bilden, bei Haushalten mit unterschiedlich hohem Vermögen und Einkommen und in verschiedenen Lebenssituationen unterschiedlich schwer wiegen. Dementsprechend strukturieren Haushalte in verschiedenen Lebenssituationen auch ihr Portfolio, also die Verteilung ihres Vermögens über verschiedene Anlageformen, systematisch anders. Manche Vermögensgegenstände sind besser geeignet als andere, einen Haushalt gegen die Auswirkungen von Einkommensänderungen abzusichern. Abbildung 1 veranschaulicht die-

[2] Die gesetzliche Altersrente hat eine Durchschnittshöhe von ca. 12.000 € p. a. bei einer Bezugsdauer von rund 20 Jahren. Der Wert der Rentenansprüche ist somit etwa so groß wie das Vermögen der oberen Mittelschicht.

Abb. 2: Reale Renditen von Vermögensgegenständen und Portfolios, 1970–2020

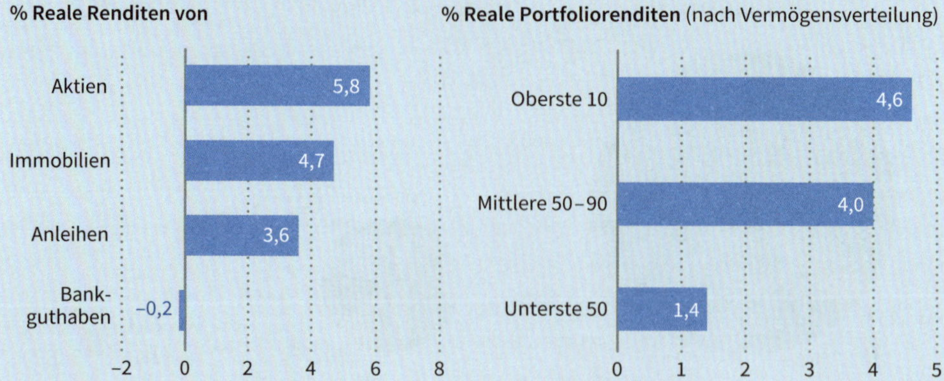

Anmerkungen: Links: reale Vorsteuerrenditen von Aktien, Immobilien, Staatsanleihen und Bankguthaben in Deutschland 1970–2020. Die Rendite von Bankguthaben wurde durch die Zinsen auf kurzlaufende Anleihen genähert. Rechts: Durchschnittliche Portfoliorendite nach Vermögensgruppe, Mittel der Renditen von Aktien, Immobilien und Anleihen gewichtet mit den Portfoliogewichten aus dem HFCS.

Quelle: Eigene Berechnungen auf Basis von Jordà et al. (2019) und HFCS (Household Finance and Consumption Survey).

se Unterschiede in Haushaltsportfolios für die reichsten 10 Prozent, die obere Mittelschicht (zwischen dem 50. und 90. Perzentil der Vermögensverteilung) und für die ärmsten 50 Prozent.

Nicht nur verfügen die ärmsten 50 Prozent über sehr wenig Vermögen, sie halten es auch sehr stark in der Form von geldnahen Anlagen oder Geld (also Bankeinlagen, Sparplänen, Anleihen). Der Vorteil solcher Anlageformen liegt in ihrer hohen Verfügbarkeit und ihrem kurzfristig relativ stabilen Wert. Daher eignen sie sich aus Sicht der Haushalte besonders gut dazu, kurzfristige Einkommensschwankungen abzufedern.

Der Nachteil dieser liquiden, sicheren Anlagen liegt in der geringen Rendite, die sie abwerfen. Binden sich Haushalte, indem sie ihr Vermögen längerfristig und riskanter anlegen, können sie höhere Renditen erwirtschaften. Die Abbildung 2 zeigt links die realen Renditen, d. h. nach Abzug der Inflation, unterschiedlicher Vermögensklassen in Deutschland in den letzten 50 Jahren (eigene Berechnungen auf der Basis von Jordà et al., 2019).[3] Abbildung 2 (rechts) macht deutlich, dass diese Renditeunterschiede gemeinsam mit den erheblichen Portfoliounterschieden aus Abbildung 1 dazu führen, dass vermögendere Haushalte auch eine höhere durchschnittliche Rendite haben.

[3] Gute Maße für die Rendite privater Geschäftsinvestitionen existieren nicht, so dass ich im Folgenden unterstelle, dass die Aktienrendite eine passable Näherung darstellt. Internationale Aktienrenditen waren im Schnitt etwas höher als deutsche Aktienrenditen.

Über ihre Auswirkungen auf das Kapitaleinkommen eines Haushalts haben diese Renditeunterschiede eine ungleichheitsverschärfende Wirkung. Die reichsten 10 Prozent haben fast die Hälfte ihres hohen Vermögens in der Kategorie von Vermögensgegenständen investiert, die die höchsten Renditen abwirft. Die Ärmsten halten relativ viel Geldvermögen mit wenig Zinseinkommen. Selbst das Renditedifferential zwischen der oberen Mittelschicht und der Oberschicht ist auf Dauer bedeutsam: Eine so klein anmutende Renditedifferenz von 0,6 Prozentpunkten bedeutet, dass nach fünfzig Jahren real aus einem investierten Euro im Oberschichtportfolio im Schnitt mehr als neun geworden sind; im oberen Mittelschichtportfolio sind es noch sieben und im Portfolio der ärmeren Hälfte werden daraus weniger als zwei Euro. Dadurch werden Vermögensunterschiede weiter zementiert.

Trotz der großen Unterschiede spiegelt die Strukturwahl der Portfolios nur teilweise fehlendes Wissen über Anlagechancen (siehe z. B. von Gaudecker, 2014) und fehlende Anlageerfahrungen (z. B. Laudenbach et al., 2019) wider. Obgleich die Rendite eines Hauskaufs im Schnitt höher ist als die eines Sparguthabens, ist ein solcher Kauf für Haushalte mit besonders unsicherem Einkommen oder Arbeitsplatz typischerweise eben doch eine schlechte Entscheidung, da mit dem Kauf hohe Transaktionskosten, wie Maklerprovisionen und Steuern, verbunden sind. Auch die hohe Konzentration des Vermögens in eine einzige Anlage verlangt ein hohes Maß an Risikofreude, die oft ein sicheres Einkommen voraussetzt. Insofern reagieren die Portfolios von Haushalten, gerade am unteren Ende der Vermögensverteilung, sehr sensibel auf Schwankungen in Einkommensrisiken. Die Portfoliostruktur spiegelt wider, welchem Zweck die Vermögensbildung dient. Jedoch kann ein individuell sinnvolles Umschichten der Haushaltsportfolios, wenn es alle tun, einen wirtschaftlichen Abschwung auslösen oder verstärken (siehe z. B. Bayer et al., 2019), weil dann alle sowohl weniger investieren als auch konsumieren wollen.

Vermögensunterschiede im europäischen Vergleich

Diese Einsicht, dass Haushalte zielgerichtet Sparentscheidungen treffen und ihre Portfolios nach ihren Zwecken strukturieren, hilft auch zu verstehen, warum Deutschland im europäischen Vergleich eine besonders große Vermögensungleichheit aufweist. Der Fakt scheint nämlich zunächst unintuitiv, sind doch Einkommen in Deutschland nicht ungleicher verteilt als in den meisten anderen europäischen Ländern. Eine zentrale Rolle hierbei spielt, vielleicht auf den ersten Blick überraschend, der starke Sozialstaat und ein gut funktionierender Mietmarkt für Wohnungen – im Vergleich zu anderen EU-Ländern.

Auch wenn die Grundsicherung in Deutschland nur das soziale Existenzminimum absichert, ist sie doch höher als in vielen europäischen Ländern. Insbesondere der europäische Süden kennt nur minimale Grundsicherungsansprüche, die deutlich unter das Existenzminimum fallen. Dementsprechend sind dort die Anreize zur Vorsorge gegen Einkommensausfälle viel höher. Bei uns hingegen trauen sich junge Menschen, aus dem Elternhaus auch dann auszuziehen und damit Ausgabenverpflichtungen einzugehen, wenn sie in der Zukunft mal auf die Grundsicherung angewiesen sein könnten. In Südeuropa ist man vorsichtiger, bleibt länger im Elternhaus und spart so. Verschärfend kommt in Deutschland hinzu, dass bislang Ersparnisse auf Grundsicherungsansprüche angerechnet wurden, weil zunächst eigenes Vermögen – bis auf ein begrenztes sog. Schonvermögen – aufgebraucht werden muss, bevor ein Anspruch auf Grundsicherung besteht. Dadurch bedeutet heutiges Sparen, ein heutiger Konsumverzicht eines Haushaltes, dass ein Teil der Ersparnis im Erwartungswert nicht dem jeweiligen Haushalt, sondern dem Staat zugutekommt, sollte der Haushalt auf Grundsicherung angewiesen sein. Insgesamt verringert so das Grundsicherungssystem in Deutschland die Anreize für relativ arme Haushalte, Vermögen zu bilden, und schlägt sich dann auch in der Vermögensverteilung nieder (siehe Pham-Dao, 2016, Wellschmied, 2021).

Auch der Wohnungsmarkt ist ein Grund, der zu den niedrigen Vermögen der ärmeren 50 Prozent der Bevölkerung beiträgt. Aber dieser Beitrag ist vielleicht anders, als man zunächst denkt. Ein Wohnungsmietmarkt bedarf der Regulierung. Suchkosten, d. h. Aufwendungen für die Suche nach einer geeigneten Wohnung und auf der anderen Seite die Suche nach geeigneten Mietern/Mieterinnen, führen dazu, dass langfristige Verträge im beiderseitigen Interesse von Vermietern/Vermieterinnen und

Tabelle 2: Erwarteter Beitrag des Alterssicherungskontos

	Negativ-Szenario	Historisch realistische Szenarien		Positiv-Szenario
Renditedifferenz	1 %	2 %	3 %	4 %
Auszahlung des Fonds relativ zum BIP pro Kopf (zu Alter 67)	24 %	72 %	165 %	343 %
Erhöhung Altersrente in % der Standardrente (Bezug 20 Jahre)	3 %	8 %	18 %	38 %
Hypothetischer Wert im Jahr 2021 eines Vermögens-für-alle 2021, rund	10.000 €	29.000 €	66.000 €	137.000 €

Anmerkungen: Quelle: Eigene Berechnungen. Annahmen: Nominales Wachstum 2,6 %, Zins auf Staatsanleihen 0,5 %, Bevölkerungswachstum 0 %. Konkrete Ausgestaltung: Bis zum 18. Lebensjahr wird für jeden Geburtsjahrgang 1/18 % des Bruttoinlandsproduktes an Schulden aufgenommen. Mit dem 50. Lebensjahr wird begonnen, die Schulden aus dem Fondsvermögen zu tilgen. Auszahlung nach vollendetem 67. Lebensjahr. Die letzte Zeile gibt den auszuzahlenden Vermögenswert an, der heute bestünde, wenn der Fonds bereits in der Vergangenheit existiert hätte.

Mietern/Mieterinnen sind. Gleichzeitig bedarf es aber auch eines gewissen Maßes an Flexibilität. Mieter- und Vermieterrechte müssen daher austariert werden, um keine Seite durch die andere ausbeutbar zu machen. Gelingt dies, wird das Mieten relativ zum Kaufen einer Wohnung gerade für vermögensärmere Haushalte attraktiv: Das Mieten erlaubt, Risiken auf die meist vermögenderen Schultern der Vermieter/-innen zu verteilen; seien es die Risiken einer Häuserpreisänderung, seien es Risiken im persönlichen Bereich des Bewohners/der Bewohnerin die eine bestimmte Wohnung unpassend machen. So kann ein Mietmarkt mehr Sicherheit und mehr Flexibilität schaffen.

Der deutsche Mietmarkt war in der Vergangenheit relativ zu den anderen europäischen Mietmärkten recht ausgewogen reguliert, so dass Mieten wie Vermieten attraktiv war. Ein über viele Jahrzehnte hinreichendes Angebot an attraktiven Mietwohnungen traf auf Mieter/-innen, für die das Mieten an sich attraktiv und nicht eine Notlösung war. Ein solcher Mietmarkt nimmt den Druck von jungen Haushalten, möglichst schnell Vermögen zu bilden. Ohne liquiden und attraktiven Mietmarkt ist der Anreiz groß, möglichst schnell das Eigenkapital für einen Wohnungskauf zusammenzubringen, will man sich von der Ursprungsfamilie lösen. Dadurch steigen in unausgewogen regulierten Mietmärkten die Anreize, durch Konsumverzicht möglichst früh Vermögen zu bilden. Vor dem Hintergrund dieses Gedankens führt zwar eine niedrige Wohneigentumsquote zu mehr Vermögensungleichheit, zeigt aber auch eine Situation an, die für relativ arme und junge Haushalte an sich vorteilhaft ist (siehe Kindermann und Kohls, 2016).

Wie könnte die Vermögensverteilung gleicher werden?

Auch wenn sich die Vermögensverteilung aus zielgerichtetem Handeln ergibt, hat eine so ungleiche Vermögensverteilung wie in Deutschland negative Konsequenzen. Ein Beispiel dafür sind die ungleichen Chancen und andere Nebenwirkungen, die sich aus der Übertragung von Vermögen zwischen den Generationen ergeben. Denjenigen, die nichts erben, entgehen Lebenschancen, wie z. B. die Chance, sich selbstständig zu machen oder Wohneigentum zu erwerben. Sie verfügen häufig nicht über hinreichendes Eigenkapital. Im Gegensatz dazu sinken die Anreize, durch ihre eigene Arbeit im Leben zu Wohlstand zu kommen, für diejenigen, die viel erben; sie sind ja schon wohlhabend (siehe Kindermann et al., 2020).

Über Vor- und Nachteile einer Erbschaftsbesteuerung ist in diesem Zusammenhang viel diskutiert worden. Ich möchte stattdessen eine Alternatividee aufzeigen, welche die Möglichkeit schafft, eine größere Vermögensbeteiligung, ein Vermögen-für-alle, zu schaffen: Die Motivation, aus der ärmere Haushalte einen größeren Anteil ihres Vermögens in liquider und sicherer Form halten, erklärt gleichzeitig nicht nur die Portfolios, sondern auch die Renditeabstände aus Abbildung 2. Haushalte sind bereit, auf Renditen zu verzichten, um sich selbst besser gegen Unwägbarkeiten zu versichern. Auch für Unternehmen gibt es einen solchen Wert an Sicherheit und Liquidität.

Auf der Welt sind aber die Anbieter von hochsicheren und hochliquiden Anlagetiteln rar. Deutschland, Österreich und die Schweiz, die Länder, in denen der Verein für Sozialpolitik aktiv ist, gehören neben den USA primär zu den Anbietern solcher Titel in Form von Staatsanleihen. Die weltweite Nachfrage nach ihren Staatsanleihen hat zugenommen. Haushalte und Firmen sind bereit, Anleihen zu halten, auch wenn diese wenig Rendite abwerfen. Dadurch sind über die letzten zwei Dekaden die Renditeabstände dieser Anleihen gegenüber anderen Anlageformen noch größer geworden als in Abbildung 2.

Gleichzeitig führt das Gebot von ausgeglichenen Staatshaushalten, für Deutschland mit der Schuldenbremse aus Art. 109 GG, bei einem weiterhin positiven nominalen Wirtschaftswachstum langfristig zum weitestgehenden Verschwinden der Staatsschulden relativ zur Wirtschaftsleistung (Schuldenquote).

Dies ist vor dem Hintergrund der hohen Nachfrage nach deutschen Staatsschulden als Anlageprodukt nicht unbedingt sinnvoll. Denkbar wäre auch, zwar weiterhin am Ziel der geringen Nettoverschuldung des Staates festzuhalten, ohne die Menge der ausgegebenen Schuldtitel relativ zur Wirtschaftsleistung dabei abzubauen. So könnte man für jeden neuen Geburtenjahrgang Staatsschulden ausgeben, die dazu dienen, für diesen Geburtenjahrgang über einen Staatsfonds andere Vermögenstitel zu erwerben. Eine solche Struktur erlaubt auch vermögensarmen Haushalten, von den Renditedifferenzen zwischen Staatsschulden und anderen Anlagen zu profitieren. Außerdem hätten Haushalte wie Firmen so über die unmittelbaren Vorteile des Fonds hinaus auch weiterhin hinreichende liquide und sichere Anlagemöglichkeiten in einer hinreichend großen Menge an Staatsschulden. Denkbar wäre eine Anlage im Wohnungsbau oder anderes Realkapital im Inland oder auch ein international diversifiziertes Aktienportfolio nach dem Vorbild des norwegischen **Ölfonds**, siehe auch BMF-Beirat (2022).

Für jede Generation stünden sich im Fonds dann Staatsschulden und Vermögenstitel gegenüber. Die Nettoverschuldung des Staates erhöht sich nicht. Geht die Generation viele Jahrzehnte später in Rente, wird ihre Tranche des Fonds aufgelöst und die ursprünglich begebene Staatsschuld zurückgezahlt. Durch die Renditedifferenz und den Zinseszinseffekt über 65 Jahre ergibt sich eine beträchtliche Auszahlung, wenn weiterhin auch nur die historischen Renditedifferenzen im Schnitt bestehen bleiben: jeder geliehene und investierte Euro wird real zu fast 30 Euro Nettovermögen nach Tilgung der Staatsschuld. Die Differenz entsteht, weil aus dem einen investierten Euro nach 65 Jahren mit Zins und Zinseszins über 39 Euro geworden sind, während aus dem einen Euro Schulden nur 10 Euro wurden – jeweils die realen Aktien- und Anleiherenditen aus Abbildung 2 unterstellend und nach Abzug der Inflation.

Wie viel genau eine solche Maßnahme erbringen würde, hinge selbstverständlich von den unsicheren Renditedifferenzen ab. In der Vergangenheit fielen diese Differenzen über so lange Zeiträume aber immer klar zugunsten von Aktien und Immobilien aus. Tabelle 2 zeigt, dass ein solcher Fonds einen substanziellen Beitrag zur Alterssicherung der jungen Generation liefern könnte, ohne die Nettovermögensposition des deutschen Staates zu schwächen. Die Ausgestaltung des Fonds, so wie in der Tabelle dargestellt, streckt die Einzahlungen über die ersten 18 Lebensjahre und reduziert die Verschuldung ab dem 50. Lebensjahr, um den finanziellen „Hebel“ des Fonds und damit das Risiko zum Renteneintritt zu verringern.

Wie man sieht, wäre das an jeden zukünftigen Rentner und jede zukünftige Rentnerin zu zahlende Fondsvermögen erheblich und wäre somit geeignet, die Vermögensungleichheit zu reduzieren. Zusätzlich würde mit der erwarteten Fondsauszahlung als Sicherheit für viele Haushalte auch der Immobilienerwerb einfacher. Auch die Erfahrungen, die ein Haushalt über lange Anlagezeiträume in einem wohldiversifizierten Fondsportfolio am Aktienmarkt macht, können zu weiterer Vermögensbildung motivieren. Zusätzliche Belastungen für die Steuerzahlenden entstünden nicht. Die Gewinne erwirtschaftet der Fonds für die Bürger/-innen dadurch, dass er dem Markt ein sicheres liquides Anlageprodukt, Staatsschuldtitel, langfristig zur Verfügung stellt. Dafür sind Haushalte und Firmen bereit, eine Prämie zu bezahlen.

Würde der Fonds in ein international diversifiziertes Aktienportfolio investieren, wären sogar höhere Gewinne wahrscheinlich. Da der Rest der Welt schneller wächst als Deutschland, hat sich auch der internationale Aktienmarkt in den letzten Dekaden besser entwickelt als der deutsche. Würde der Fonds einen Anlageschwerpunkt in heimischen Immobilien wählen, so wären die Renditevorteile vermutlich kleiner, aber über ein zusätzliches Wohnraumangebot würden die heimische Wirtschaftsleistung und vor allem die Reallöhne profitieren. Man würde erwarten, dass ein größeres Wohnraumangebot das Mietenwachstum bremst. Hier erscheint es also sinnvoll, das Portfolio eines solchen Fonds zwischen beiden Zielen abwägend zu kalibrieren. Auch das größere Angebot an sicheren deutschen Staatsschulden ohne langfristige Belastung des Staatshaushaltes wäre durch das größere Angebot an liquiden Anlagemöglichkeiten ein wirtschaftlicher Gewinn (siehe auch Bayer et al., 2020).

Literatur

Bayer, C., Lütticke, R., Pham-Dao, L., & Tjaden, V. (2019). Precautionary savings, illiquid assets, and the aggregate consequences of shocks to household income risk. Econometrica, 87(1), 255–290.

Bayer, C., B. Born and R. Luetticke (2020), „The Liquidity Channel of Fiscal Policy“, CEPR Discussion Paper No. 14883. *https://cepr.org/publications/dp14883*.

BMF-Beirat (2022), „Kapitalgedeckte Rente: Ein neuer Anlauf?“, Stellungnahme 02/2022.

Jordà, Ò., K. Knoll, D. Kuvshinov, M. Schularick und A. M. Taylor (2019). „The Rate of Return on Everything, 1870–2015.“ Quarterly Journal of Economics, 134(3), 1225–1298.

von Gaudecker, H.-M. (2015). „How does household portfolio diversification vary with financial literacy and financial advice?“ The Journal of Finance 70.2, 489–507.

Kindermann, F. und S. Kohls. (2016). Rental markets and wealth inequality in the Euro-area. In CES/IFO conference on macroeconomics and survey data.

Kindermann, F., L. Mayr und D. Sachs (2020). Inheritance taxation and wealth effects on the labor supply of heirs. Journal of Public Economics, 191, 104127.

Laudenbach, C., U. Malmendier und A. Niessen-Ruenzi (2019): „Emotional tagging and belief formation: The long-lasting effects of experiencing communism." AEA papers and proceedings. Vol. 109.

Pham-Dào, L. A. (2016). Income Risk, Self-Insurance and Public Policies: Consequences for Aggregate Fluctuations and Wealth Inequality, Kapitel 3 (Doctoral dissertation, Universitäts-und Landesbibliothek Bonn).

Wellschmied, F. (2021). The welfare effects of asset mean-testing income support. Quantitative Economics, 12(1), 217 – 249.

Prof. Dr. Bayer lehrt Makroökonomik in Bonn. Den Schwerpunkt seiner Forschung bildet die Rolle von Heterogenität und Ungleichheit für die Makroökonomie. Er ist Mitglied des Wissenschaftlichen Beirats des BMWK.

Stefan Felder

„Was ist (uns) das Leben wert?"

Zusammenfassung

Alle sagen, das Leben sei unbezahlbar, und dennoch setzen wir es mit unserem Risikoverhalten aufs Spiel. Was bedeutet dies für staatliche Schutzmaßnahmen?

Wer würde schon sein Leben gegen einen Geldbetrag hergeben? Dennoch setzen wir uns bewusst Risiken aus und offenbaren damit, dass uns das Leben nicht unendlich viel wert ist. Auch der Staat muss sich immer wieder der Frage stellen, welche Maßnahmen zur Reduktion von Risiken für die Bevölkerung er durchführen möchte und was diese kosten dürfen: Was ist ein (statistisches) Leben wert? Und zählen dabei die vermiedenen Todesfälle oder die gewonnenen Lebensjahre mehr (wenn etwa mehr Kinder von der Maßnahme betroffen sind) und wie wird die Lebensqualität der Betroffenen berücksichtigt?

Schlüsselbegriffe:
- Wert des Lebens
- statistisches Leben
- qualitätsbereinigtes Lebensjahr (QALY)
- Kosten-Nutzen-Analyse

Ohne Risiko kein Spaß

Wenn's eilt, überqueren wir eine gefährliche Straße. Andere fahren zum Klettern in die Berge, wieder andere springen mit einem Fallschirm aus großer Höhe. Alle setzen sich dem Risiko aus, bei solchen Aktivitäten zu Tode zu kommen. Zwar ergreifen Menschen in der Regel Vorsichtsmaßnahmen, setzen bei einer Gipfelbesteigung Seil, Haken und Karabiner zur Absicherung ein, ein gewisses Risiko bleibt dennoch. Erklären lässt sich dieses Verhalten leicht. Dem Risiko steht ein Nutzen gegenüber: Mit der Straßenüberquerung gewinnen wir Zeit und die Bergsteiger/-innen und Fallschirmspringer/-innen lieben ihren Sport – ohne Risiko kein Spaß. Gleichzeitig offenbaren die so Handelnden, dass sie ihrem Leben keinen unendlichen Wert beimessen, denn nur so ist zu erklären, weshalb sie solche Risiken überhaupt eingehen. Entscheidend ist, dass es sich dabei um hinreichend geringe zusätzliche Risiken handelt.

Wert eines statistischen Lebens

Öffentliche Investitionen in die Sicherheit reduzieren die Sterblichkeit. Wessen Leben dadurch gerettet wird, ist unbekannt, nicht einmal, wie viele gerettet werden, ist bekannt. Man kennt allenfalls den Erwartungswert der vermiedenen Todesfälle. In diesem Sinne produzieren solche Investitionen „statistische Leben“. Der Wert eines statistischen Lebens ist definiert als Zahlungsbereitschaft zur Rettung eines statistischen Lebens.

Selbst Entscheidungen auf individueller Ebene haben einen stochastischen (zufallsbehafteten) Charakter. So verspricht eine medizinische Operation zusätzliche Lebensjahre und -qualität. Ob sie erfolgreich verläuft, ist jedoch unsicher. In all diesen Fällen geht es um eine Abwägung von Konsequenzen einer Entscheidung mit den erwarteten Wahrscheinlichkeiten deren Auftretens. Dies macht solche Entscheidungen einerseits intellektuell anspruchsvoll, entschärft andererseits deren moralische Brisanz.

Grundsätzlich kann sich der Wert eines statistischen Lebens je nach Alter und Qualität des Lebens unterscheiden. Zudem ist er in reichen Ländern höher als in armen.

5 Mio. Euro für ein statistisches Leben

Die Frage nach dem „Wert des Lebens“ wird oft falsch gestellt. Man kann aber danach fragen, welche Zahlungsbereitschaft die Menschen dafür haben, dass ihr Sterberisiko (z. B. durch eine staatliche Investition in die Sicherheit im Straßenverkehr) um einen kleinen Prozentsatz reduziert wird. Es gibt grundsätzlich zwei Zugänge, diese Zahlungsbereitschaft zu ermitteln: Der eine geht über die direkte Befragung von Menschen, indem man ihnen hypothetische Situationen beschreibt, in denen es um eine Reduktion von Risiken geht, und sie nach dem Geldbetrag fragt, den sie hierfür zu zahlen bereit wären. Der andere Weg führt über die Untersuchung von Märkten, auf denen Risiken gehandelt werden. Diese zweite Methode hat den Vorteil, dass sie auf der Beobachtung tatsächlichen Verhaltens basiert. Allerdings lässt sich auf die Zahlungsbereitschaft nur indirekt schließen. Kennt man aber die implizite Zahlungsbereitschaft für die Senkung des Sterberisikos um 1 Promille, so erhält man durch Multiplikation mit dem Faktor 1000 eine Zahl, die man als „Wert des statistischen Lebens“ interpretieren kann.

In einer frühen Studie vom ersten Typ wurden Menschen gefragt, wie viel sie bereit sind, für die Verbesserung der Notfallrettung zu zahlen. Wenn mehr Rettungswagen zur Verfügung stehen, können Unfallopfer oder Personen, die einen Herzinfarkt oder Schlaganfall erleiden, schneller erreicht, ins nächstgelegene Krankenhaus gebracht und medizinisch versorgt werden. Dadurch senkt sich deren Sterberisiko. Solche Befragungen stellen die Forschung vor mehrere Herausforderungen. Die Reduktion der Risiken durch Sicherheitsmaßnahmen ist in der Regel sehr klein, so dass die Befragten sie häufig falsch einschätzen. Zudem besteht die Gefahr, dass die Befragten ihre Zahlungsbereitschaft übertreiben, insbesondere dann, wenn sie damit rechnen können, selbst in den Genuss der Maßnahme zu kommen.

Der zweite Ansatz zur Messung des Werts des Lebens basiert häufig auf Arbeitsmarktstudien. In Branchen, in denen das Unfallrisiko hoch ist, wie etwa in der Land- und Forstwirtschaft oder im Bergbau, sollten die Löhne einen Aufschlag für das zusätzliche Risiko beinhalten. Diesen Aufschlag empirisch zu isolieren, ist nicht einfach, denn die Löhne spiegeln nicht nur das Unfallrisiko wider, sondern auch die Ausbildung und Fähigkeiten der Beschäftigten. Die Ergebnisse der Studien unterscheiden sich je nach gewählter Methode, untersuchter Branche oder betrachteter Schutzmaßnahme. Für die Industrieländer weisen die Untersuchungen im Mittel einen Wert von 5 Mio. Euro für das statistische Leben aus. Bei einer durchschnittlichen restlichen Lebenserwartung der deutschen Bevölkerung von knapp 40 Jahren entspricht dies 125.000 Euro für ein Lebensjahr. Das ist rund 2,5-mal so viel, wie Beschäftigte in Deutschland im Schnitt aktuell **brutto** verdienen **(49.200 Euro).**

Man sollte den Wert eines statistischen Menschenlebensjahres daher nicht mit dem durchschnittlichen Beitrag eines Beschäftigten zur Wertschöpfung einer Volkswirtschaft gleichsetzen. Die Fähigkeit zur Einkommenserzielung trägt zwar wesentlich zum Wert des statistischen Lebens bei, bestimmt ihn aber nicht vollständig, denn der Wert des Lebens spiegelt auch die Freude am Leben als solchem wider.

Regulierung von Umwelt- und Gesundheitsrisiken

Genau wie Individuen darüber entscheiden müssen, wie viele Gesundheitsrisiken sie eingehen, muss auch der Staat eine Abwägung vornehmen, etwa wenn es um Investitionen in die Sicherheit von Straßen, Bahnübergängen, Brücken, Häusern oder von durch Erdrutsch, Steinschlag oder Lawinen gefährdeten Hängen geht. Es braucht eine Güterabwägung zwischen dem Nutzen solcher Investitionen und deren Kosten. Staatliche Investitionen in die Sicherheit der öffentlichen Infrastruktur kommen allen zugute, Sicherheit ist ein öffentliches Gut. Deshalb stellt es grundsätzlich auch eine staatliche Aufgabe dar, dafür zu sorgen, dass genügend öffentliche Sicherheit bereitgestellt wird. Wie viel davon angemessen ist, hängt von den individuellen Präferenzen der Bevölkerung ab. Diese können im demokratischen Prozess offenbar werden, wenn die Bevölkerung selbst oder das Parlament über Abstimmungen konkrete Maßnahmen in die öffentliche Sicherheit beschließt. Beim Verwaltungshandeln bezüglich Sicherheitsmaßnahmen kommt der Staat jedoch nicht um die implizite Bewertung von statistischen Leben herum. Dabei sollten die Wünsche der Bürger und Bürgerinnen maßgebend sein.

In der Schweiz gibt es hierfür sogar ein explizites Beispiel: Das Bundesamt für Raumentwicklung im Eidgenössischen Departement für Umwelt, Verkehr, Energie

QALY: Ein qualitätsbereinigtes Lebensjahr („quality-adjusted life year")

Medizinische Interventionen verlängern das Leben, verkürzen die Krankheitsdauer und verbessern die Lebensqualität, können aber auch zu belastenden Nebenwirkungen führen. Das QALY-Konzept aggregiert die multidimensionale Wirkung einer medizinischen Maßnahme, insbesondere die Dimensionen Lebensdauer und -qualität, zu einer Kennzahl. Ein Jahr in perfekter Gesundheit entspricht 1 QALY. Jeder andere Gesundheitszustand generiert in einem Jahr weniger als 1 und der Tod 0 QALY. Die Nutzengewichte für spezifische Gesundheitszustände werden durch Befragung von Betroffenen erhoben, im besten Fall von repräsentativ ausgewählten Mitgliedern der Versichertengemeinschaft. Ökonomen und Ökonominnen kritisieren das QALY-Konzept wegen dessen einschränkender Annahmen bezüglich individueller Präferenzen. Es stellt aber einen nützlichen Kompromiss dar, der konsistente Entscheidungen beispielsweise über den Leistungskatalog einer Krankenversicherung erlaubt. In der Medizin ist das QALY-Konzept etabliert, bildet Grundlage von Empfehlungen von medizinischen Fachgesellschaften und es findet Eingang in behördliche Entscheidungen vieler Länder.

und Kommunikation empfiehlt bei Entscheidungen zur Verminderung von Umwelt- und Gesundheitsrisiken, von aktuell 6,9 Mio. Franken für den Wert eines statistischen Lebens auszugehen. Es folgt dabei den Empfehlungen der OECD und passt den Wert jährlich an die Preis- und Einkommensentwicklung an. Konkret kann das bedeuten, dass eine gefährliche Straßenkurve gesichert wird, wenn damit gerechnet werden kann, dass Todesfälle vermieden werden können und die Kosten der Maßnahme pro vermiedenem Todesfall 6,9 Mio. Franken nicht übersteigen. Wären die Kosten dagegen höher, müsste die Investition unterbleiben.

Ein solches regelgebundenes Verwaltungshandeln maximiert unter Berücksichtigung der dafür aufzuwendenden Kosten und bei vorgegebenem Gesamtbudget für Schutzmaßnahmen die Überlebenschancen der Bevölkerung. Weil wir nicht wissen, welche Individuen wie von den staatlichen Maßnahmen, die unser Überleben und unsere Gesundheit beeinflussen, betroffen werden – man spricht hier vom Schleier des Nichtwissens –, dient die Zielfunktion der Rettung möglichst vieler Lebensjahre dem Gesamtinteresse der Gesellschaft.

Medizinische Versorgung

In Deutschland und der Schweiz haben Bund und Länder dafür zu sorgen, dass die medizinische Versorgung der Bevölkerung sichergestellt ist. In beiden Ländern wurden gesetzliche Krankenversicherungen eingerichtet, die allen Personen unabhängig von ihrem Einkommen einen breiten Zugang zu medizinischen Leistungen ermöglichen. Die einschlägigen Gesetze schreiben vor, dass medizinische Leistungen wirksam, zweckmäßig und wirtschaftlich sind. Der Begriff der Wirtschaftlichkeit verlangt dabei, dass der durch die Leistung erzielte Nutzen deren Kosten übersteigt. Das Schweizer Gesetz legt nicht fest, wie der Nutzen medizinischer Leistungen erfasst und monetär bewertet und somit mit deren Kosten vergleichbar wird. Deutschland ist hier einen Schritt weiter, denn im Paragraphen 35b des Sozialgesetzbuches V steht: «Beim Patientennutzen sollen insbesondere die Verbesserung des Gesundheitszustandes, eine Verkürzung der Krankheitsdauer, eine Verlängerung der Lebensdauer, eine Verringerung der Nebenwirkungen sowie eine Verbesserung der Lebensqualität, [...], angemessen berücksichtigt werden.»

Diese Definition des Patientennutzens entspricht internationalem Standard. Die Zeit ist nur insofern relevant, als sie dem Menschen Nutzen stiftet. Gleichzeitig stehen die Veränderungen der Lebensdauer und ihrer Qualität im Vordergrund, die eine medizinische Intervention produziert. Der deutsche Gesetzgeber gibt jedoch – anders als der britische für den National Health Service, der 20.000 – 30.000 Pfund vorschreibt – keinen Schwellenwert für den Wert eines qualitätsbereinigten Lebensjahrs (QALY) vor, sagt also nicht, wie viel ein gewonnenes Lebensjahr kosten darf. Das zuständige Institut für Wirtschaftlichkeit und Qualität im Gesundheitswesen empfiehlt die Erstattung einer neuen Leistung dann, wenn sie gemessen am generierten Zusatznutzen nicht teurer ist als bereits erstattungsfähige Leistungen im entsprechenden Indikationsbereich. Da sich Nutzen und Kosten je nach Bereich der medizinischen Versorgung stark unterscheiden können, leistet diese Regel der Fortschreibung von bestehenden Ineffizienzen Vorschub und zudem verfehlt sie eine konsistente Beurteilung medizinischer Leistungen. Damit werden nicht nur Effizienzverluste in Kauf genommen, sondern es wird auch das Gleichheitsgebot verletzt, da der Wert eines statistischen Lebens davon abhängig gemacht wird, welche Erkrankung vorliegt.

Andererseits gibt es Bereiche der medizinischen Versorgung, in denen der Staat konsistent handelt, möglicherweise ohne dass dies der Bevölkerung bewusst ist. Ein Beispiel stellt die Hilfsfrist im Rettungswesen dar. Als Hilfsfrist wird die Zeit bezeichnet, die zwischen Notrufeingang und Eintreffen eines Rettungsfahrzeugs verstreicht. Das Rettungsdienstgesetz Niedersachsens legt fest: Die Hilfsfrist soll in 95 % der in einem Jahr im Rettungsdienstbereich zu erwartenden Notfalleinsätze 15 Minuten nicht übersteigen. Das Gesetz in Bremen verlangt in 95 % der Fälle eine Frist von 10 Minuten. Bei zeitkritischen Erkrankungen wie Herzinfarkten und Schlaganfällen oder schweren Verletzungen bei Unfällen bedeuten 5 Minuten eine Ewigkeit, das Sterberisiko wird deutlich erhöht. Ist den Bremern ihr Leben mehr wert als den Niedersachsen? Nicht zwingend, denn in einem städtischen Gebiet wie in Bremen lässt sich der Rettungsdienst kostengünstiger organisieren als in einem Flächenland wie Niedersachsen. Die durchschnittliche Auslastung von Fahrzeugen und Personal auf der

Rettungswache ist aufgrund des Gesetzes der großen Zahl in der Stadt höher als auf dem Land. Das Berliner Rettungsdienstgesetz trägt diesem Gesichtspunkt explizit Rechnung. Die Hilfsfrist beträgt dort 8 Minuten in 75 % aller Fälle (Schutzklasse „A“) bzw. in 50 % aller Fälle (Schutzklasse „B“). Bei der Schutzklasse „B“ handelt es sich um vereinzelte Bereiche am Stadtrand mit sehr geringer Bevölkerungsdichte.

Staatliche Maßnahmen in der Pandemie

Die deutschen und schweizerischen Gesetze sehen eine Kosten-Nutzen-Abwägung für konkrete Schritte vor, die zur Eindämmung einer Pandemie unternommen werden. Im Paragraph 28a, Absatz 6 des deutschen Infektionsschutzgesetzes heißt es: „Bei Entscheidungen über Schutzmaßnahmen [...] sind soziale, gesellschaftliche und wirtschaftliche Auswirkungen auf den Einzelnen und die Allgemeinheit einzubeziehen und zu berücksichtigen, soweit dies mit dem Ziel einer wirksamen Verhinderung der Verbreitung der Coronavirus-Krankheit-2019 (COVID-19) vereinbar ist.“ Das Schweizer Epidemiengesetz verlangt in Artikel 81 von der Exekutive auf Bundesebene: „Der Bundesrat überprüft periodisch die Wirksamkeit, Zweckmäßigkeit und Wirtschaftlichkeit der Maßnahmen nach diesem Gesetz.“ Der Wortlaut entspricht exakt der oben zitierten Vorgabe für Leistungen der Gesetzlichen Krankenversicherung in der Schweiz. Ähnlich steht in Paragraph 12 des deutschen Sozialgesetzbuches V geschrieben, dass medizinische Leistungen „ausreichend, zweckmäßig und wirtschaftlich“ sein müssen.

Bei der Bewertung von Leben, die durch die Schutzmaßnahmen gerettet werden, wären die Anzahl geretteter Lebensjahre zu zählen und der Nutzenverlust für die von den Maßnahmen Betroffenen zu berücksichtigen. Das ist bisher nicht geschehen, unbeschadet der Tatsache, dass die einschlägigen Gesetze eine Evaluierung der erfolgten Maßnahmen verlangen. Daher wissen wir bis heute nicht, ob die durch die Maßnahmen vermiedenen Todesfälle (und die dadurch gewonnenen Lebensjahre) die Nutzenverluste infolge Schließung von Schulen, Kitas, Restaurants usw., gemessen in QALYs, aufwiegen. Der Zielkonflikt zwischen der Vermeidung von Todesfällen und dem Verlust an Lebensqualität für die Überlebenden ist bisher in der öffentlichen Debatte zur Pandemie kaum adressiert worden.

Die Grenzen staatlichen Handelns

Bergsteiger/-innen sind heutzutage ungleich besser ausgerüstet als vor 50 Jahren. Ebenso hat sich in den letzten Jahrzehnten die Bergrettung enorm verbessert. Mit Hilfe von Helikoptern können von Gewittern überraschte Personen im Gebirge oder Unfallopfer heute schnell geborgen und medizinisch versorgt werden. Auch bei der Sicherheit von Verkehrsmitteln und Straßen sind erhebliche Fortschritte erzielt worden. Doch diese werden durch ein angepasstes Risikoverhalten der Menschen teilweise konterkariert. Im Wissen um eine gut ausgerüstete Bergrettung gehen Bergsteiger/-innen im Vergleich zu früher höhere Risiken ein. Ähnlich wird auf einer gut ausgebauten Straße schneller gefahren und dadurch das Unfallrisiko unter Umständen erhöht. Dieses Verhalten ist konsequent, denn die verbesserte Sicherheitstechnik ändert grundsätzlich nichts daran, wie Individuen selbst den Wert ihres Lebens einschätzen.

Der Staat sollte die Reaktion der Betroffenen wo immer möglich berücksichtigen, wenn er Sicherheitsmaßnahmen beschließt. Je stärker deren Gegenreaktion, desto geringer ist die Wirksamkeit. Das Nutzen-Kosten-Verhältnis einer staatlichen Maßnahme fällt entsprechend geringer aus. Ähnliches gilt für die Schutzmaßnahmen während einer Pandemie. Die Menschen reagierten autonom auf die erhöhte Infektionsgefahr, indem sie etwa vom öffentlichen auf den privaten Verkehr umstiegen und ihre Mobilität generell einschränkten. Die Wirksamkeit staatlich erlassener Mobilitätseinschränkungen wird dadurch reduziert, bzw. deren Nutzen überschätzt. All- und Ohnmacht des Staates liegen zuweilen nahe beieinander.

Weiterführende Literatur

OECD (2012), Mortality Risk Valuation in Environment, Health and Transport Policies. *https://doi.org/10.1787/9789264130807-en*.

Felder, S. & Brinkmann, H. (2002), Spatial allocation of emergency medical services: minimising the death rate or providing equal access?, Regional Science and Urban Economics, 32(1), 27–45.

Viscusi, W.K, & Aldy, J.E. (2003), The Value of a Statistical Life: A Critical Review of Market Estimates Throughout the World, *Journal of Risk and Uncertainty*, 27, 5-76.

Stefan Felder ist seit 2011 Professor für Gesundheitsökonomie an der Universität Basel, nach Stationen an der Otto-von-Guericke-Universität Magdeburg und der Universität von Duisburg-Essen. Er ist Direktor des Basel Center for Health Economics.

Friedrich Breyer und Stephan Thomsen

„Sollte der Staat die Mieten deckeln?“

Zusammenfassung

Rund die Hälfte der deutschen Haushalte wohnt zur Miete. Der Mietmarkt ist volkswirtschaftlich und verteilungspolitisch von herausgehobener Bedeutung wegen des großen Einkommensanteils, der im Durchschnitt für die Miete eingesetzt wird. Deutliche Mietanstiege in den 2010er Jahren, insbesondere in den Großstädten, haben den Gesetzgeber veranlasst, die Regulierung der Mieten zu verschärfen, z. B. durch „Mietpreisbremse“ und „Mietendeckel“. Wie wirken sich diese Maßnahmen auf die Wohnungsnachfrage und das Wohnungsangebot aus und was sind die Verteilungswirkungen auf derzeitige Mieter/-innen und neue Nachfrager/-innen nach Wohnraum?

Staatliche Eingriffe in die Preisbildung auf dem Wohnungsmarkt wie Mietpreisbremse und Berliner Mietendeckel scheinen auf den ersten Blick geeignet, den beobachteten Anstieg von Mieten in Großstädten zu bremsen. Auf lange Sicht haben sie jedoch negative Nebenwirkungen, da sie die Lücke zwischen Angebot und Nachfrage nach Wohnraum vergrößern, die Macht der Wohnungsanbieter/-innen stärken und junge und mobile Bürger/-innen behindern. Einem „Mangel an bezahlbarem Wohnraum“ kann die Politik entgegenwirken, indem sie zum einen Hindernisse für die Bautätigkeit beseitigt und zum anderen die Kaufkraft von einkommensschwachen Haushalten, z. B. durch Wohngeld, erhöht.

Schlüsselbegriffe:
- Wohnungsmarkt
- „Mieten-Explosion“
- Preisregulierung
- Umverteilung

Motivation

Der private Wohnungs- bzw. Immobilienmarkt ist von herausgehobener Bedeutung, sowohl volkswirtschaftlich als auch im Hinblick auf die soziale Teilhabe. Grund dafür ist der hohe Einkommensanteil, der von einem durchschnittlichen Haushalt für die Miete oder auch zur Rückzahlung von Hypotheken eingesetzt wird. Rund die Hälfte der deutschen Haushalte wohnt zur Miete, in Großstädten wie Berlin sogar über

Abb. 1: Anstieg der Verbraucherpreise und der Mieten, 1996 – 2021

Hinweis: „Verbraucherpreisindex Wohnungsmieten“ bezieht sich auf den Indikator „Wohnungsmiete (Nettokaltmiete und Wohnungsnebenkosten)“.

Quelle: Destatis (2021).

80 Prozent. Deshalb ist die allgemein als rasant eingeschätzte Entwicklung der Mieten von großem öffentlichen Interesse. Abb. 1 zeigt allerdings, dass die durchschnittlichen Mieten in Deutschland im Zeitraum 1996 – 2008 weniger stark gestiegen sind als die allgemeinen Kosten der Lebenshaltung – und zwischen 2008 und 2021 etwa im Gleichschritt mit der Inflationsrate insgesamt. Dennoch liest man seit ca. 10 Jahren in der Presse immer häufiger von einer „Mietpreisexplosion“ oder sogar vom „Mietenwahnsinn“. Woran liegt das?

Während der in Abb. 1 dargestellte Mietenindex aus allen Mieten gebildet wird und daher auch die Mieter/-innen umfasst, die jahrzehntelang in derselben Wohnung wohnen, ergibt sich auf dem Markt für die Vermietung freier Wohnungen vor allem in Großstädten ein völlig anderes Bild: Dort sind die sog. Angebotsmieten, also die Mieten, die von den Vermietern/Vermieterinnen in ihren Annoncen für freie Wohnungen verlangt werden, in nur 7 Jahren (2010 – 17) um mehr als ein Drittel gestiegen.[1] Abb. 2 zeigt die Entwicklungen beispielhaft in Berlin und München: In beiden Städten sind die Mieten seit Beginn der letzten Dekade um mindestens die Hälfte angestiegen, in Berlin sogar um mehr als zwei Drittel – allerdings nach einer weitgehenden Stagnation im vorangegangenen Zeitraum 2004 – 10.

[1] Diese Aussage bezieht sich auf die 14 größten Städte und auf Annoncen im Portal immoscout24.de.

Abb. 2: Angebotsmieten in Berlin und München, 2004 – 2022

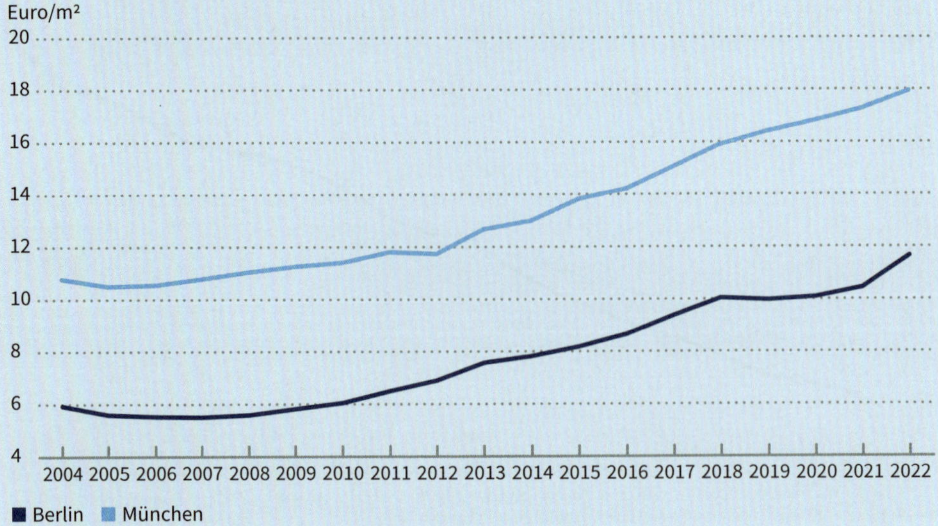

Quelle: BBSR-Wohnungsmarktbeobachtung, IDN ImmoDaten GmbH (2004 bis 2011); empirica. Entwicklung der Angebotsmieten Berlin und München Q1/2012 bis Q3/2022, bereitgestellt in Statista, eigene Berechnungen.

Die Preissteigerungen gehen vor allem auf eine steigende Nachfrage zurück (Brausewetter, Thomsen und Trunzer 2023), da es mehr und mehr gerade junge Menschen in die Großstädte zieht: So entstehen viele neue Arbeitsplätze in Städten, wo Firmen von Agglomerationseffekten profitieren; die fortschreitende Akademisierung der Gesellschaft führt dazu, dass Menschen aus ländlichen oder kleinstädtischen Gebieten nach Abschluss ihrer universitären Ausbildung in einer Großstadt mit breiterem kulturellen Angebot bleiben möchten; die meisten Paare sind Doppelverdiener und haben in Großstädten wegen der größeren Dichte von Arbeitgebern bessere Arbeitsmarktchancen; schließlich ist in Städten die Abhängigkeit vom privaten Pkw geringer, was auch angesichts der mehr und mehr klimaorientierten Verkehrspolitik ein Vorteil sein kann. Als Beispiel für das Wachstum der Städte kann Berlin dienen, wo die Bevölkerung in nur 6 Jahren (2011 – 17) um volle 10 Prozent oder 300.000 Personen gewachsen ist. Das Immobilienangebot konnte dabei nicht im gleichen Maße ausgeweitet werden, wofür vor allem beschränkte Kapazitäten im Baugewerbe, zögerliche Ausweisung neuen Baulands sowie gestiegene Baukosten verantwortlich sind. In Deutschland insgesamt wurden im Zeitraum 2005 – 15 in jedem einzelnen Jahr weniger als 250.000 Wohnungen fertiggestellt, so dass die Bundesbauministerin im Jahr 2018 einen Fehlbedarf von 1 Million Wohnungen konstatierte. Daher las man in der Presse auch immer häufiger von einer „Wohnungsnot", obwohl die rechnerische Wohnfläche pro Kopf in Deutschland seit dem Jahr 2000 um 17 Prozent gewachsen war und im Jahr 2016 immerhin 46,3 Quadratmeter betrug. Es liegt also kein absoluter Mangel an Wohnraum vor, sondern Angebot und Nachfrage klaffen in einzelnen regionalen (genauer: großstädtischen) Teilmärkten auseinander.

Staatliche Regulierung des Wohnungsmarkts: Bestehende Regelungen und ihre Wirkungen

Der Wohnungsmarkt ist einer der am stärksten regulierten Märkte überhaupt, und dafür gibt es gute Begründungen. Die wichtigste Regelung ist wohl der Kündigungsschutz (§ 573 BGB), der eine Kündigung durch den/die Vermieter/-in mit nur wenigen Ausnahmen, vor allem Eigenbedarf oder eine erhebliche Vertragsverletzung durch den/die Mieter/-in, ausschließt. Die Begründung ist darin zu suchen, dass dem/der Mieter/-in durch einen erzwungenen Umzug hohe Kosten entstehen würden und er/sie sich somit gegenüber dem/der Vermieter/-in in einer deutlich schwächeren Position befinden würde, wenn dieser das Vertragsverhältnis jederzeit beenden könnte.

Aus dem gleichen Grund schiebt der Gesetzgeber auch „unangemessenen“ Mieterhöhungen in bestehenden Mietverhältnissen einen Riegel vor, indem er Erhöhungen nur nach einer Frist von 15 Monaten nach der letzten Erhöhung und nur bis zur „ortsüblichen Vergleichsmiete“ zulässt und eine zusätzliche sog. „Kappungsgrenze“ in Höhe von 20 Prozent innerhalb von 3 Jahren einzieht, die in sog. „angespannten“ Wohnungsmärkten auf 15 Prozent reduziert ist (§ 558 BGB). Im Gegensatz zu diesen Regelungen für „Bestandsmieten“ war bis 2015 die Miethöhe bei der Vermietung neu errichteter („Neuvermietung“) oder frei gewordener Wohnungen („Wiedervermietung“) – abgesehen von einem selten angewendeten Wucher-Paragraphen (§ 138 BGB bzw. § 91 StGB) – zwischen Vermieter/-in und Mieter/-in frei vereinbar.

Diese schon vor 2015 bestehenden gesetzlichen Regelungen haben zu einer starken Fragmentierung des Wohnungsmarkts beigetragen, die darin besteht, dass für gleich große Wohnungen in vergleichbarer Lage (oft im selben Haus) und gleichwertiger Qualität sehr unterschiedlich hohe Mieten gezahlt wurden und werden. In der Regel gilt dabei, dass die Miete umso niedriger ist, je länger das Mietverhältnis schon andauert. Warum das so ist, kann man sich leicht klarmachen, wenn man die Eigentumsstruktur der Vermieter/-innen betrachtet: Während nur 11 Prozent aller Mietwohnungen in Deutschland von kommerziellen Wohnungsunternehmen wie Vonovia oder Deutsche Wohnen gehalten werden und 22 Prozent von kommunalen oder genossenschaftlichen Unternehmen, befindet sich der Rest, also ca. zwei Drittel aller Mietwohnungen im Eigentum privater Kleinvermieter/-innen, die oftmals nur eine einzige Wohnung, z. B. die Einliegerwohnung im selbst bewohnten Haus, vermieten. Aus verschiedenen Gründen (Trägheit, Transaktionskosten, aber auch dem Interesse an einem guten Verhältnis zu ihren Mietern/Mieterinnen) nehmen diese Vermieter/-innen die gesetzlichen Mieterhöhungsspielräume typischerweise nicht oder nur in großen Abständen wahr. Wird jedoch eine Wohnung durch Auszug des Mieters/der Mieterin frei, so haben sie eher die Tendenz, die Miete an die aktuelle Marktmiete anzupassen. So ergibt sich die negative Korrelation von Mietdauer und Miethöhe.

Die beschriebene Preisstrategie der Vermieter/-innen hat ihrerseits Konsequenzen für das typische Verhalten von Mietern/Mieterinnen: Nimmt der Wohnraumbedarf durch Familiengründung zu, so wird man in eine größere Wohnung umziehen; nimmt er dagegen später wieder ab (durch Auszug der Kinder, Verwitwung, Trennung), so ist der Umzug in eine kleinere Wohnung wegen der mittlerweile gestiegenen Preise auf dem Neuvermietungsmarkt finanziell nicht lohnend, man verbleibt also in einer eigentlich nicht mehr passenden Wohnung, um sich die relativ niedrige Bestandsmiete zu sichern. Ähnliches kann bei einem Wechsel des Arbeitsplatzes gelten, wenn die Kosten des Pendelns geringer sind als die Differenz in der Miete zu einer vergleichbaren Wohnung auf dem Markt für Neuvermietungen. Je größer – wegen zu geringer Bautätigkeit und gestiegener lokaler Nachfrage – die Knappheit auf dem Neuvermietungsmarkt, desto stärker klaffen daher Neu- und Bestandsmieten auseinander und das Angebotsproblem impliziert ein Allokationsproblem: Der knappe Wohnraum wird nicht optimal verteilt, etwa nach der Zahlungsbereitschaft der Mieter/-innen, und zudem entsteht Ungleichheit zu Lasten junger und mobiler Bevölkerungsschichten, die aus Gründen der beruflichen Karriere oder der Familienplanung umziehen müssen.

Erste Verschärfung: Die Mietpreisbremse

Die zum 1. Juni 2015 per Bundesgesetz eingeführte Mietpreisbremse (siehe §§ 556 ff. BGB) soll diesen Entwicklungen entgegenwirken, indem sie nun erstmals auch den Markt für Wiedervermietungen in Gegenden mit angespanntem Wohnungsmarkt mit einer Preisobergrenze versieht. Die Festlegung der räumlichen Geltungsbereiche obliegt den Landesregierungen unter Berücksichtigung bestimmter Kriterien (schneller als im Bundesdurchschnitt steigende Mieten oder ein Bevölkerungswachstum oberhalb der Neubautätigkeit). Die Mietpreise werden dabei nicht pauschal, sondern gemeindespezifisch reguliert: Mietneuverträge dürfen nicht mehr als 10 Prozent über einer ortsüblichen Vergleichsmiete liegen.

Um Anreize zum Neubau und zur Modernisierung zu erhalten und einem Qualitätsverlust des Wohnraums vorzubeugen, sind zum einen Neubauten und Wohnungen nach umfassenden Sanierungen oder Modernisierungen ausgenommen, letztere allerdings nur bei der ersten Wiedervermietung. Außerdem bleiben Wohnungen mit bestehenden Mietverträgen mit einer Abweichung von über zehn Prozent zur ortsüblichen Vergleichsmiete unreguliert, d. h. die Senkung bestehender Mieten ist nicht Gegenstand dieser Regulierung. Verstöße gegen die Mietpreisbremse können aufgrund einer Mieterrüge sanktioniert werden; die Sanktion schließt die mögliche Rückzahlung zu viel gezahlter Miete rückwirkend für bis zu zweieinhalb Jahre ein.

Begleitet von einer breiten gesellschaftlichen Aufmerksamkeit wurden die Wirkungen der Mietpreisbremse unter Ökonominnen und Ökonomen und in der Öffentlichkeit intensiv diskutiert. Allerdings beschränkten sich die empirischen Evaluationen vor allem auf eine einzige Frage: Funktioniert die Mietpreisbremse überhaupt, d. h. hat sie einen dämpfenden Effekt auf die Neuvermietungspreise? Die Ergebnisse sind dabei nicht eindeutig. Deschermeier, Seipelt und Voigtländer (2017) ermitteln einen kurzfristigen Rückgang der Mieten im dritten Quartal 2015 um 2,7 %, der von einem erneuten Anstieg ab dem vierten Quartal abgelöst wird. Trotz temporärer Abweichungen im weiteren Verlauf können sie – abgesehen von dem kurzfristig bremsenden Effekt – keine weitere Wirkung der Mietpreisbremse feststellen. Mense, Michelsen und Kholodilin (2017) untersuchen die Wirkungen auf Mieten im regulierten und unregulierten Markt sowie für Hauspreise. Auch sie finden eine Bremswirkung von etwa 2,7 bis 2,9 % auf die Mietpreise, die aus einer starken Spreizung, d. h. stärkerem Rückgang der regulierten Mieten (– 5,8 %) bei gleichzeitigem Anstieg der unregulierten Mieten (+ 2,9 %), entsteht. Diese durchschnittlichen Effekte lassen sich aber nicht auf alle regulierten Märkte übertragen. Kholodilin, Mense und Michelsen (2018) zeigen, dass die Mietpreisbremse nur in Regionen wirken kann, in denen vor ihrer Einführung die Neuvertragsmieten überproportional gestiegen sind.

Die Betrachtung dieser direkten Wirkungen allein reicht zur Bewertung jedoch nicht aus: Angenommen, die Mietpreisbremse führt zu einer Reduktion der Mieten, welche Folgerungen ergeben sich daraus für Angebots- und Nachfragemenge sowie für die Wohlfahrt der verschiedenen Marktteilnehmer/-innen? Dieser Frage wenden wir uns im Zusammenhang mit einer weiteren Form der Preisregulierung zu.

Zweite Verschärfung: Der Berliner Mietendeckel

Aufgrund der überproportionalen Anstiege der Marktmieten in Berlin (vgl. Abb. 2) beschloss der Berliner Senat am 18.06.2019, einen gesetzlichen Mietenstopp auf den Weg zu bringen, um den Mietern/Mieterinnen eine „Atempause“ zu verschaffen. Im Einzelnen sollten alle Wohnungsmieten in Berlin – mit der Ausnahme von nach 2014 neu erstelltem Wohnraum – für 5 Jahre eingefroren, eine Erhöhung aufgrund von Inflation auf 1,3 % im Jahr begrenzt und eine von der Lage und dem Baujahr des Hauses abhängige Mietobergrenze eingeführt werden, auf die bestehende Mieten auf Antrag des Mieters/der Mieterin gesenkt werden sollten. Diese Obergrenzen lagen überwiegend zwischen 5 und 8 Euro pro Quadratmeter und damit weit unterhalb der damals gezahlten Marktmieten in Berlin.

Das Bundesverfassungsgericht erklärte den Berliner Mietendeckel am 15.04.2021 für verfassungswidrig, aber nicht etwa wegen des damit verbundenen Eingriffs in die Vertragsfreiheit von Mietern/Mieterinnen und Vermietern/Vermieterinnen, sondern ausschließlich aus formalen Gründen, weil die Bundesländer in Fragen der Miethöhe keine Gesetzgebungskompetenz hätten, da der Bundesgesetzgeber diese im BGB abschließend geregelt habe. Während sich die Vermieter/-innen im Zeitraum zwischen der Verkündigung und der Außerkraftsetzung weitgehend an den Mietendeckel gehalten haben, wurden die ausgebliebenen Mieterhöhungen im Jahr 2021 nachgeholt, wie Abb. 2 zeigt.

Ein Lehrbuchmodell der Wirkungen von Preisobergrenzen

Wie sich eine wirksame Preisobergrenze auf dem Wohnungsmarkt auswirkt, kann man sich anhand eines Lehrbuchmodells aus dem 1. Semester des Studiums der Volkswirtschaftslehre klarmachen. In diesem Modell wird angenommen, dass auf dem Wohnungsmarkt vollkommener Wettbewerb herrscht, was angesichts einer großen Zahl von Anbietenden und Nachfragenden durchaus realistisch ist. In Abb. 3 sind Angebot und Nachfrage nach Wohnraum einer bestimmten Qualität und Lage, gemessen in Quadratmetern, entlang der Abszisse abgetragen und der Mietpreis je Quadratmeter entlang der Ordinate. Es wird der Einfachheit halber davon abgesehen, dass Wohnraum in festen Einheiten gehandelt wird, jedoch kommt die Annahme, dass der/die Einzelne eine beliebige Quadratmeterzahl (ver-)mieten kann, der Realität recht nahe, weil es in einem hinreichend großen Wohnungsmarkt Wohnungen jeder Größe gibt.

Abb. 3a betrachtet die (ganz) kurze Frist, in der die angebotene Menge an Wohnraum unveränderlich ist und daher nicht vom Mietpreis abhängt, durch eine senkrechte Gerade dargestellt. Die nachgefragte Menge reagiert insofern auf den Preis, als bei geringerem Preis eine größere Zahl an Quadratmetern nachgefragt wird, kurzfris-

Abb. 3: Kurz- und langfristige Wirkungen einer Preisobergrenze

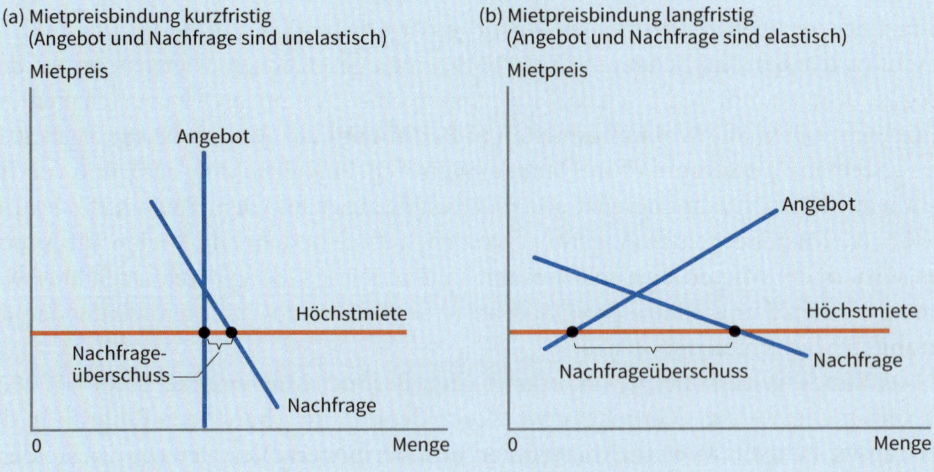

Quelle: N.G. Mankiw und M.P. Taylor, Grundzüge der Volkswirtschaftslehre, 7. Aufl., Stuttgart 2018, S. 254

tig allerdings nur von den Nachfragenden, die ohnehin nach einer Wohnung suchen, während die derzeitigen Mieter/-innen kaum wegen einer Senkung des Marktpreises umziehen werden. Dies ist dadurch dargestellt, dass die Nachfragekurve steil ist. Im Ergebnis führt die gesetzliche Vorgabe einer wirksamen Höchstmiete, die unterhalb der Gleichgewichtsmiete auf dem Markt liegt – wenn sie darüber läge, wäre sie irrelevant – zu einem Nachfrageüberhang, auch „Wohnungsmangel“ oder „Wohnungsnot“ genannt. Es gibt also enttäuschte Wohnungsnachfragende, die entweder gar keine Wohnung finden oder keine in der gewünschten Größe.

Je länger die Frist, umso elastischer werden Angebot und Nachfrage auf den herrschenden Preis reagieren, was durch die flacher geneigten Kurven in Abb. 3b ausgedrückt wird. Hausbesitzende werden bei hohen am Markt erzielbaren Preisen zusätzlichen Wohnraum zur Miete anbieten, den sie andernfalls selbst genutzt hätten, z. B. Einliegerwohnungen im Einfamilienhaus. Je höher der Marktpreis, umso mehr lohnt es sich auch, zusätzliche Wohnungen zu bauen. Umgekehrt führt ein zu niedriger Mietpreis dazu, dass frei werdende Wohnungen eventuell gar nicht mehr vermietet, sondern als Eigentumswohnungen verkauft werden oder leer stehen. Schließlich wird auch der Bau von Mietwohnungen nachlassen, wenn auf dem Markt keine ausreichenden Mietpreise mehr erzielt werden können. Die Gesetzgeber haben zwar in den beiden hier genannten Fällen (Mietpreisbremse und Mietendeckel) neu erstellten Wohnraum ausdrücklich ausgenommen. Das genügt allerdings aus zwei Gründen nicht, um den Effekt zu verhindern: Erstens ist der Bau eines Wohnhauses eine sehr langfristige Investition und irgendwann ist ein Neubau kein Neubau mehr. Ein heutiger Investor muss daher befürchten, dass irgendwann in der Zukunft weitere Eingriffe in die Preisbildung vorgenommen werden, von denen sein Haus nicht mehr ausgenommen ist. Zweitens werden Neubauten größerer Vermieter wie z. B. Wohnungsbaugenossenschaften wenigstens zum Teil aus heutigen Überschüssen finanziert. Diese werden jedoch durch die Preisobergrenze vermindert.

Auch die Nachfrage reagiert auf den Marktpreis: Je weniger der Quadratmeter kostet, eine umso größere Wohnung kann man sich leisten; auf lange Sicht ziehen mehr Haushalte um als in der kurzen Frist, und bei jedem Umzug wird die Frage relevant, wie viele Quadratmeter man sich leisten kann.

Man sieht, dass in der langen Frist der durch eine zu niedrige Preisobergrenze bewirkte Nachfrageüberhang viel größer ist als kurzfristig. Es gibt also viel mehr enttäuschte Nachfragende, deren Wunsch nach einer (größeren) Wohnung, die sie sich finanziell durchaus leisten könnten, nicht in Erfüllung geht, weil sie keine Wohnung finden. Empirisch macht sich diese Situation dadurch bemerkbar, dass sich bei Wohnungsbesichtigungen nicht 5–10, sondern 50–100 Interessenten/Interessentinnen einfinden, von denen die meisten ihre Zeit verschwenden, da sie von vornherein keine Chance haben, die Wohnung zu bekommen. Der Nachfrageüberhang erhöht also die Suchkosten der Mietinteressenten/Mietinteressentinnen über das notwendige Maß hinaus. Bei vielen Haushalten wird er schließlich dazu führen, dass sie auf einen

Umzug in eine größere oder besser gelegene Wohnung verzichten und möglicherweise sogar einen angebotenen Arbeitsplatz ausschlagen, weil sie in dessen Nähe keine Wohnung finden. Das hat letztlich sogar negative Auswirkungen auf die Produktivität der Wirtschaft, wenn Arbeitnehmer/-innen nicht die Arbeitsplätze einnehmen können, die am besten zu ihnen passen.

Die hohe Zahl an Mietinteressenten/Mietinteressentinnen verstärkt zudem die Machtposition der Vermieter/-innen: Zum einen können sie den Mietvertragsschluss vom Abschluss eines Koppelgeschäfts abhängig machen, etwa der Übernahme von Einrichtungsgegenständen zu überhöhten Preisen. Zum anderen haben sie eine große Auswahl, sich einen Mieter/eine Mieterin nach ihren persönlichen Präferenzen auszuwählen, was für Problemgruppen des Wohnungsmarkts (kinderreiche Familien oder Ausländer/-innen) mit der Gefahr der Diskriminierung verbunden ist. Diese Nebenwirkungen der Regulierung erfordern daher weitere Interventionen, die wiederum mit administrativem Aufwand verbunden sind, der bei einer Kosten-Nutzen-Abwägung berücksichtigt werden muss.

Empirische Ergebnisse

Viele der aus dem dargestellten Lehrbuchmodell folgenden Wirkungen einer Mietpreisregulierung sind empirisch bestätigt worden. So zeigt eine viel zitierte Arbeit von Diamond, McQuade und Qian (2019), dass ein Mietenstopp in San Francisco zu einer deutlich verringerten Mobilität der Bestandsmieterinnen und -mieter geführt hat. Der Berliner Mietendeckel war zwar nicht einmal zwei Jahre lang in Kraft. Trotzdem konnten die vorausgesagten Effekte eindrucksvoll bestätigt werden; insbesondere nahm die Zahl der Mietannoncen in den gängigen Portalen im 1. Quartal 2020 gegenüber dem Vergleichszeitraum 2019 um ca. 50 % ab (Dolls u. a. 2021). Dafür könnten drei Gründe maßgeblich sein: die Umwandlung frei werdender Miet- in Eigentumswohnungen, die gesunkene Mobilität der Bestandsmieter/-innen und schließlich der Versuch der Vermietenden, den Mietendeckel zu umgehen, indem sie frei werdende Wohnungen nicht mehr offen anbieten, sondern unter der Hand vermieten. Letztere Praxis verringert die Markttransparenz und verschlechtert ebenfalls die Chancen von Problemgruppen am Wohnungsmarkt. Hinzu kommt, dass auch die gemeinnützigen Wohnungsbaugenossenschaften gegen den Berliner Mietendeckel opponieren – mit dem Argument, es fehlten dann die Mittel für zusätzliche Bauprojekte.

Zur politischen Ökonomie der Mietenregulierung

Wenn eine Preisregulierung so negative Wirkungen hat – noch dazu solche, die aus einschlägigen VWL-Lehrbüchern wohlbekannt sind –, fragt man sich zu Recht, warum Politiker/-innen sie dennoch immer wieder einsetzen. Der Antwort kommt man näher, wenn man sich die Verteilungswirkungen ansieht, die mit ihr verbunden sind, wiederum am Beispiel des Berliner Mietendeckels: Er begünstigt zunächst einmal die ganz überwiegende Mehrheit der Bestandsmieter/-innen, deren Mieten fünf Jahre lang eingefroren und in vielen Fällen sogar gesenkt werden sollten. Dagegen schädigt er zum einen Vermietende und zum anderen solche Mietinteressenten/Mietinteressentinnen, die als neue Nachfragende auf den Berliner Wohnungsmarkt eintreten wollten und nun wegen der Verringerung des Angebots keine Wohnung finden. In einer Stadt, in der über 80 Prozent der Einwohner Mieter/-innen sind, bildet die erste Gruppe eine klare Mehrheit der Wähler/-innen, während von den neuen Nachfragenden viele noch gar nicht in Berlin wohnen und daher auch nicht dort wählen. Der Mietendeckel war daher aus der Sicht der regierenden Politiker/-innen eine attraktive Maßnahme.

Gibt es bessere Alternativen?

Aus diesen Überlegungen erwächst die Anschlussfrage, mit welcher Wohnungspolitik eine Regierung die Interessen der einkommensschwächeren Bürger/-innen vertreten kann, ohne die aufgezeigten negativen Nebenwirkungen in Kauf nehmen zu müssen. Da niedrigere Mieten auf dem Wohnungsmarkt nur möglich sind, wenn das Angebot steigt, wäre es sinnvoll, bessere Konditionen und Anreize für den Wohnungsbau zu schaffen. Beispielsweise könnten bürokratische Hürden reduziert, fehlendes Personal in Bauämtern aufgefüllt und Baugenehmigungen zügiger vergeben werden. Eine gezielte Maßnahme zur Unterstützung ärmerer Haushalte ist auch der Ausbau des Wohngelds, mit dem die Mietkosten dieser Bevölkerungsgruppe subventioniert werden. Diesen Weg hat die derzeitige Regierungskoalition mit der im November 2022 verabschiedeten „Wohngeldreform 2023“ tatsächlich beschritten.

In jedem Fall sollten die direkten Eingriffe in die Preisbildung bei Neuvermietung vermieden werden, um die Kluft zwischen Bestands- und Neuvermietungsmieten nicht noch größer werden zu lassen, als sie aufgrund der schon länger bestehenden (und gut begründeten) Regulierung des Wohnungsmarkts ohnehin schon ist. Denn je größer diese Kluft ist, umso unflexibler ist der Wohnungsmarkt – mit den beschriebenen negativen Auswirkungen auf die ganze Volkswirtschaft.

Literatur

Brausewetter, L., S. Thomsen und J. Trunzer (2023). Regional Supply and Demand Fundamentals in the German Housing Price Boom, *German Economic Review*. *https://doi.org/10.1515/ger-2023-0063*.

Deschermeier, P., B. Seipelt und M. Voigtländer (2017). *Evaluation der Mietpreisbremse*. IW Policy Paper 5/2017. IW Köln.

Diamond, R., T. McQuade und F. Qian (2019). The Effects of Rent Control Expansion on Tenants, Landlords, and Inequality: Evidence from San Francisco. *American Economic Review*, 109(9), 3365 – 3394.

Dolls, M., C. Fuest, F. Neumeier und D. Stöhlker (2021). Ein Jahr Mietendeckel: Wie hat sich der Berliner Immobilienmarkt entwickelt?, *ifo Schnelldienst* 3/74, 26 – 29.

Kholodilin, K. A., A. Mense und C. Michelsen (2018). Mietpreisbremse ist besser als ihr Ruf, aber nicht die Lösung des Wohnungsmarktproblems. *DIW Wochenbericht Nr. 07/2018*, S. 107 – 117. DIW Berlin.

Mense, A., C. Michelsen und K. A. Kholodilin (2017). *Empirics on the Causal Effect of Rent Control in Germany*. FAU Discussion Paper in Economics No. 24/2017. FAU Erlangen-Nürnberg.

Weiterführende Literatur

Thomsen, S., D. Vogt und L. Brausewetter (2019). *Wohnungsmarkt und Wohnungspolitik in Deutschland: Situation und Optionen*. IZA Standpunkte Nr. 97, Oktober 2019, IZA Bonn.

Thomsen, S., D. Vogt und L. Brausewetter (2020). Mietwohnungsknappheit in Deutschland: Ursachen, Instrumente, Implikationen. *Wirtschaftsdienst*, 100(6), 461 – 467.

Wissenschaftlicher Beirat beim Bundesministerium für Wirtschaft und Energie (2018), *Soziale Wohnungspolitik*, Bundesministerium für Wirtschaft und Energie, Berlin.

Friedrich Breyer ist emeritierter Professor für Wirtschafts- und Sozialpolitik an der Universität Konstanz und Mitglied des Wissenschaftlichen Beirats beim Bundesministerium für Wirtschaft und Klimaschutz.

Stephan Thomsen ist Professor für Volkswirtschaftslehre, insb. Angewandte Wirtschaftspolitik und Direktor des Instituts für Wirtschaftspolitik an der Leibniz Universität Hannover.

Die Herausgeber

Regina T. Riphahn ist seit 2005 Professorin für Statistik und empirische Wirtschaftsforschung an der Friedrich-Alexander-Universität Erlangen-Nürnberg. Sie wurde 1995 an der University of North Carolina (USA) promoviert und habilitierte sich 1999 an der LMU München. Seit 2017 ist sie Vizepräsidentin der Nationalen Akademie der Wissenschaften Leopoldina und 2023/24 ist sie Vorsitzende des Vereins für Socialpolitik.

Friedrich Breyer wurde an der Universität Heidelberg promoviert und habilitiert. Von 1992 bis 2020 war er Inhaber des Lehrstuhls für Wirtschafts- und Sozialpolitik an der Universität Konstanz. Seit 2019 ist er Mitglied des Engeren Vorstands des Vereins für Socialpolitik. Er ist Mitglied des Wissenschaftlichen Beirats beim Bundesministerium für Wirtschaft und Klimaschutz.

Klaus M. Schmidt ist Professor für Volkswirtschaftslehre an der Ludwig-Maximilians-Universität München. Seine Forschung zur Spieltheorie, Vertragstheorie und Verhaltensökonomie wurde in internationalen Fachzeitschriften veröffentlicht. Er ist Mitglied des wissenschaftlichen Beirats des Bundesministeriums für Wirtschaft und Klimaschutz und wissenschaftlicher Organisator der Lindauer Nobelpreisträgertagungen für Ökonomie.

Achim Wambach ist Präsident des ZEW-Leibniz-Zentrums für Europäische Wirtschaftsforschung und Professor für Volkswirtschaftslehre an der Universität Mannheim. Er gehört dem Wissenschaftlichen Beirat des Bundesministeriums für Wirtschaft und Klimaschutz an. 2014 bis 2022 war er Mitglied der Monopolkommission, von 2016 bis 2020 ihr Vorsitzender. 2017/2018 war er Vorsitzender des Vereins für Socialpolitik.

Georg Weizsäcker arbeitet als Mikroökonom an der Humboldt-Universität zu Berlin. Er ist Autor des Buches „Misunderstandings: False Beliefs in Communication" (2023). Seine Promotion absolvierte er 2004 an der Harvard University. Georg Weizsäcker ist Mitglied des wissenschaftlichen Beirats des Bundesministeriums für Wirtschaft und Klimaschutz. In den Jahren von 2021 bis 2022 war er Vorsitzender des Vereins für Socialpolitik.

SCHÄFFER
POESCHEL